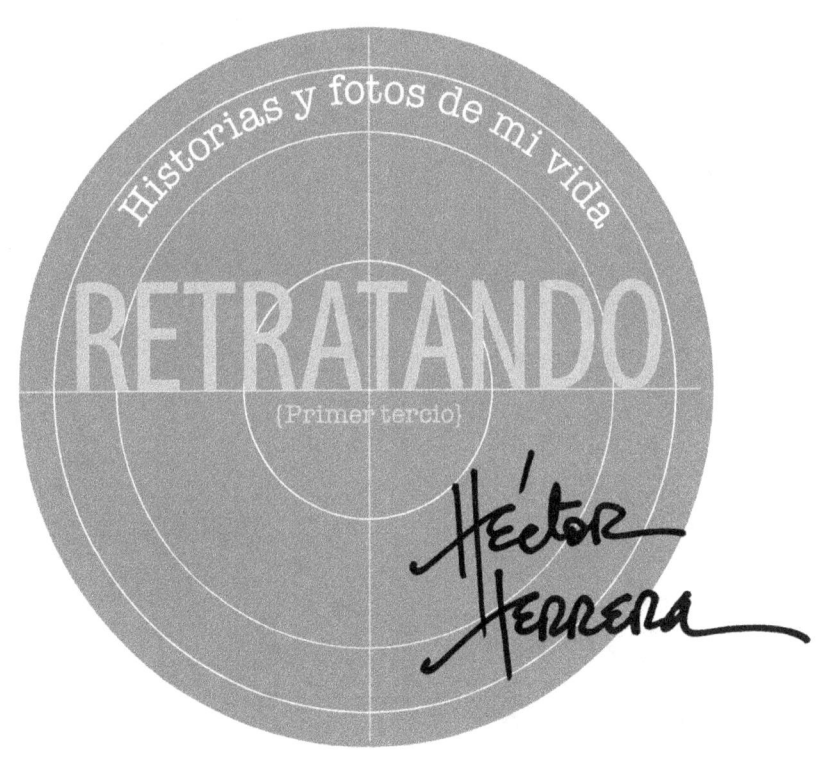

Historias y fotos de mi vida

RETRATANDO

(Primer tercio)

"La fotografía es un lugar mágico
desde el cual nuestros
sentimientos pueden percibir, captar e
interpretar el espectáculo de la vida."

Héctor
Herrera

Contacto: retratando@gmail.com
www.retratando.com

Por Héctor Herrera
Redacción: Gerardo Amancio, Teresa Martínez Arana
Edición gráfica: Héctor Herrera
Colaboración especial: Ana Lourdes Herrera
Diseño: Página Cinco/Francis Xavie y Rosario Fernández
Edición general: Catalina Herrera

Noviembre 2016

Impreso en Estados Unidos de América

Pubicado por CreateSpace, una empresa de Amazon.com

Disponble en Amazon.com, Kindle y otras librerías en línea.

ISBN:9781522712343

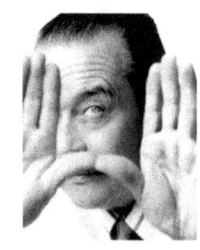

Foto de portada: Catalina Herrera

RETRATANDO

Historias y fotos de mi vida

{Primer tercio}

Por
Héctor Herrera

A mi hija Ana Lourdes
por su gran cariño y su deseo
de promover con singular entusiasmo la
edición de este libro autobiográfico.

DEDICATORIA

A las mujeres maravillosas que
amorosamente contribuyeron
a mi realización en la vida:
mi madre Esperanza Isunza†
y mis esposas
Yolanda Margarita Peralta
y Gloria Inés Urbieta†.

A mi padre Armando†,
por enseñarme que las claves
en el trabajo fotográfico son la
concentración, la disciplina
y el esfuerzo.

A mis hijos Catalina, Héctor Armando,
Yolanda, Ana Lourdes y Juan Pedro,
cómplices en la vida, compañeros
de trabajo y fuente de apoyo vital.

A mis queridas hermanas
Norma y Cecilia.

A los Isunza, de quienes heredé el hondo
y profundo sentimiento
del arte taurino.

A mis amig@s. Y a mis clientes.

CONTENIDO

PRÓLOGO

"El paisaje más bello de la naturaleza es el rostro humano", afirma Héctor Herrera con la vehemencia que le dan más de 60 años como fotógrafo; como nieto, hijo, sobrino y padre dentro de una dinastía de cuatro generaciones que ha retratado a México durante tres siglos.

Detrás de la cámara, sus ojos verdes transparente han mirado y capturado miles de rostros: el de las familias mexicanas, el de los artistas, el de los intelectuales, el de los periodistas y el del poder en todas sus expresiones, la económica, la religiosa y la política. Su mirada profunda sabe ir más hondo y lo convierte en testigo privilegiado de su tiempo, lo que le ha llevado a exponer su obra e impartir seminarios y conferencias en 27 países de cuatro continentes. Es uno de los 40 miembros por invitación de la asociación Cameracraftsmen of America y recibió el máximo reconocimiento en su género con el premio internacional de la American Society of Photographers A.S.P. (1998) y el premio nacional de la Sociedad Mexicana de Fotógrafos Profesionales (1999).

Cuando a Héctor Herrera le preguntan sobre su origen, responde sin dudar: "Nací en la fotografía". Y es que esta historia comenzó en Puebla, donde su abuelo José María se hizo fotógrafo en 1896; le siguió su padre, Armando, quien nació en plena Revolución en 1913 para convertirse, a partir de 1934, en "el fotógrafo de las estrellas"; continuó con él, y se prolongó con sus hijos. Pero él quería ser torero y, después, actor, y también estudió dos años de arquitectura. Claro que ganó el peso de la herencia, y muy joven se convirtió en fotógrafo.

La labor de un autor de retrato no es tomar fotos, sino hacerlas, es decir, "imaginarlas en la mente, sentirlas con el corazón y crearlas con deleite", revela. Con el retratado establece un vínculo intenso: "Hay una especie de enamoramiento, de entrega mutua, de confianza, de dos que quieren llegar a un fin común. Tienes que aprender a acercarte a las personas y a sentirlas, pero sin tocarlas jamás." La clave, continúa, está en la distancia. "Para todo hay una distancia en la vida. Encontrarla es la diferencia entre el amor y el odio. La distancia en los toros, la distancia en el ballet, la distancia entre cada nota que establece un director de orquesta, puede hacer la diferencia. Ubicar esa distancia con la persona retratada es muy difícil, pero de eso depende un buen retrato."

Para el presidente en turno, busca también la distancia adecuada. Y, más que la foto oficial, hace el retrato de un hombre a quien, en el momento de tomar posesión y vestir la banda presidencial, "le cambia la vida"; un hombre que "está fuera de sí, un hombre en éxtasis". Esta foto, además, es muy difícil porque tiene tantas interpretaciones como habitantes tiene el país. "Por eso, lo más importante es la expresión, la señal que el Presidente le quiere enviar a los ciudadanos".

HISTORIADOR GRÁFICO DE LA FAMILIA MEXICANA

Si a principios del siglo XX tan sólo en el centro de la ciudad de México había más de 150 fotógrafos que retrataban familias, para la segunda mitad del siglo sólo quedaban 50 o 60 en toda la ciudad. Y hoy, los estudios importantes desparecieron. "De todos modos, la gente sigue teniendo la necesidad de retratarse, y la prueba es el boom de las cámaras digitales, muy veloces y tan fáciles de manejar que estamos regresando a lo de antes: apretar un botón y listo. La gente está fascinada con la inmediatez, retrata, ve la foto en el instante, la baja a su computadora... aunque ya no tiene el tiempo para guardarla en un álbum. Al igual que la comida rápida, que satisface el hambre de inmediato sin importar la calidad del alimento, la gente satisface la necesidad momentánea de retratarse." A la larga, sin embargo, lejos de desaparecer, el fotógrafo profesional será mucho más apreciado, advierte Héctor. Y abunda: "Desde el año 2000 ingresé por completo al mundo digital, pero lo esencial sigue siendo quién está detrás del instrumento tecnológico y lo que piensa, siente y quiere expresar".

Herrera rebasa los 80 años, que esconde sin retoques. Y es que, asegura, "me nutro de la juventud del equipo que he formado. Ellos me alimentan con su conocimiento de la vida actual, de cómo ven el mundo, de lo que les rodea, de sus sensaciones". También se ha nutrido de sus incansables viajes por todo el mundo. Es llamado el "historiador gráfico de la familia mexicana", el "gran maestro del retrato en Latinoamérica"; logró que por primera vez se reconociera la autoría de una foto oficial, y sus innovaciones –una nueva arquitectura para la operación de los estudios, los retratos en exteriores y jardines, la introducción de flashes electrónicos, el uso del color y el montaje sobre lienzo, entre otras– le han merecido el prestigio internacional. Pero de toda su experiencia, lo que más le satisface es haber participado en los mejores momentos de miles de personas, desde la niña de sexto año de primaria que se toma la foto para su credencial hasta la novia en el día de su boda, desde el mandatario o el gran empresario hasta la familia humilde que llega con sus ahorros al estudio. Para él, la oportunidad de retener esos momentos decisivos en la vida de la gente es lo más gratificante. Intimo amigo y doble compadre de Curro Rivera, Héctor no duda en responder cómo le gustaría festejar su próximo cumpleaños: "Pues toreando una vaca". Y es que, concluye, "la vida es exactamente igual al toreo: cada quien su terreno. Todo es cuestión de valor, conocimiento y entrega".

ADRIANA MALVIDO

INTRODUCCIÓN

Soy fotógrafo profesional y nieto, hijo, sobrino, primo y padre de fotógrafos profesionales. Curiosamente, al igual que mi papá –que alguna vez soñó con ser aviador– yo anhelaba ser torero y, después, actor. Pero el destino quiso que ambos continuáramos dando vida al legado de mi abuelo José María y formáramos parte de esta dinastía de historiadores gráficos de las familias mexicanas durante tres siglos consecutivos. La fotografía forma parte de mi ser. Nací entre cámaras y luces gracias a mi padre, Armando Herrera, el "fotógrafo de las estrellas". Siendo muy joven me inicié en esta profesión, para especializarme finalmente en el retrato.

Desde un inicio he buscado entablar una relación de confianza mutua con las personas que retrato. Mi trabajo inicia siempre sin la cámara; de otra manera no podría retratar, es decir, "re-tratar", volver a tratar a esa persona. Para cada foto pienso con la cabeza, siento con el corazón y actúo con deleite. ¿El resultado? Hacer que esa ciencia llamada fotografía despierte una emoción y se convierta en arte.

Por torpeza o por ignorancia, algunas personas –amantes del arte por el arte– le restan importancia a quienes nos dedicamos a la fotografía profesional por encargo. Yo no aspiro a que mi trabajo tenga un lugar en una galería de arte, porque siempre lo ha tenido en un mejor espacio, en los hogares de las personas que retrato, quienes cuelgan un poco de amor en sus paredes. No en balde los Herrera hemos realizado los retratos más exhibidos durante el mayor tiempo en México... Agustín Lara, Pedro Infante, Cantinflas, los recientes presidentes de la República y el papa Juan Pablo II, entre muchísimos otros ejemplos.

Tampoco he sido cazador de fotos, talento especial que no poseo y que honra a los fotoperiodistas, a quienes admiro y respeto. Me doy el tiempo para capturar con los ojos imágenes que circulan por mis sentimientos y, posteriormente, llegan a coincidir con mis ideas.

Con ese método y esa filosofía he transitado –siempre acompañado de la música de Chopin, Beethoven y Wagner– a lo largo de seis décadas. Las satisfacciones han sido muchas y muy intensas. Viajé por todo el mundo durante 20 años impartiendo seminarios acerca de mi forma de trabajar. He tenido la gran oportunidad de retratar a personalidades de la sociedad, la banca, la industria, el arte, la cultura y la política. Con el tiempo he aprendido que en México y en otras partes del mundo, todos perseguimos los mismos valores: verdad, poder, justicia, ética y belleza. Yo los he cultivado también a través de todas las personas a las que he tenido el privilegio de retratar. Participar en los acontecimientos más importantes de su vida –llámese una boda, una madre con su bebé o una toma de posesión– ha sido la mejor retribución. Y es que fotógrafo y retratado compartimos juntos la vida.

Feliz chilango de nacimiento, oaxaqueño por distinción y apasionado de España, creo en las innovaciones más que en el éxito. Es por ello que en todo momento he procurado adaptarme a los cambios, mantenerme actualizado y entender los corazones jóvenes, sabedores de que la emoción es la mejor arma para vivir y alcanzar los sueños.

Entre esos corazones jóvenes destaco a mis hijos, mis colegas, mis cómplices y mi mayor fuente de vida. Pensando en ellos –la última generación de la dinastía de fotógrafos Herrera– decidí escribir este relato de mis vivencias, desde mis primeros años hasta el día de hoy.

A medida que iba escribiendo estos párrafos que me dictó el corazón, me fui dando cuenta de que mis recuerdos eran el reflejo de una transformación total, y no sólo de mi amado país y el mundo, sino muy concretamente de mi ahora prestigiada profesión. Es mi deseo compartir estos recuerdos y reflexiones con todos aquellos lectores –sean o no fotógrafos– que se maravillan ante esa ciencia convertida en arte, ante ese lugar mágico que me ha permitido interpretar el espectáculo de la vida y vivir la mía a plenitud. Por todo ello doy ahora las gracias.

HÉCTOR HERRERA
Ciudad de México, octubre de 2015.

Tres generaciones
HERRERA en
el homenaje a
Armando Herrera en
el TEC de Monterrey, 2007.

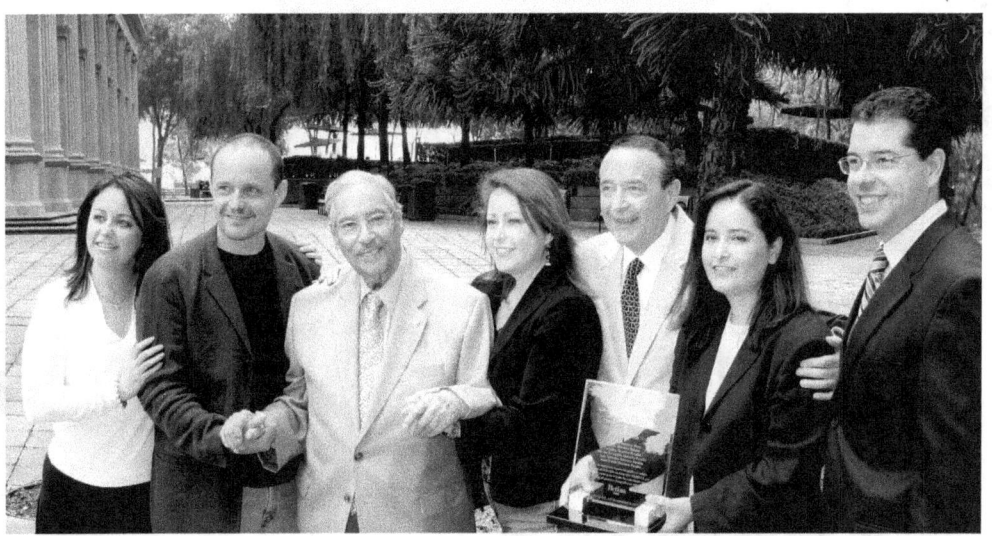

Yolis (Siloy), Héctor Armando, Don Armando, Ana Lourdes, Héctor, Catalina y Juan Pedro Herrera.

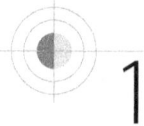

1

POSTALES DE INFANCIA

Nací el 16 de noviembre de 1934 en pleno centro de la ciudad de México, justo en el número 101 de la calle 5 de Febrero. Mis primeros años de vida transcurrieron en éste, el mejor país del mundo. Con su territorio único en cuanto a posibilidades naturales, un clima de privilegio, un ambiente de paz y habitantes respetuosos y amigables, México ofrecía una forma de vida excepcional en la década de los cuarenta.

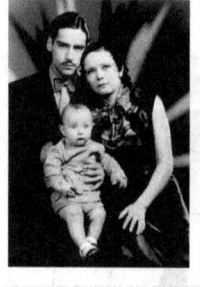

Armando y Esperanza y yo de 9 meses.

Me decían "Teto".
Esta fue mi recámara .

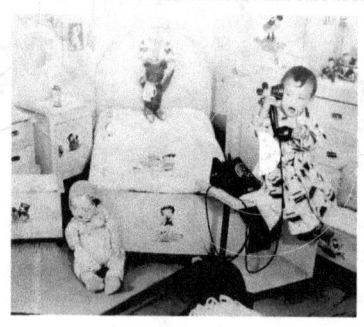

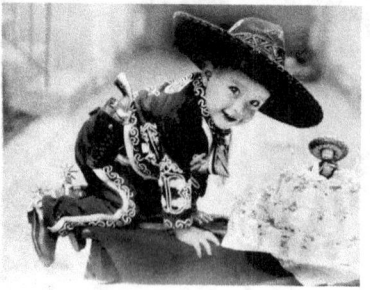

Mi cumpleaños número 2.

Abundaban las oportunidades para iniciar negocios y conseguir buenos trabajos. Muchos admirables extranjeros llegaron a vivir al país; en su mayoría venían huyendo del hambre o los conflictos armados, en particular de las guerras mundiales, que arrasaron sus ciudades y a ellos los destrozaron anímicamente.

Después de largas travesías por mar, en barcos que no ofrecían ninguna comodidad ni higiene, lograron sobreponerse gracias a su corazón enorme, un valor a toda prueba y la gran esperanza de respirar el aire de tranquilidad que ofrecía México. Españoles, alemanes, árabes, judíos y asiáticos llegaron con lo puesto y con la férrea determinación de sobrevivir. A ellos se sumaron muchos mexicanos trabajadores, dedicados y honorables. Unos y otros vieron en nuestro país un paraíso para desarrollarse y convivir en familia.

Crecí en la capital de este país maravilloso, cuya clase media iba en ascenso y estaba llena de expectativas. Claro que, a diferencia de muchos de mis contemporáneos, gracias a mi padre, "el fotógrafo de las estrellas", tuve una infancia bastante singular. Desde niño me familiaricé con las cámaras y las luces de celebridades, desde actores y músicos y deportistas, pasando por artistas del estudio, y viví rodeado de todo tipo de intelectuales, hasta toreros. Eso sí, la educación de aquel entonces era casi la misma para todos los niños: demostraciones constantes de cariño y castigo por no obedecer. Mis padres quedaron huérfanos de madre a la misma edad en que yo empecé a padecer el tener que cumplir con mis obligaciones en el hogar y, sobre todo, en la escuela primaria, donde conocí también el miedo y los regaños.

Debido a su recio carácter, forjado en el Colegio Militar y la Escuela de Aviación, mi padre impuso tal disciplina que llegué a tenerle miedo, aunque este sentimiento contrastaba con la alegría que me producían sus regalos, juguetes y paseos. Mi madre, Esperanza Isunza –o Lala, como la llamaban todos cariñosamente– era perfeccionista, amante de la limpieza y celosa de que se cumplieran con precisión todos los horarios... de levantarnos, de bañarnos, de tomar los alimentos, de pasear, de ir a la escuela, de hacer la tarea. El cuidado que ponía a nuestra alimentación, vestuario y arreglo personal venía siempre salpicado de palabras amorosas. A casi todos mis amigos les sucedió lo mismo: los niños éramos muy obedientes y educados, aunque se tuviera que recurrir para ello a los cinturonazos y coscorrones o a las miradas tiránicas de los padres.

Me aplicaron los remedios típicos para combatir las enfermedades propias de la niñez: hojas de ruda en ambas sienes para el dolor de cabeza, toques de mertiolate en la garganta para las amígdalas, lavativas para el intestino, polvo de haba amarilla para la comezón que ocasionaba la escarlatina, mentolato en el pecho, el temible supositorio, cucharadas de limón y miel de abeja para la tos. ¡Y cómo olvidar los dolores de muelas! Los míos eran tan intensos que el entonces famoso doctor Amparán me anestesió completamente con máscara de gas para extraerme siete piezas de leche en esa sola sesión.

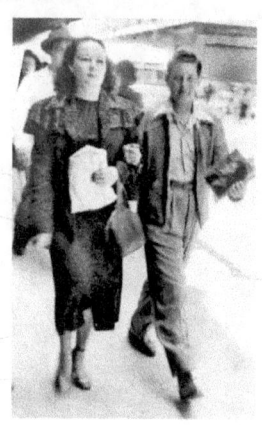

La típica foto tomada en San Juan de Letrán.

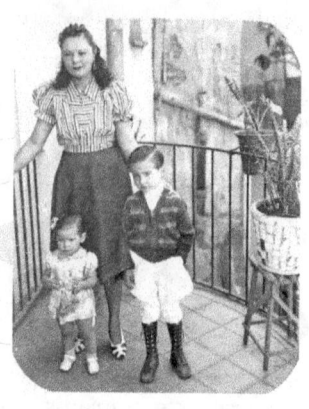

Esperancita, Norma y yo, de 5 años.

También fui muy propenso a los mareos durante los constantes viajes en coche. Recuerdo en especial los trayectos a Acapulco. Antes de llegar a Cuernavaca, mis hermanas y yo ya íbamos un poco mareados. Pedíamos permiso para bajar con la manija la ventana de la puerta trasera y poder inhalar así el aire fresco, acompañado del olor a pino. Pero después, las constantes curvas obligaban a detener el coche para que los niños "volviéramos" el estómago. Y todavía faltaba la segunda etapa del trayecto, la de Taxco-Acapulco, con el sofocante calor del cañón del Zopilote. Era frecuente ver otros autos echando humo blanco del radiador y detenidos por falta de agua. Exactamente a los 300 kilómetros, en el trayecto de curvas alrededor de las montañas de Chilpancingo, se presentaba nuevamente el mareo. Total, que llegábamos a Acapulco hechos unos guiñapos. El viaje era muy pesado, ya que, en vez de supercarretera, había un estrecho camino de doble sentido por el cual circulaban autos, camiones de carga y autobuses de pasajeros. Finalmente, nos esperaba una estancia de al menos ocho días en el hotel La Marina, en Las Hamacas, en el lejano Flamingo o en los Bungalows propiedad de Cantinflas.

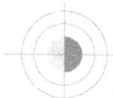

La mayor parte de los habitantes de la ciudad vivíamos en el centro. En el número 8 de la calle Victoria, casi esquina con San Juan de Letrán, había una vecindad antigua de dos pisos en donde vivían unas 12 familias. En el enorme patio central se jugaba con la pelota cualquier deporte, se andaba en triciclo, se tiraban las tejas de papel periódico mojado sobre el "avión", se brincaba la "riata", se aventaba el trompo, se dormía el yo-yo Cheerio en la cuerda y se retaba a otros con las matatenas y las canicas.

Como el patio era muy amplio, familias enteras celebraban la llegada de los peregrinos y rompían piñatas en la época decembrina. No se acostumbraba el árbol de Navidad ni el "Santoclós".

Continuamente entraban los extraños, vendedores que anunciaban con voces fuertes y chillonas sus productos o servicios, desde todo tipo de artículos en abonos hasta charamuscas, leña y petróleo para las estufas, pasando por las "jaletinas", dispuestas en aquellas vitrinitas y acompañadas por el sonsonete de su promotor: "hayyy jaaletinas, laaaas jaaaaletinas…". Por supuesto, estaban también los que ofrecían pájaros, loros y demás aves en jaulas de madera y alambre o el panadero con su enorme canasta sobre la cabeza, haciendo malabares al subirse y bajarse de la bici para despachar conchas, cocoles, campechanas, bolillos, teleras, cañones, pambazos y virotes, igual que en la inolvidable película de Tin Tan: "¡El paanaderoo con el paaan… el paanadeeroo con el paan…!" Esperábamos el canturreo "rooopa usada que vendaaaan" para sustraer alguna prenda de la casa y cambalachearla por pirulís, tamarindos o correosas charamuscas.

No podían faltar los que arreglaban desperfectos de plomería, carpintería y electricidad. Y cómo admirábamos a esos hombres que, con largas tenazas de hierro, jalaban desde un camión hasta la banqueta unos enormes trozos de hielo para que los vecinos pudieran tenerlos en aquellos "refrigeradores" de madera rústica y, así, poder conservar parte de los alimentos. Las amas de casa iban diariamente al mercado por limones o chía para preparar el agua fresca y abastecerse de tortillas, legumbres, carne y productos lácteos. Los sábados y domingos llegaba al patio de la vecindad un vendedor ensombrerado con una cansada burra para vender leche fresca aunque fétida, que a veces nos obligaban a tomar dizque para agarrar fuerza.

Ahí mismo, varias personas desarrollaban sus actividades artísticas o mercantiles. Un sastre de apellido Estrada trabajaba con casimires importados para confeccionar los trajes de sus clientes, muchos de ellos artistas y políticos. El maestro José Rubio era un famoso cantante de ópera que daba clases de canto y piano. La señora Morales recibía en su comedor a las personas que trabajaban en la zona, a quienes servía "comidas corridas" para ayudar también a su hija Concha, mujer de cara triste que trabajaba en el guardarropa del cabaret Waikiki del Paseo de la Reforma.

Para subir al segundo piso había una escalera ancha y grande, con barandales de hierro forjado. Al final, sobre el lado derecho, se encontraba el primer estudio de mi padre. Un estrecho corredor llevaba al lugar de recepción y a una galería o estudio para retratar. Luego estaban el cuarto de baño, una recámara muy amplia y otra que hacía las veces de laboratorio, además de una cocina, detrás de la cual se encontraba la zotehuela, el fregadero, el bóiler de leña y ocote y el tendedero con los insustituibles mecates trenzados para entrelazar prendas ligeras y las pinzas de madera para sujetar la ropa más pesada. Los techos de la vivienda eran muy altos, reforzados con vigas de madera visibles. A unos 40 centímetros se colocaba un techo falso, llamado "cielo raso"; estaba hecho de manta muy gruesa, bien restirada y pintada de blanco, que olía a yeso mojado. Tenía cuatro orificios con anillos dorados de latón en las esquinas, para permitir la ventilación y evitar la humedad.

El centro de la ciudad era también el centro comercial y social de los capitalinos. Las calles más importantes salían del Zócalo, desde Madero y 5 de Mayo hasta la avenida Juárez y el Paseo de la Reforma, pasando por 20 de Noviembre, Pino Suárez y San Antonio Abad. Posiblemente, la calle más característica del mediano comercio era San Juan de Letrán, que solía recorrer diariamente de la mano de mi mamá. Fue ahí donde un fotógrafo improvisado nos tomó unas fotos por sorpresa. Usaba un reflector casero de luz eléctrica con un largo cordón de alambre forrado de hilo que algún día fue de color blanco, el cual conectaba dentro de un local pequeñito. Al día siguiente se podía ir a ese mismo lugar para comprar las imágenes, identificadas con el volante numerado que él había entregado después de la toma.

Los niños íbamos con nuestras madres a todas las tiendas, mercados y almacenes, como el Palacio de Hierro, Telas Junco o El Puerto de Liverpool, así como a hurgar entre cajones de ropa para toda la familia o surtirnos de víveres en ultramarinos como La Sevillana, o bien a comprar el pan dulce en cualquier de las panaderías que había casi en cada esquina.

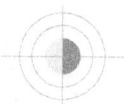

Por supuesto, no podía faltar una visita al tradicional Mercado de San Juan. El requisito era tener al menos seis años de edad para desplazarnos sin problema en medio de aquel intenso movimiento. Mi madre llevaba dos bolsas grandes de mecate con rayas de colores y una canasta de mimbre rústico para que la fruta no se magullara. Los vendedores de San Juan, con sus puestos limpios y ordenados, la conocían muy bien, y no solamente porque fue a diario durante años, sino porque muchos eran clientes del estudio fotográfico.

Mi madre, guapísima, de tez muy blanca y ojos claros, con una cabellera rizada y un cuerpo que llamaba la atención por su envidiable cinturita, era muy hábil para comprar. Practicaba muy bien el arte del regateo. Le daban su pilón y la trataban con una atención especial, porque ella era muy amable con todos. Recuerdo que a finales de año compraba regalitos para sus marchantes, la señora del puesto de periódicos y otras personas que le ayudaban con los bultos.

Emblema capitalino, el Mercado de San Juan quedó retratado en mi alma. Cada puesto era distinto. Luisito vendía productos lácteos, especialmente quesos frescos. El señor de la carne era muy amable aunque con rostro duro, y desde su impecable delantal blanco se asomaban sus brazos, uno de ellos con una cicatriz grande. Lolita ofrecía el complemento perfecto, los productos de "máis": peneques abiertos de un lado, sopes redonditos, pellizcadas, chalupas arrugadas, memelas con frijoles embarrados, finas y delicadas tortillas pequeñas para hacer tostadas, gruesas tortillas cortadas en tiras para hacer chilaquiles y, el gran final, dos kilos de las más deliciosas tortillas blancas que se hayan conocido jamás. No faltaba el ritual de comer ahí mismo una tortilla con sal, mientras la marchanta envolvía todo en papel de estraza para conservar el calorcito.

Al igual que en la mayor parte de los hogares de la ciudad, pocas veces comíamos los productos del mar. Desafortunadamente, no se acostumbraban. Por eso íbamos poco a los puestos "mojados" con los mejores pescados y mariscos. En cambio, eran frecuentes las visitas a la carnicería, donde se exhibían las reses colgadas antes de hacer los cortes. Mi mamá pedía lo mismo filete que aguayón o falda. El recorrido concluía con las flores para la casa, siempre adornada con gladiolas, claveles, margaritas, azucenas y camedores.

Me encantaban los puestos de verduras. Había papas como las que ya no existen ahora, aguacates, zanahorias, calabacitas para rellenar con queso y demás "yerbas", como el cilantro, el perejil, el indispensable epazote, el pápalo quelite y los sensacionales huauzontles que, muy bien lavados, rellenos de queso y rebozados, eran un platillo estelar en nuestra dieta. El colorido fabuloso de la fruta fresca que llegaba diariamente desde diferentes estados formaba un cerro de manjares de la naturaleza, unas verdaderas joyas multicolores. El color rojizo de las papayas caladas, el rojo taurino encendido de las manzanas, el celestial amarillo de los mangos de Manila, el verde intenso de la cáscara de los zapotes, el verde clarete de las uvas sin hueso, el blanco de las chirimoyas abiertas, el cafecito de las peras con rabo largo, el variopinto de los plátanos dominicos, el negro brillante de los capulines con hueso, el tímido tono de las mocosas granadas chinas, el tinte musical del melón, la forma y textura de la piña con turbante de verde Brasil, la intensa tonalidad de las fresas frescas de Irapuato –con su moño verde–, el pigmento granate de la granada, la rufina tintura tricolor de la sandía nacional, la solitaria jícama deformada –o rebanada y a la espera de sus gotas de limón, sal y piquín para sentirse acompañada–, el espinoso aspecto de las tunas de varios colores, la silueta esbelta de la caña dura para las posadas… y, desde luego, las abundantes naranjas. "Hayy naranjaaas", pregonaba el naranjero de la Banda de Huipanguillo, creación de Ferrusquilla en la XEW.

Y para las aguas frescas a la hora de la comida no podían faltar los mundialmente apetecidos limones jugosos, con semillas grandes que escapan como pajarito al presionar los dedos, o bien los tamarindos, la chía y las hojas secas de jamaica de color pintalenguas. La serie se completaba con algunos caprichos: cerezas para el helado de vainilla, ciruelas para ayudar a ir al baño; aterciopelados duraznos enanos y sus primos, los chabacanos, cuyos huesos pintábamos de colores para jugar matatenas; cuates cacahuates en un mismo estuche cacarizo; nueces de cabeza dura; pequeños piñones difíciles de abrir, y algunas veces, castañas para asar.

¡Qué agasajo visual! Y después venía otro más, con todos estos productos sobre la mesa cubierta con manteles de hule a cuadros para el servicio diario o, para las ocasiones especiales, con elegantes manteles españoles de color crudo, acompañados de servilletas de encaje blanco, traídos de contrabando en el barco *Marqués de Comillas*.

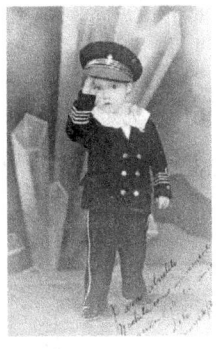 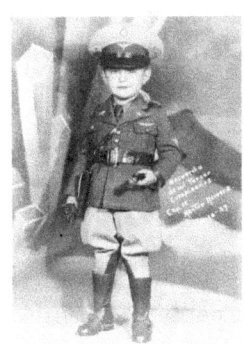 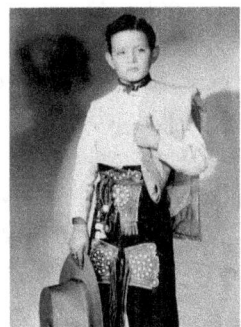

Mi cumpleaños número 5.

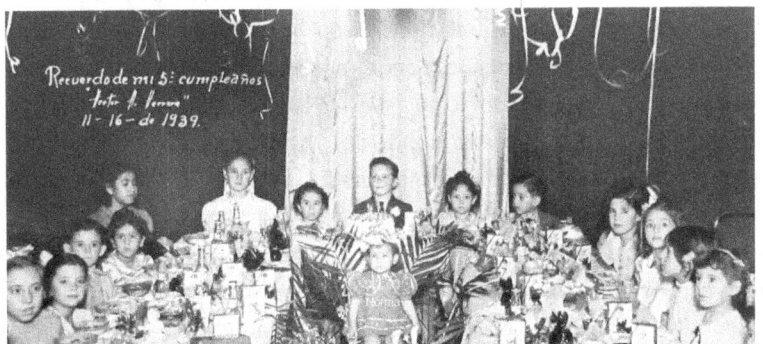

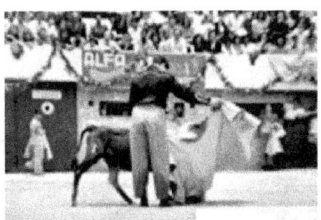

"El Cortijo" , 1949.

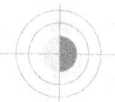

Las distintas casas en las que vivimos a lo largo de varios años se volvieron famosas entre amigos y artistas –muchos de ellos clientes del estudio– gracias a los ricos platillos que preparaba mi mamá, sobre todo gracias a los moles negro y de olla, el pozole, los pambacitos con chorizo y los chiles en nogada y aun cuando a mi padre no le gustaba el alcohol, ni tampoco fumaba, en casa había una habitación que llamábamos la cantina. Tenía sillones, una barra con bancos sin respaldo y botellas de los más variados vinos y licores que se compraban en La Sevillana o La Europea, esta última muy cerca de La Rosa (a un lado de la Iglesia de San José), donde la dueña –una española– ofrecía sus célebres natillas o "cremitas".

Pocas veces se comía fuera de casa. Cuando así ocurría, acudíamos a las loncherías para comer tortas. En San Juan de Letrán, frente al Teatro Colonial, estaba El Faro, donde las deliciosas teleras se rellenaban con pierna adobada, milanesa o el desagradable queso de puerco. Las tortas se vendían para llevar o para comer ahí mismo, en el amplio espacio con mesas. También había un comedor público muy famoso, Casa Rosalía, de una española que guisaba muy bien; estaba en un primer piso en la esquina de San Juan de Letrán y Uruguay. Poco íbamos a los cafés de chinos, a pesar de que la calle de Dolores estaba a un par de minutos. A mí me encantaban. Alguien dijo que, para hacer los bisquets, los panaderos de estos establecimientos moldeaban la masa con las manos y luego la aplastaban sobre el ombligo para formar la chichi en la parte superior. Lo cierto es que la higiene no era el sello de la casa; no era raro encontrar un pedacito de alambre, una piedrita u otro objeto extraño dentro del pan.

Abundaban las tepacherías, con su característico olor a piña fermentada, y tampoco faltaban las deliciosas flautas de carne deshebrada, crema y salsa verde, que se comían en establecimientos con gabinetes de madera, de cuyos techos colgaban tiras de cinta transparente engomada para atrapar a las moscas. Uno de estos sitios se ubicaba junto a la plaza de las Vizcaínas, donde mi abuelo materno, Ignacio Isunza, tuvo su sastrería taurina.

De la proscrita calle de Meave emanaban fragancias baratas y humo de cigarro. Ahí se reunían las llamadas "puchachas" para vender regocijo y obsequiar chancros y sífilis, padecimientos que, según se decía, se curaban con ungüento del Soldado, distribuido en una cajita oval de madera muy delgada.

En contraste, los hombres de negocios tenían su cuartel general en las calles de Madero, Venustiano Carranza, Isabel la Católica y aledañas, donde estaban los bancos y otras instituciones financieras. Varios años después acudí al Palacio de Iturbide para retratar a los señores Legorreta, propietarios del Banco Nacional de México, junto con los otros directores del mismo. También estuve en el Banco de Comercio, donde –antes del cambio a la avenida Coyoacán– retrataría felizmente a don Manuel Espinoza Iglesias. El despacho y la sala de juntas circular del centro capitalino eran los lugares preferidos de don Manuel, quien, no obstante su baja estatura, lució como lo que fue: un gigante de las finanzas. En esa ocasión me compartió que no le gustaba el nuevo edificio, que prefería el de Bolívar y Venustiano Carranza, al lado del "Reloj Chino" y frente a la iglesia francesa de Nuestra Señora de Lourdes.

El centro capitalino ofrecía cines exclusivos para niños, como el Avenida y Cinelandia. En medio del olor a palomitas, podíamos ver al Gordo y el Flaco subiendo y bajando un piano por unas escaleras interminables. Mientras saboreábamos un rico gaznate nos divertíamos con las caricaturas del ratón Miguelito o Popeye. Y los sábados, en compañía de un merengue o un muégano, Los Tres Chiflados nos hacían olvidar las penas escolares. A veces íbamos con nuestros padres al elegante cine Alameda, que olía a desinfectante, o al Cinema Palacio Chino, con sus sorprendentes decoraciones orientales y budas dorados, donde las ratas correteaban y jugaban con los zapatos de los asistentes.

Jorge Negrete, Pedro Infante, Cantinflas, Tin Tan, Resortes y otros amigos de mi padre eran también los ídolos que provocaban tumultos en las salas de cine. Varios lloramos con los dramones de Sara García, Libertad Lamarque o la hermosa Marga López. Era la llamada Época de Oro del radio, el teatro y el cine. Con el tiempo, esos artistas se volvieron parte de la familia. Algunos hablaban o cantaban por el radio. De aquel aparato extraño de color madera salía inexplicablemente la música de Francisco Gabilondo Soler, mejor conocido como Cri-Cri. El cómico Alpiste, un chaparrito muy amigo de la casa, hacía el silbido característico del grillito cantor, y así nos saludaba en persona.

También escuchábamos las historias de Carlos Lacroix (Arturo de Córdoba), el Cancionero Picot, las preguntas del Doctor I.Q. y canciones como "Campanitas de cristal", del jibarito Rafael Hernández –a quien mi papá retrató con un sombrero muy elegante–, interpretada por Wello Rivas y Margarita Romero, madrina de mi hermana Norma.

Mi fiesta de cumpleaños era un buen pretexto para que los adultos se reunieran en casa hasta la madrugada. Conservo fotos en las que Joaquín Pardavé, Cantinflas, Andrés Soler, Ferrusquilla, Bernardo Sancristóbal y muchas otras figuras compartían con mis padres.

Después del cine íbamos a Sanborns para tomar helado de vainilla. Quién me iba a decir que seguiría hasta la fecha con el hábito de acudir a alguna de las sucursales de Sanborns para desayunar.. También nos llevaban a la Flor de Lys para saborear tamales y atole (¡ese plan le encantaba a Norma!). De vez en cuando acudíamos al típico Café Tacuba, restorán donde sirvieron el desayuno de mi primera comunión (mi tío, el torero Ángel Isunza, fue el padrino). Las opciones gastronómicas se complementaban con el café Súper Leche que desapareció con el temblor de 1985; el Café la Blanca, o los Tacos Beatriz, y si la ocasión lo ameritaba –como un cumpleaños– quizá íbamos al restorán Danubio, en la calle de Uruguay, con su característico olor a pescado. Aprovechábamos para ir de visita a la Camisería VEA, del gran Carlos Fernández, creador de otra gran dinastía de fotógrafos. Para celebraciones aún más especiales estaba el Tampico Club, de don Inés Loredo. Nos trasladábamos felices a la calle de Balderas para saborear la carne a la tampiqueña, que el propietario inventó e hizo famosa, a pesar de que muy pocos capitalinos conocíamos esa ciudad del estado de Tamaulipas.

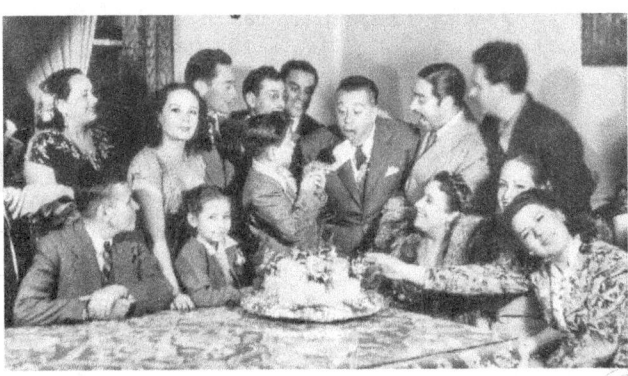

Las grandes zapaterías, como El Borceguí, eran igualmente sitios divertidos, pues tenían juegos, así como un pequeño carrusel. Claro que también podíamos ir a las amplias jugueterías y, de tanto en tanto, dar un paseo por la Alameda Central, un parque enorme con globeros y cilindreros. Del lado de la avenida Juárez se reunían las mujeres con sus hijos pequeños, mientras los más grandes tratábamos de desplazarnos sobre patines Torrington o a bordo de triciclos y bicis comprados en Martín del Campo. Y, por supuesto, siempre había una pelota a nuestra disposición.

No nos permitían acercarnos demasiado al otro lado del jardín, sobre la avenida Hidalgo, porque enfrente, junto a la iglesia de la Santa Veracruz, estaba la famosa calle de Órgano, donde volaban las "mariposillas" o prostitutas.

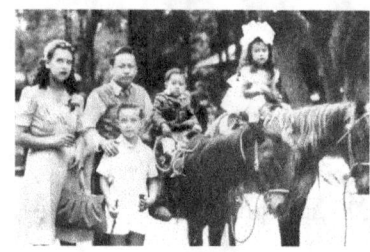

Mis tíos Lucre y Carlos Ysunza, HH, Arturo Ysunza y Norma Herrera.

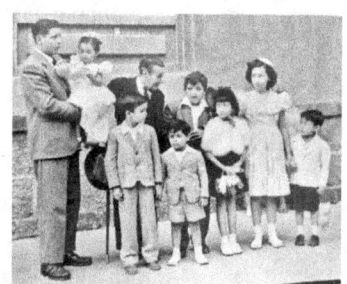

Con el abuelo materno Ignacio Isunza, HH, Cecilia, Carlos Jr, Arturo y Rocío Ysunza, Norma y Jesús Angel Jr.

Por las tardes, después de hacer la odiosa tarea, a veces nos llevaban a tomar los eskimos de leche malteada. Unos vasos de peltre de colores, con un círculo de metal en la parte superior, hacían las veces de licuadoras y daban vueltas para producir estas delicias. Para llegar a este sitio era necesario bajar por las escaleras del pasaje subterráneo de 16 de Septiembre y San Juan de Letrán. Al subirlas de salida podían olerse los churros de El Moro, servidos con chocolate espumoso.

Los adultos, sobre todo los aficionados a los toros, frecuentaban la calle de Bolívar para reunirse en el Tupinamba, en el que también coincidían muchos políticos, refugiados españoles y gente del futbol. Frente estaba la peluquería Ambos Mundos –que años después tuve la oportunidad de fotografiar–, con veinte sillones de atención y cien espejos; era propiedad de mi tío Magdaleno Nieto. El café Campoamor era otro sitio predilecto entre los amantes de la tauromaquia y el futbol, mientras que en Bucareli, el café La Habana atraía a españoles y periodistas por igual.

También eran famosas las cantinas, como La Victoria (en la esquina de mi casa), La Ferrolana y Los Tranvías, del gallego Paco, tío de la que después sería mi esposa. Las pulquerías eran lugares que sólo veíamos de lejos, y no sólo por la pestilencia, sino porque estaba explícitamente prohibida la entrada a mujeres, militares uniformados y menores de edad. En cuanto a las carpas y los teatros pequeños destacaban El Colonial (donde una vez el cómico Palillo se presentó con un barandal de metal toreando una becerra), el Ideal, el Follies, el Cervantes, el Tívoli, el Margo y el Blanquita. Un grupito de amigos nos acercábamos por esos rumbos de San Juan de Letrán para ver pasar a las rumberas. Y, obviamente, estaban el teatro Esperanza Iris, en Donceles, y el majestuoso teatro del Palacio de Bellas Artes. Por cierto, mi hermana Norma y yo, siendo niños, tocamos el piano y bailamos flamenco en este escenario. Yo lucí un traje corto, y ella, una cola andaluza. La academia de baile de las hermanas Rubio, con las que tomé clases estando medio interno, montaron festivales para que sus alumnos interpretáramos los bailables también en los teatros Arbéu e Ideal. Recuerdo bien las alpargatas blanco y negro, con larguísimas cintas negras que se amarraban alrededor de los tobillos para bailar la jota La madre del cordero. Este calzado, junto con el pandero y las castañuelas, era el complemento del traje de maño.

El trayecto finalizaba en la colonia Santa María la Redonda con la Plaza Garibaldi, de gran tradición por sus mariachis, y el famoso Tenampa, que sólo conocíamos en las películas, pues tampoco nos permitían ir ahí y, mucho menos, probar los ponches de granada o los tequilas.

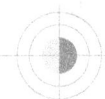

La gozosa vida en la capital lograba paliar mis eternos temores. Experimenté los primeros en la escuela de párvulos, cuando tenía seis años. Y terminaron de fastidiarme en los siguientes cinco años, ya estando en la escuela primaria particular Labor y Saber, para niños y niñas "bien". Se situaba en la calle Danubio de la colonia Cuauhtémoc, a donde acudía como medio interno. Esa época colocó sobre mi espalda una terrible loza de culpas y miedos.

Muy temprano en la mañana, mi papá me llevaba a la escuela en su flamante auto y, diez o doce horribles horas después, regresaba por mí acompañado de mi mamá. La escuela, construida en el mismo terreno donde ahora se encuentra el hotel Sheraton del Paseo de la Reforma, era una gran residencia de dos pisos y un enorme sótano que albergaba los salones de clase, los de baile y las oficinas. Como contraste de esta "cárcel" había un florido jardín con palmeras altas y gruesas llenas de dátiles, colindando con el Helena H. Hall y la Escuela Inglesa. El horario de aprendizaje se dividía en tres partes: mañana, mediodía y tarde. En las dos primeras se impartían las tradicionales clases de lengua nacional, matemáticas, historia o geografía, entre otras, a cargo exclusivamente de mujeres, unas maestras muy duras. Aprendí a escribir con el método Palmer a base de practicar diariamente haciendo miles de ejercicios en hojas blancas con lápices Faber, llenos de mordidas por los nervios, y con goma de borrar, a pesar de que no se permitía utilizarla. Las materias entraban a punta de reglazos sobre la palma de la mano abierta, junto con el tradicional castigo de colocarnos de espaldas en un rincón del salón. Si la falta era más grave, los alumnos debían permanecer durante varias horas en la oscura covacha del sótano, donde había ratas, bajo la vigilancia de Sebas, una sirvienta chaparrita.

A la una de la tarde se servía la comida, que era un tormento. Los pocos alumnos medio internos nos sentábamos a la mesa sin poder hablar entre nosotros, y a fuerza nos teníamos que comer todo lo que nos daban aunque no nos gustara. De lo contrario, el golpe se dejaba sentir sobre la nuca. "No te levantas de la mesa hasta que termines", se escuchaba. El primer tiempo constaba de una sopa caldosa servida en un plato grande y hondo, con un huevo crudo que partían con los pulgares de ambas manos frente a mis narices. Lágrimas y sollozos acompañaban generalmente el postre, una gelatina o mitades de duraznos en almíbar; era lo único agradable del menú. Después de ese almuerzo teníamos media hora de descanso, que aprovechábamos para lavarnos las manos y los dientes, así como para hacer pipí (los hombres) o de las aguas (las mujeres), mientras nos quejábamos de nuestra triste suerte.

Al final del día tenían lugar las clases de baile, ya fuera ballet, danzas regionales o flamenco. El ritual incluía el clásico olor a zapatillas de ballet, el tocadiscos con el vals *Danubio Azul* o la jota española *La madre del cordero* y los ejercicios con castañuelas y panderos. Recuerdo bien las alpargatas blanco y negro, con larguísimas cintas negras que se amarraban alrededor de los tobillos. Lo único atractivo es que llegaban otras niñas que participan como alumnas de la clase de baile de las hermanas Rubio y nos animaban con su presencia. Desde pequeño me gustaba mucho estar junto a las niñas. Me sentía contento con mis amigas Laurita, Lupita, Anita y Toñita (todas con "ita"). Teníamos apenas once años, aunque posteriormente, siendo ya adolescente, "novié" con alguna de ellas y celebré cariñosamente nuestro reencuentro. Todavía conservo los programas de los festivales montados por esas maestras, en donde se anunciaba a los niños participantes, muchos de los cuales se volvieron posteriormente grandes figuras, como los Fuentes Rubio, Lupita Torrentera, Anita Plate, Laura Álvarez y Velino Preza.

En 1946, año en que cumplí los doce años, ingresé al Colegio Williams, en la calle de Empresa número 8, en Mixcoac, para estudiar a partir del sexto grado de primaria. Era un colegio exclusivo para varones, a cargo del dueño y director Mr. Johnny y sus asistentes, el buenazo maestro Valtierra y el malencarado Mr. Fortino. El plantel era enorme, con un edificio central y una cancha de futbol tamaño profesional a un lado de la entrada, y todo esto rodeado de jardín. En la parte trasera estaba un campo de softbol espectacular, con gradas para dar cabida a los cientos de alumnos.

Por fin me sentí un poco más independiente, pues el camión de la escuela pasaba por mí a casa y me regresaba después de clases. Íbamos con uniforme: un suéter azul marino con una "W" amarilla que nos cubría el pecho. Atrás quedaron los fatídicos pantalones cortos. A pesar de estar gordo y trompudo, me sentía mucho mejor en esta escuela, a la que iba arregladito y peinado de raya y copete, que mi madre fijaba con goma de tragacanto. No obstante, seguía siendo muy callado, lo cual preocupaba a mi padre, por lo que me llevó con un médico amigo suyo, el doctor Armando Ramírez Guerrero. Después de revisarme, el médico emitió el diagnóstico –un pobre desarrollo– y recetó una serie interminable de inyecciones de Perandrén, una diaria en cada pompa (no se podía decir nalga) durante un mes. De entonces a la fecha me aterrorizo cada vez que necesito una inyección. En un cuartito misterioso de la botica, lleno de cajas de cartón y botellas, el boticario me hacía ponerme de pie y bajarme el pantalón y los calzones. "Flojito, flojito", me decía y, ¡chin!, ensartaba la aguja sin piedad. Como en varios rincones del centro había letreros que decían "se aplican inyecciones a domicilio", a mi casa llegaban enfermeras para practicar el mismo ritual aterrador, que terminaba con un "ya pasó, ya pasó; mañana nos vemos para hacerlo del otro lado".

Aquel día de la consulta escuché claramente al doctor Ramírez Guerrero diciéndole a mi padre algo que no entendí entonces: "Dale un dinero y mándalo con las muchachas para que se estrene", lo cual por supuesto no ocurrió.

Quienes vivimos en aquella época sabemos bien que el misterio mayor de la vida, el secreto mejor guardado por las familias y las maestras, e inclusive entre los alumnos, era la sexualidad. La palabra "sexo" no se conocía; no se podía decir ni escribir o, mucho menos, explicar. Sin embargo, la naturaleza manda. Me gustaba mucho contemplar a las mujeres; me llamaban mucho la atención sus cuerpos, muy diferentes del mío, así como su piel, su cabello

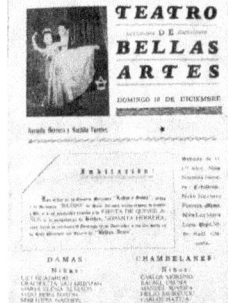

Héctor y Norma Herrera.

siempre amarrado y, en el caso de las niñas mayores, el vello grueso en las piernas o, si se podía apreciar algo más, las axilas oscurecidas.

Había algunas niñas muy alegres, con falditas cortas y calzones de hilo blanco entretejido. Pero entre la prohibición, la estúpida timidez y el temor a las "seños" (todavía no eran misses), todo se reducía a ver y ver. A esa edad muchos desconocíamos la autosatisfacción sexual, las llamadas chaquetas, puñetas o manuelas, que años después practicaríamos esporádicamente a escondidas, no obstante la leyenda que circulaba de que nos podría salir un pelo grueso en la palma de la mano que nos delataría ante los padres o las maestras.

La ropa interior femenina era otro misterio; no se exhibía en los aparadores de los almacenes. Las madres que iban con sus hijos de compras nunca pasaban por la sección donde se vendían pantaletas, medias y brassieres, que, por cierto, eran muy feos. Toda la ropa era color salmón, pero, con tanto misterio, se volvían objetos de deseo.

Tal vez advirtiendo mi ignorancia en muchos aspectos –o para que me hiciera "hombrecito"– en 1947 me inscribieron como medio interno en la Academia Militarizada México de Tacubaya para cursar la secundaria. Participé cuatro veces en el desfile militar del 16 de septiembre, la última ya con el grado de oficial; mi padre me *filmó* recorriendo las principales avenidas de la ciudad. El plantel, dirigido por el general y doctor Guillermo Ruelas, era una enorme casona porfiriana rodeada de varias hectáreas de bosque. Al frente estaba una gran explanada con pista atlética donde se formaban las compañías de cadetes para hacer los honores a la bandera. Aunque no me gustaba estudiar, destacaba en literatura e historia, materias a cargo del maestro Enrique Ruelas, creador de los Entremeses Cervantinos de Guanajuato. Tuve muchos amigos, junto a quienes disfruté mi estancia de cuatro años. Recuerdo especialmente a Ernesto Fuentes Rubio, Sergio González de Ibarrondo, Luis Dantón y Javier Rodríguez, Héctor Gómez Alliere, Juan Soriano, Velino Preza, Antonio Lomelín –quien se convertiría en un torero destacado– y varios más, que además tenían hermanas muy guapas, razón por la cual les llamábamos "cuñados".

En esa época nació mi hermanita Esperanza Cecilia, bautizada así en honor de mi madre y de la patrona de los compositores, respectivamente, y quien ha sido para mí una fantástica compañera de vida. Con el tiempo, gracias a su alegría y disposición para asistir a todas las invitaciones que se le hacían, Ceci se ganó el apodo de "SiSi" ("sí, sí").

Al terminar la secundaria, afiancé mi carácter y la confianza en mí mismo. Atrás quedaron las angustias de niño, al tiempo que la relación con mi padre se volvió cada vez más grata.

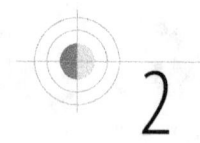

2

LA PIEL DE PLATA

A finales de la década de 1880, George Eastman inventó en Estados Unidos la película de rollo para cámaras de aficionados. En su fábrica Kodak, produjo las primeros negativos profesionales en celulosa con bromuro de plata. A partir del pasado siglo XX, todos los fotógrafos del mundo tuvieron por primera vez a su disposición un sistema que revolucionó la industria y permitió que millones de personas en todo el mundo conservaran las imágenes con una calidad que sorprendió y facilitó el desarrollo de todas las actividades del hombre. Una invisible capa de plata formaba la piel capaz de registrar los haces de luz a través de la lente en la cámara oscura. Esta epidermis es, sin duda, la más duradera que haya existido. Es lo que en fotografía se conoce coloquialmente como "la placa rígida", y en el cinematógrafo, como cinta o rollo.

De esa piel surgió la modernidad de la fotografía, y gracias a ella no sólo se conservó la historia del mundo en que vivimos, sino que se perfiló también la historia de mi propia familia. En 1896, José María Herrera, mi abuelo, instaló en la ciudad de Puebla su primer estudio, para luego migrar a la ciudad de México, donde trabajó hasta 1906 como jefe del laboratorio de la American Photo Supply, abastecedora de materiales y productos Kodak, ubicada en la calle de Madero. A partir de ese año estableció su estudio en la calle de San Miguel, hoy Izazaga, donde mi padre conocería a su esposa, ya que ella vivía en esa calle.

De carácter alegre, ingenioso e inquieto, mi abuelo se integró a las filas de esos alquimistas maravillosos, fotógrafos poetas que todo lo creaban y cuya habilidad y sensibilidad eran su característica distintiva. Producían esos retratos tiernos, poéticos y cursis, bellamente cursis, que tanto me agradan. Construyó su estudio en el nivel más alto de la vecindad donde vivía, por la necesidad de retratar con luz de día, que controlaba a base de cortinas y otros artilugios de su invención. Gran parte de sus vecinos y cantidad de amigos eran sus clientes; las fotos eran una novedad y la gente deseaba conservar esas imágenes fijas. A principios del siglo XX, nada más en el centro de la capital había más de 150 fotógrafos para retratar a todas las familias del país, que viajaban de provincia expresamente para ello. Había llegado a México el invento de la fotografía y se hacían retratos en formato de postal, las famosas cartes de visite.

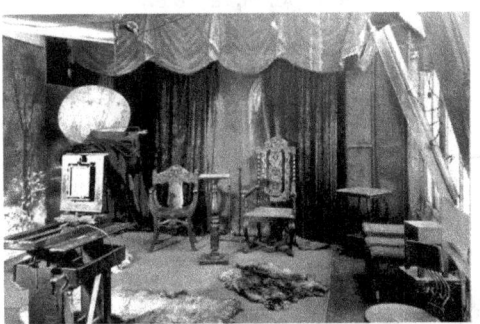

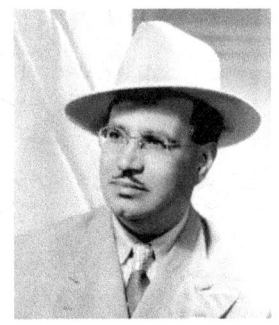

José María Herrera, mi abuelo Don Pepe.

Estudio con luz natural de Don Pepe
en la calle de San Miguel en 1920.

Mi querido abuelo enviudó, así que le pidió a sus parientes en Puebla que se hicieran cargo de su hijo Armando durante un tiempo, hasta en tanto se solucionaran en la capital los problemas derivados del movimiento revolucionario. El hijo regresó a la capital y, con apenas 15 años de edad, ingresó al Colegio Militar. Posteriormente, se cambió a la Escuela de Aviación. Sin embargo, por azares del destino –en 1929 el limitado presupuesto gubernamental lo obligó a retirarse como aviador– se dedicó también a la fotografía. Con su polifacética personalidad, había aprendido de los consejos profesionales de su padre, de manera que en 1934, el mismo año en que se casó con mi madre –su "Chatita"–, estableció su primer estudio y empezó a retratar.

Por supuesto, la piel de plata que acompaña esta historia estuvo presente también en el laboratorio de su estudio y fue fundamental en la calidad de su trabajo. Ese cuarto oscuro, donde se utilizaron las fórmulas del laboratorio inventadas por don Pepe, fue un crisol mágico donde las apariciones de rostros y cuerpos sobre placas y papeles vírgenes reaparecieron constantemente en miles y miles de copias fotográficas. Mi padre pronto supo cómo captar e inmortalizar la emoción de las celebraciones de aniversarios, el amor de los novios en las bodas, las primeras comuniones en que aparecen crucifijos, los bebés desnudos acostados boca abajo, los niños en la tradicional foto de caritas y los millares de retratos de identificación.

Como buen bohemio, gustaba de acercarse a las carpas, donde actuaban sus amigos; entre otros, Mario Moreno, apodado entonces "Cantinflitas" (antes de la inauguración del Follies Bergere). Se introducía también al ambiente de los teatros, principalmente al Politeama. Ahí conoció a Adolfo Suárez, "El Buster" (padre de la guapa actriz Silvia Suárez), un joven músico de la orquesta del ya famoso Agustín Lara. Se hicieron amigos después de las fotos que le tomó con su acordeón. Durante un intermedio, en el camerino principal del teatro, El Buster le mostró las fotos al maestro Lara. Al compositor le impactaron las imágenes, por lo que le pidió al músico: "Llévame con tu amigo para que me haga unas fotos a mí también". Así iniciaría la fama de Armando Herrera, que pronto se convertiría en "el fotógrafo de las estrellas".

Mi papá tuvo un don especial para manejar la luz (nunca utilizó el exposímetro) y colocarla con precisión donde el rostro del personaje lucía mejor; destacó por su manejo de las luces altas, que llegó a dominar con una maestría inigualable. Aunque fue imitado en su técnica, sólo él la complementó con una serie de factores que aprovechaba a la hora de la toma: observar, sentir, actuar y un gran ojo clínico para poder dirigir y disparar en el momento preciso. Eso no se puede copiar. Así fue creando su propio estilo y personalidad.

Las fotos de cuerpo entero se hacían con otro tipo de iluminación, pero basada siempre en una luz lateral principal. Los fondos de los retratos también fueron creados por él, tanto en los contrastes de luz, para separar la figura central de la parte del fondo, como en los apoyos para el escenario de cada foto: sillones, chimeneas, mesas, cortinas, texturas de tela, tejidos de palma, adornos de madera y demás artículos de decoración.

Armando Herrera siempre trabajó sin ayudantes, a excepción mía. Desde los 12 años me la pasé pisando cables, tirando reflectores –por estar distraído viendo a las rumberas–

y observando en silencio su forma de retratar a los famosos, técnica sutil que conjugaba el saber tratar con el poder retratar.

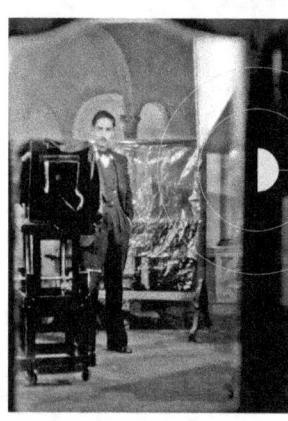

Armando Herrera, primer estudio en la calle de Victoria # 8 esq. San Juan de Letrán, 1934.

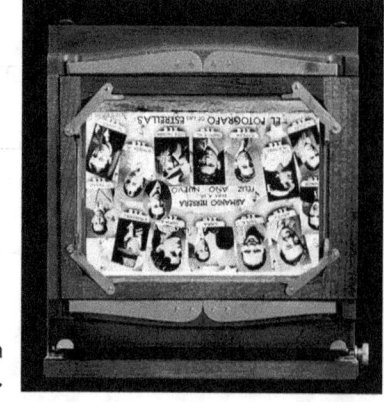

En la cámara de fuelle la imagen se ve al revés.

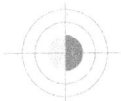

El cambio de domicilio, propiciado por la construcción de un nuevo y espectacular edificio de cuatro plantas exactamente junto a la vecindad de la calle de Victoria ya reseñada, aún conserva el número "6". El estudio se acondicionó en el primer piso del nuevo inmueble, ubicado en esa calle "de postín". Con una entrada muy moderna y atractiva, a él se accedía subiendo unas amplias escaleras de granito. Ahí mismo vivía la familia de Elvira Ríos y unas primas del famoso José Luis Cuevas, a quien conocí desde niño. También pasaba el tranvía rumbo a Balderas, luego de atravesar la estación de bomberos y la Cruz Verde, junto al callejón del Sapo, donde el doctor Lechuga, padre de mi actual ángel y abogado José Luis, decía cuáles pacientes habían muerto y salvaba a los heridos.

En la fachada del edificio había un par de aparadores, una especie de vitrinas de un metro de alto por cincuenta centímetros de ancho, donde se exhibían sobre todo fotos de artistas y de novias para atraer la atención de los transeúntes. De igual manera, en las paredes laterales de la ancha escalera había otros aparadores de mayor tamaño y con más fotos. Y también los muros de la recepción lucían imágenes de gran tamaño.

El estudio era espectacular. En la recepción, un espacio muy grande, había un escritorio y sillones cómodos. En muchas ocasiones, la espera era larga para los clientes (muchos se presentaban para retratarse sin previa cita). Mi madre fue parte fundamental del negocio, porque desde su escritorio concretaba las ventas y hacía las órdenes de trabajo. La cubierta del mueble, de grandes dimensiones, se protegía con un cristal grueso, bajo el cual también había fotos, aunque más pequeñas, que servían como ejemplo de las opciones que había para elegir. Los clientes señalaban con el dedo: "Seis de éstas [5 x 7 pulgadas] y una grande de este tamaño [8 x 10 pulgadas]", o bien "una de éstas [11 x 14 pulgadas]". Por supuesto, se hicieron también miles de "ovalitos", fotos de que se utilizaron muchísimo para fines de identificación. Con motivo del censo de población de 1941, la gente hacía fila sentada en las escaleras para esperar su turno. Las manos de mis padres y sus empleados estaban frecuentemente con callos. Como recompensa, muchas de esas fotos se llevaban en la cartera y, dado que se retocaban, la gente se veía muy bien.

Junto al "despacho" estaba la galería, el espacio que se usaba para retratar, cuyo personaje central era una cámara de fuelle tamaño 8 x 10 pulgadas Century de taller, construida por Kodak en una pedestal metálico y con cremallera de volante para subirla y bajarla de nivel, así como respaldo multiplicador. Era idéntica (sin imaginarlo siquiera) a la que tuvieron acceso, gracias a la Kodak, fotógrafos famosos de Hollywood, Madrid y París. De ahí que en el trabajo de todos ellos se advierta cierta similitud.

Como parte del diseño interior, la pareja Herrera dispuso que una habitación grande se destinara al llamado tocador, una especie de camerino de teatro donde había espejos, colgaderas para ropa, una coqueta grande, una mesa para varios usos, sillas, tijeras, hilos, golosinas, toallitas, un baño privado con regadera y un clóset, donde los clientes podían colocar los cambios de ropa. Los artistas solían llevar muchas prendas, mientras que otros clientes que venían de distintos estados traían consigo vestidos de novia, trajes de etiqueta y otros atuendos por el estilo.

En otra pequeña habitación se "cargaban" las placas. Se trataba de un pequeño cuarto oscuro a prueba de luz donde los negativos "vírgenes" (sin haberse expuesto a la luz) se introducían al chasis de la cámara con la emulsión hacia fuera, indicada a través de la muesca de identificación. Posteriormente, las placas que ya habían sido tomadas se descargaban en una caja hermética, listas para revelarse en el laboratorio.

El cuarto oscuro era, sin duda, el lugar más importante, el corazón del que dependía todo el proceso, donde la ciencia jugaba con la ilusión, el temor y la satisfacción del fotógrafo. Ahí se experimentaba desde el negro absoluto hasta la luz de día penetrando por una pequeña mirilla de madera sobre la gran ventana de la habitación, que se clausuraba por completo. En consecuencia, no había ventilación, y el característico olor a laboratorio, atribuible a los productos químicos, se expandía por todas partes.

Al igual que otros profesionales de la cámara en esa primera mitad del siglo XX, mi papá y mi abuelo mostraban el característico color sepia en las uñas de las manos, evidencia de que en su laboratorio procesaba las placas rígidas (negativos de hasta 20 x 25 centímetros). Con esas mismas manos se preparaban el revelador y el fijador en botellones de vidrio de agua Electropura, con capacidad de 20 litros. Para hacer las formulaciones, heredadas de padres a hijos, los fotógrafos compraban por kilo o por gramos los polvos y sustancias químicas que, envueltos en bolsas de papel de estraza, se vendían en los pocos establecimientos especializados, como La Ansco del señor Rafael Limón, ubicada en la calle 16 de Septiembre.

En la habitación, de aproximadamente cuatro por cinco metros, había un clóset para guardar el material fotográfico, y en lugares estratégicos se colocaban focos incandescentes, desde el central de luz blanca y potente en el techo hasta los amarillos, verdes y rojos de seguridad y balance de temperatura del color. Había suficiente espacio para acomodar una tina de madera de dos metros de largo, uno de ancho y treinta centímetros de profundidad. La tina se elevaba y se sostenía del piso a 1.20 metros de altura. Protegida en su interior con chapopote y forrada con lámina galvanizada para evitar la corrosión, sobre ella había una tarima de tiras de madera que parecía marimba. Cuatro centímetros de separación permitían el paso del agua corriente del tinaco, que salía de una llave de "nariz", prolongada con un pedazo de manguera de hule para lavar toda la superficie de ese tanque. En el cuarto oscuro se colocaban también tres charolas –una especie de cubetas– de metal anticorrosivo (no había aluminio) de diferentes tamaños; la mayor medía 50 x 60 centímetros.

El revelado, fijado y lavado de las placas se hacían totalmente a mano o, en el mejor de los casos, con la ayuda de una pala de madera para mover el fijador, que era muy peligroso y tóxico, como todas las demás substancias. Una bata blanca de algodón, que pronto perdía su pureza, era la única armadura para proteger la ropa de quienes trabajaban ahí a diario.

En la puerta se colocaba un foco rojo para indicar que estaba teniendo lugar el momento cumbre, el revelado, que se hacía completamente a oscuras. En la entrada, de techo a suelo había una cortina negra de franela gruesa que hacía las veces de trampa de luz. En ese mismo nivel del departamento, aunque en el lado opuesto que daba a la calle, estaba el área –con olor a aceite de linaza– donde se iluminaban las fotos viradas al color sepia. Se les aplicaba el color con pintura al óleo diluida en aceite. Los iluminadores iban depositando los colores en una guantaleta sobre la mano izquierda, mientras que con la derecha empleaban un palillo grande forrado en la punta con algodón. Los hermanos Fausto y Pepe Cedillo eran los artistas capaces de semejante proeza.

Para retratarse, los artistas se maquillaban como si fueran a filmar una película. Aun cuando esto era muy conveniente, la alta luz de modelado y la dureza de los lentes de barril de aquella época producían sombras fuertes y acentuaban los defectos. Por eso, una vez que la piel de plata de las placas reveladas estaba ya seca después de un intenso lavado, registrando para siempre la imagen capturada, llegaba a manos de los "magos", los retocadores especialistas que seguían las indicaciones de Armando. Con conocimientos de anatomía y buen gusto aplicaban su arte en los negativos, raspando con increíble precisión la emulsión, para lo cual empleaban una cuchilla del buril, a manera de bisturí. Suprimían papadas, corregían narices chuecas y excesos de toda índole en los rostros, eliminaban la celulitis en los cuerpos desnudos, fabricaban embellecedoras pestañas que abanicaban íntimas miradas y complementaban este trabajo con el maquillaje producto de afiladas puntas de lápices importados de variadas intensidades.

En fin, se requería una cirugía en el negativo, con los valores de luz invertidos, es decir, con los colores claros en tonos casi negros y los colores oscuros o negros en tonos muy claros. José G. Rocha, Mauro Velázquez, René Rangel y Débora Ramos eran, entre otros, los maestros retocadores.

Estas técnicas, ya desaparecidas, han dado paso a un fabuloso y útil invento, el Photoshop. Desafortunadamente, algunos improvisados han minimizado sus posibilidades y muchos otros han exagerado su aplicación y no lo han sabido utilizar. Por desconocimiento, la mayoría de quienes lo emplean sólo desean planchar los rostros, que parecen dibujados en un globo de plástico, libertinaje técnico que llaman la democratización de la telefonografía, siendo que más bien se tiende a la mediocridad profesional.

En aquel tiempo, además de secar las fotos, retocarlas y montarlas en cartulina, era necesario cortar las famosas fotos de ovalitos, a las que todos hemos recurrido para fines de identificación. Para ello se utilizaba una pieza de metal plano llamada "calibre", en cuyo centro estaba el agujero ovalado del tamaño deseado (credencial, diploma, título), así como la "carretilla", un aparato manual con una rueda pequeñita y muy filosa en la punta. Sin exagerar, de esta manera se cortaron cientos de miles de fotos, ya que de cada cliente se hacían como mínimo seis reproducciones.

Esa casa mágica, llena de fantasías, sorpresas y una rígida disciplina, quedó grabada por siempre en mi memoria. Ahí aprendí a preparar los reveladores con hidroquinona y los fijadores con hiposulfito; a estar de pie durante horas hasta lograr que de esos papeles blancos mojados con sustancias químicas aparecieran de repente los rostros esperados. En el estudio se retratarían cientos de artistas famosos y miles de aficionados que nunca llegaron a destacar, pero que siguieron el consejo popular: "Artista que no haya sido retratado por Herrera no es famoso ni está consagrado".

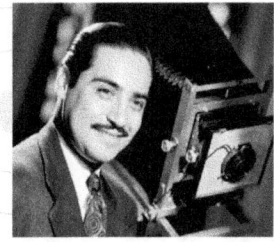

Armando Herrera.

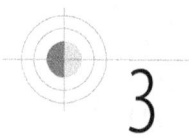

3

UNA "ENFERMEDAD" CRÓNICA

Está visto que la afición por los toros forma parte de mi ADN. Ignacio Isunza, mi abuelo materno, era un hombre de baja estatura, tez muy blanca, grandes ojos glaucos, pelo rizado y enormes pestañas. Su abuelo paterno, Iñaki Isunza*, fue un vasco de origen austriaco que llegó a México como parte de la cuadra hípica de las tropas francesas que acompañaron a Maximiliano. Se quedó a vivir en nuestro país, donde se hizo cargo de los caballos en alguna hacienda del estado de Hidalgo.

*Algunos miembros de la familia cambiaron la "I" por "Y".

Al iniciar el siglo XX, dos hermanos de mi abuelo, Pablo y Pepe, practicaron el toreo a pie, pero no tuvieron suerte. En cambio, Francisco Isunza, conocido con el mote de "Camama", fue un excelente peón y banderillero de los matadores Vicente Segura, Merced Gómez y Rodolfo Gaona.

Nachito acompañaba a veces a sus hermanos mayores a torear a los pueblos, y aunque él no participaba en la lidia, le gustaba intervenir de alguna manera. Una de ellas era una suerte popular llamada "Don Tancredo", que todavía llega a realizarse al inicio de la corrida para estremecer a la afición. Consiste en ponerse de pie sobre una silla colocada en el centro del redondel para esperar la salida del toro y quedarse absolutamente inmóvil, a fin de no provocar la embestida del animal. En una ocasión, el toro olfateó de inmediato a mi abuelo y lo derribó con todo y silla. Nachito trató de correr, pero fue arremetido con furia y recibió otro fuerte golpe de un cuerno que le rompió la tibia de la pierna derecha. En la supuesta enfermería, que más bien era una habitación con un catre, una mesa, una silla y un mueble que contenía un botiquín con alcohol, agua oxigenada, éter y unas vendas hechizas, algún acomedido trató de acomodarle el hueso. Lo entablillaron como pudieron y, al final de la corrida, lo trasladaron en autobús a la ciudad más próxima, donde le enyesaron la pierna hasta el día siguiente. A consecuencia de la rotura de ligamentos y el hueso mal ajustado, mi abuelo quedó cojo de la pierna derecha, por lo cual desde esa temprana edad hasta el final de sus días tuvo que usar bastón.

A pesar de ello, siguió ayudando a Camama en algunos quehaceres taurinos. Fue para él una especie de mozo de espadas: le limpiaba los ternos y capotes, y hacía las banderillas. Así conoció a "Frascuelillo", un taurino español que, entre muchas cosas, alquilaba ropa de torear usadísima; también sabía cómo hacer o reparar los ternos de luces. Ignacio ya cosía las roturas de las taleguillas, hacía ajustes y todo lo relacionado con esta indumentaria especial. En 1930 Camama necesitaba un nuevo traje, pero no había quién se lo hiciera. En aquel entonces, todos los toreros mexicanos recurrían a sus pares de España para hacerse de los ternos. Él, Ignacio y un mozo de espadas de otro matador español que sabía de sastrería decidieron iniciarse en la elaboración de trajes de luces. Para ello deshicieron un modelo y lo calcaron pieza por pieza. Encargaron a Madrid los moldes y figurines para los trazos; en México había la tela de seda fuerte y el hilo de oro y plata. Empezaron a hacer uno por uno los vestidos de torear. Muy pronto, el socio mozo de espadas juntó dinero y regresó a España, y como Camama siempre estaba toreando fuera de la ciudad, Ignacio se quedó trabajando en casa al lado de sus dos hermanos, frustrados toreros y, ahora, sus ayudantes.

Como eran muy conocidos en el ambiente taurino, los banderilleros les empezaron a encargar composturas y cambios de tela para sus trajes, con objeto de que lucieran casi como nuevos. Al mismo tiempo, empezaron a cortar tela especial para capotes y muletas, con lo cual la clientela fue en aumento.

En 1936, los toreros mexicanos, encabezados por el maestro Fermín Espinosa ("Armillita Chico"), Lorenzo Garza, Luis Castro ("El Soldado"), Jesús Solórzano, David Liceaga y otros más, habían triunfado España. Tanto, que los toreros españoles se estaban quedando sin corridas, por lo que decidieron hacer un frente común para impedir que los mexicanos torearan en su territorio. Terminaron por romper el llamado convenio taurino, que les permitía torear en ambos países.

Los matadores mexicanos habían ganado buen dinero y comprado varios vestidos de torear. Los más destacados traían unos nuevos para utilizarlos en México; otros no habían corrido con la misma suerte, aunque traían en el barco su propia ropa para actuar.

Con el inicio de la temporada en la Plaza del Toreo de la colonia Condesa, los matadores necesitaban ajustar la ropa, así que empezaron a visitar la sastrería de don Nacho, ya instalada formalmente en la Plaza de Las Vizcaínas, a un lado del Teatro Apolo.

Algunos años después, esos mismos toreros famosos –entre ellos, Armillita y otros, como Lorenzo Garza, Silverio Pérez, Carlos Arruza, Fermín Rivera y Luis Procuna–, al igual que algunos novilleros de postín, como Joselillo, necesitaban ternos nuevos. Como España estaba en plena guerra civil, era imposible traerlos. Además, con la ruptura del convenio, no venían toreros españoles que trajeran ropa de torear para vender. Fue así como mi abuelo, siempre con la cinta métrica colgada en el cuello y una tablilla de brea blanca para marcar en la mano, empezó a ganar dinero vistiendo a las grandes figuras del toreo. Su sastrería estaba muy bien acondicionada. La sala de corte, con una mesa muy grande, un espejo de cuerpo entero para que los toreros contemplaran su traje nuevo, un vestidor oculto y un armario enorme, le daba prestancia a su profesión. Ahí lo retrató mi tío Carlos, su hijo, quien se convertiría en un reconocido fotógrafo, al lado de muchos toreros, principalmente de la máxima figura de todos los tiempos, el maestro Armillita. Mi abuelo, quien también le ajustó los trajes a Manolete en 1945, se consolidó como el primer sastre taurino de América.

Como fui su primer nieto, a los dos años y medio me hizo un traje de torero, de pasamanería rosa y negro, y con un capote de paseo precioso. Mi padre, muy orgulloso, me llevó a visitar a sus amigos Alonso Sordo Noriega y el matador Lorenzo Garza, quien acababa de hacer una de las más grandes faenas que se hayan visto en la Plaza del Toreo. Me vistió de luces y me retrató con ellos.

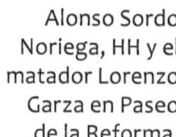

Alonso Sordo Noriega, HH y el matador Lorenzo Garza en Paseo de la Reforma.

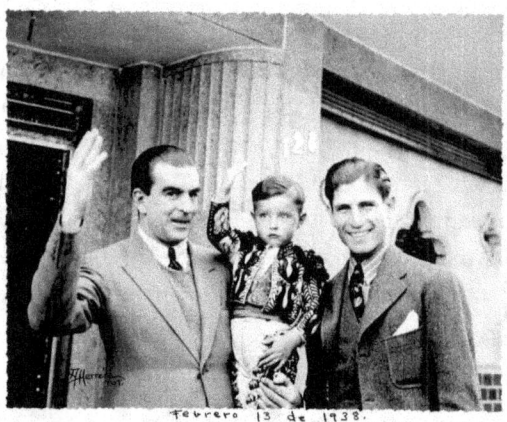

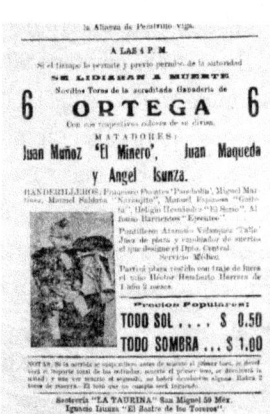

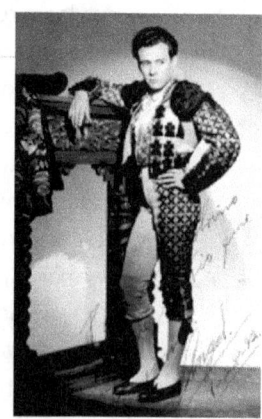

Mi tío Ángel Isunza.

El siguiente domingo de ese 1937, mi tío Ángel Isunza se presentaba como novillero en la Plaza de Toros Vista Alegre de la ciudad de México. En el cartel aparecía mi foto con aquel vestido de luces y se anunciaba que yo partiría plaza. Así, a esa edad, contraje una enfermedad crónica: la afición por los toros.

Ángel empezó a destacar por su valentía y dominio de la lidia. Hizo su presentación en la Plaza del Toreo con gran éxito, tuvo buenas temporadas y salió a hombros en repetidas ocasiones. Fue tal su fama que cuando se filmó en México la película *Sangre y arena*, protagonizada por Tyrone Power, la Twentieth Century Fox lo contrató para doblar las primeras escenas, donde aparecía semidesnudo cruzando un río, para torear en la plaza de tientas a media noche –donde actualmente se ubica la Hacienda de los Morales¬–, tal como lo marcaba la historia (el toro era de la ganadería de Carlos Cuevas). Además, todas las escenas en las que el personaje principal salía toreando se *filmaron en la plaza El Toreo de la colonia Condesa. Ahí mismo se filmó también al maestro Armillita toreando con una máscara para doblar a Power.

A partir de este encuentro, Ángel inició una gran amistad con don Fermín y, al paso del tiempo, ambos se hicieron compadres. Mi tío actuó como sobresaliente en la cuadrilla del maestro el 3 de abril de 1949, día en que este último se despidió de los ruedos con una última faena en la Plaza México.

Yo acostumbraba acompañar a mi tío los fines de semana. Iba con él a las ganaderías, mientras que los domingos era el torilero de su plaza El Cortijo, donde durante muchos años hubo novilladas sin picadores. Aprendí a torear desde pequeño, primero de salón (como en una pista de baile), sin becerro. Lo hacía muy bien, sobre todo con el capote. Incluso, cuando apenas tenía siete años, la familia me exhibía como variedad en las reuniones. Mis primeros capotazos con una becerra tuvieron lugar en la ganadería de Antonio Espino, "Clavillazo" a los doce años. Así, poco a poco tuve la oportunidad de participar en las tientas de las ganaderías y, en especial, en los festivales taurinos de El Cortijo.

En mi calidad de "cachorro" –hijo de un miembro del Club de Leones– participé en un festival taurino en el rancho charro La Tapatía, ubicado frente a Los Pinos. Desafortunadamente, mi abuelo Nachito acababa de morir, por lo que la familia estaba de luto. Mi tío Ángel insistió en que yo toreara, aunque él no iba a asistir. Mi actuación fue bastante buena, pese a que el ruedo era muy grande y el piso estaba sumamente flojo, pues era así como más convenía para los caballos en las suertes charras. Sin embargo, maté a la primera intención con la espada que me prestó Ángel. Él me enseño la suerte de matar, la cual no es nada fácil, ya que requiere de mucho conocimiento, valor y decisión. A pesar de su corta estatura, fue muy bueno para matar; tuvo maestros formidable, como don Fermín y su amigo Raúl Ochoa, "Rovira". Pero, sobre todo, entrenaba constantemente la suerte en el aparato, que era una copia mecánica de toro. En la mitad delantera tenía una cabeza disecada y cuernos, así como una penca gruesa de nopal, para simular el morrillo del animal, y todo estaba adaptado a una rueda de bicicleta, mientras que en la parte posterior había asideros para cada mano. Con el paso del tiempo entablé amistad con otros grandes estoqueadores, principalmente los españoles Jaime Ostos, Santiago Martín ("El Viti") y Julio Robles. De los mexicanos destacaría a Manolo Martínez, Antonio Lomelín y mi querido compadre Curro Rivera, con quien, además, conocí a fondo el temible ambiente de los toros. De las 1,625 corridas que él toreó, yo presencié mas de 900, ya fuera desde el callejón o en las barreras de México y España. Iba en calidad de amigo, compañero, pariente, confidente y cómplice de aventuras, a las que nos acompañaba nuestro inolvidable compadre, el ingeniero Manuel Lourdes Camino, su apoderado.

Pinocho, Chato Guzmán, Camama, Güero Guadalupe, Felipe Mota, Ignacio Isunza y Pedro Vargas a finales de los años 20's.

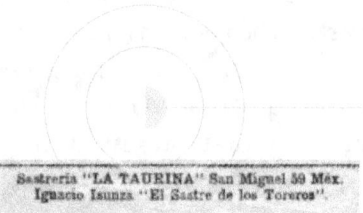

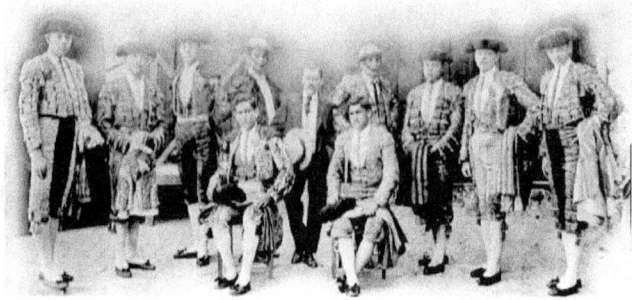

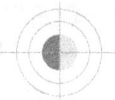

Mi afición por los toros nunca decayó, pero yo tenía que trabajar. Agradezco enormemente las palabras de Paco Malgesto, cronista taurino y amigo de la casa: "Mira, Héctor, esto de los toros no es para ti. Yo conozco muy bien el medio taurino y de veras te digo que no me gustaría que fueras un amargado más, como tantos que tú y yo conocemos. Tú tienes un campo más importante en el cual podrás desenvolverte mejor, que es la profesión de tu padre. Ahí sí puedes tener oportunidad y apoyo. Desde luego, tú toreas bien, tienes presencia, pero no eres vago ni oportunista. Dedícate a lo de tu padre".

Esas palabras me dejaron pensando. Sí, yo tenía valor, pero no la pasta de la que están hechas las figuras del toreo. Gracias a Dios me di cuenta a tiempo, y a la postre me convertí sólo en un aficionado práctico, es decir, toreaba sin ser profesional en cuanto festival o ganadería se pudiera.

Eso no obstó –ni ha obstado– para que siga admirando al toro de lidia, el animal más hermoso que pueda verse. En la dehesa, que es su propio terreno, es quizá donde luce más su espectacular figura. El toro auténticamente bravo no le tiene miedo a nada; parece estar siempre seguro de su capacidad de movimientos, de sus potentes músculos en todo el cuerpo y, especialmente, en el cuello. Es en esencia un animal tranquilo; si no se le provoca, no ataca, pero es fiero cuando se siente acosado. Pocos saben que, además, es muy inteligente. Los aficionados a la fiesta brava podemos saber algo sobre los toreros, a través de los periódicos o los libros, así como gracias a los chismes que circulan y las historias falsas que se inventan en el medio, pero a los toros no los conocen a fondo ni siquiera muchos de los matadores.

El ambiente taurino está compuesto por quienes de una o de otra forma reciben dinero por su participación profesional en las corridas: toreros, apoderados, ganaderos, empresarios, cronistas, etcétera. Y es un ambiente plagado de trampas y mentiras, donde unos y otros están siempre a la defensiva. Son muy pocos los que llegan a destacar en ese ambiente y se conservan dignos y, aun así, en pleno reconocimiento de su dignidad y valía, son atacados y vilipendiados a causa de la envidia, los celos y el rencor.

Los taurófilos, llamados así por participar como aficionados sin recibir dinero, complementan la fiesta. Asisten a las corridas, rinden homenajes a toros y toreros, cooperan desinteresadamente en eventos, escriben libros, apadrinan toreros, "hacen empresa" en comidas y cenas, cooperan para comprar avíos, se "raspan" para cientos de peticiones, mantienen peñas taurinas para conocer y disfrutar la compañía de los amantes de la fiesta y, muchas veces, torean becerras, vacas y hasta verdaderos toros en festivales organizados y pagados por ellos mismos. Yo soy taurófilo; en México y España toreé vacas y becerros, y el 16 de noviembre de 1974, al cumplir los 40 años, con novillos me despedí como aficionado práctico en la convención de la Plaza Monumental de Morelia.

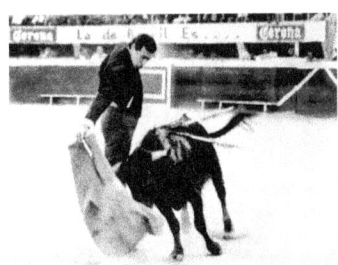

Despedida de
aficionado práctico en la
Convención de Morelia, 1974.

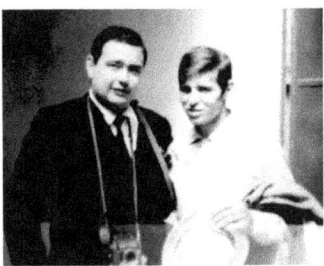

HH y El Cordobés, durante
la filmación de la película de
Cantinflas "El Padrecito", en la
plaza de toros El Cortijo, 1964.

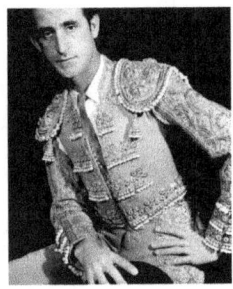

Santiago
Martin El Viti.

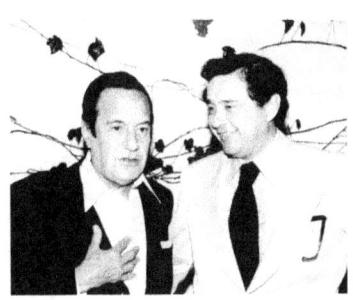

Pepe Alameda, amigo y
maestro de HH.

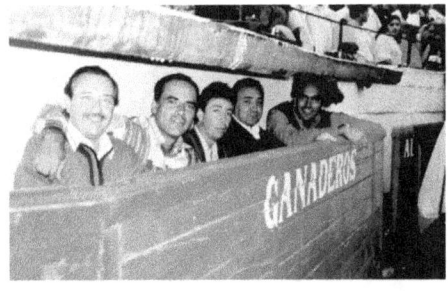

Héctor, Curro, Miguel Espinoza "Armillita",
José Manuel y Francisco Jr,
Representando la ganadería de Curro
Rivera en la Plaza México,
el 18 de septiembre de 1994.

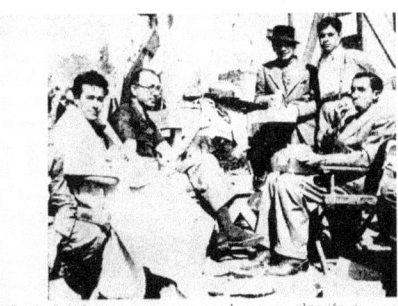

Armillita e Isunza en un descanso
durante la filmación de la película
"Sangre y arena".

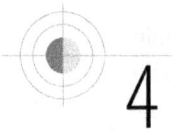

4

UN FELIZ INTERMEDIO

A partir de 1951 cursé el bachillerato en el Centro Universitario México, el famoso CUM. El cambio en la enseñanza fue radical. Para empezar, al inicio y final de casi todas las clases se rezaba el Ave María; a primera hora de los viernes había misa en el auditorio; no se nos permitía fumar afuera de la puerta de entrada, e incluso las mentadas de madre y las peleas a trancazos estaban prohibidas a varias cuadras a la redonda. Tuve materias consentidas con el famoso maestro Floresmeyer, "La Coqueta", pero igualmente enfrenté dificultades con las tremendas matemáticas y sus poderosas aliadas, las tablas de logaritmos, la regla de cálculo (con el maestro Domínguez) y la química (con "El Tiburón"). Aprendí un poco de francés con Monsieur Reversat y dibujo constructivo con el implacable maestro Zenteno. Para mi vergüenza, debido a mi conducta, el director del plantel, "El Oso" Gerbore, me mencionaba a menudo por el micrófono (que llamábamos "osófono").

Entre la prepa, mi afición a los toros, la actividad social, las novias y la convivencia con los grandes ídolos del espectáculo, estaba viviendo una época estupenda.

Una de las reuniones en casa que recuerdo con más alegría fue la que se organizó para festejar mis 18 años. Asistieron Víctor Bisogno y sus hermanos, los Lukini, Jorge Pous (Jorge Rivero), Elías Corral, María Luisa Chávez, el "Pelón" Osuna y sus hermanas, Arturo Wolffer, Enrique Álvarez Félix, "Bicha" Fernández y Jaime Rojas. Por supuesto, también estuvo mi guapísima novia Consuelo, quien vivía enfrente de mi casa; era sobrina de Dolores López Ostolaza (Dolores del Río), la gran estrella del cine. Además, me acompañaron Alberto Maus y Guillermo Barrón, compañeros del CUM, con quienes organicé varias fiestas en la residencia del primero, que se ubicaba en Xoco, Coyoacán, donde actualmente se encuentra la sede de la Sociedad de Compositores. Era enorme, con un jardín de árboles frutales y un césped impecable. Su padre era conocido como el rey del tabaco y la Pepsi, además de ser socio de un banco y productor de las primeras películas de Cantinflas que escribió Salvador Novo.

Por aquellos años nos reencontramos con Enrique Álvarez, quien venía de estudiar en Canadá. Su mamá, la mismísima María Félix, llegó de Argentina a México y se hospedó en la suite presidencial del hotel Regis. Kike nos invitó a saludarla; en ese momento, ella nos dio las carteras de piel de cocodrilo que nos había traído de regalo (todavía conservo la mía). A pesar de que la señora María siempre fue muy amable con nosotros, en aquella ocasión se mostró muy molesta. El motivo: un encendedor Dunhill de oro blanco y con las iniciales "MF" que le había regalado Agustín Lara desapareció inexplicablemente de la mesa de la sala. El descontrol de todos era patente. Por fortuna, el dueño del hotel, Carcho Peralta, con su enérgico e impetuoso carácter, recuperó la joya; la había sustraído un empleado, a quien finalmente despidió.

Otro día en que estábamos invitados a una fiesta, Enrique se ofreció a pedirle un auto a su mamá porque no cabíamos con todo y amigas en el coche de Maus. Para esperarlo me senté en una de las cabeceras del comedor, de espaldas al pasillo que conducía a las habitaciones. De repente escuché una voz que me era familiar. "Quiubo, muchachos, ¿dónde van", dijo esa persona mientras recargaba sus manos sobre mis hombros. ¡Era ni más ni menos que mi ídolo Jorge Negrete, a quien sólo había visto en todas sus películas! Durante la breve charla, mientras Enrique recibía las llaves del Cadillac convertible color vino, pude observar el rostro del famoso actor y cantante. Había cierto deterioro en el color de su piel, junto con líneas de expresión muy marcadas. La imagen era muy diferente de la que mostraba en la pantalla. Pese a todo, su colosal presencia me dejó muy feliz (por supuesto, ignoraba que fallecería muy pronto). Fanny Schatz, la representante de María Félix, le solicitó a mi padre que retratara a la actriz en la casa de Catipoato en la víspera de su boda con Negrete. Yo fui asistente de la sesión, que al principio fue muy tensa, pero al final resultó muy agradable gracias a que Enrique estuvo platicando con nosotros.

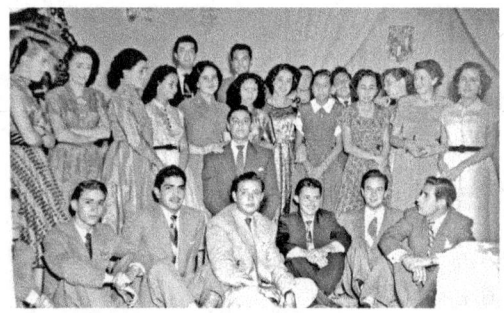

Fiesta de cumpleaños 18, Enrique
Álvarez, Rolando Dada, HH, Elías Corral,
Memo Barrón, Horacio Hernández y
Angel Domínguez; y las bellezas de pié,
excepto Sergio Gonzalez,
Luis González, Nelo y Arturo Wollfer.

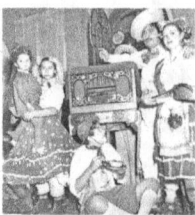

Fiesta de fachas un 15 de
septiembre en nuestra casa.

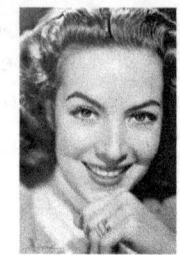

María Felix,
Catipoato, 1952.
Foto Armando Herrera

En 1953, debido a mis esfuerzos y las buenas artes de Agustín Anfossi, mi insigne maestro de Cosmografía, ingresé a la UNAM, instalada ya en la Ciudad Universitaria, por los rumbos del Pedregal. Entre mis compañeros recuerdo especialmente a Haro, Cossío, Wiechers y Dada. Estuve casi dos años en la Escuela de Arquitectura (todavía no era facultad), el primero de los cuales fui perseguido por los alumnos del segundo año que acostumbraban tratarnos como "perros" de nuevo ingreso: pintaban nuestros cuerpos, los llenaban de plumas y chapopote y nos obligaban a desfilar por las calles de la ciudad para pedir dinero a beneficio de los más avanzados en la carrera. Entre esto y el hecho de que las instalaciones no estaban terminadas, hubo muchísimos días sin clases, que aprovechamos para convivir con otros cuates, como Alex Phillips Jr., Nacho Torres Jr., Jorge Villanueva, "El Oso" Familiar, Luis Alamán y los hijos de Arturo de Córdoba (cuyo apellido era en realidad García).

Pasé a segundo año –no sé cómo–, pero decidí no seguir estudiando y así se lo hice saber a mi papá. Me planteé ser torero y, después, actor. José Ángel Espinoza, "Ferrusquilla", me ayudó llevándome a hacer la prueba a los Estudios Tepeyac. No la pasé debido a mi voz, a la que le falta potencia. Por fortuna, las cosas han cambiado. Muchos años después, mi sobrino Raúl Araiza, quien se identifica precisamente por ese tipo de voz, ha tenido mucho éxito en su carrera artística.

Total, que ni arquitecto ni torero ni actor. No obstante, el periodo de 1952 a 1954 fue determinante en mi vida. Buscando un trabajo para tener un dinerito extra al que mi padre me daba, recurrí a mi querido tío Félix Leonelli (medio hermano de mi abuelo paterno), quien había intercedido para que yo entrara en el Colegio Williams. Él había trabajado en un banco inglés, y al retirarse, decidió dedicarse a la fotografía comercial. Como era muy inteligente, se puso a investigar acerca de la innovadora forma de tomar fotos en transparencias tamaño 20 x 25 centímetros mediante el proceso Ektachrome (de color) y llevar a cabo el revelado en su propio laboratorio. Estas imágenes perfectas se utilizaban para hacer selecciones de color litográficas cuyo destino final eran distintos tipos de impresos y anuncios comerciales. Empecé a trabajar como ayudante y conocí la ciencia de la fotografía; aprendí por qué y cómo se lograba la técnica, tanto de los lentes y las películas como en lo relativo a las cámaras y el revelado de gran formato.

Don Félix era muy reconocido por su desempeño en varias actividades. Valga saber que fue pionero de la fotografía clínica. Hacía trabajos en el hospital Dalinde para su amigo, el prestigiado cirujano estético Mario González Ulloa. Ahí empecé a tomar fotos (en aquel tiempo en blanco y negro) para hacer un registro de las pacientes antes y después de las cirugías. Iniciaba una etapa complicada para mí; primero, porque tenía 18 años de edad, pero aparentaba menos, lo cual les generaba cierta desconfianza a las personas, especialmente a estas mujeres, con las marcas en el torso que hacía el doctor antes de la operación, o bien con las costuras al final de la misma.

Mi tío asistía también a la sala de operaciones para filmar las mágicas cirugías de don Mario. Las técnicas eran inéditas y se registraban sobre todo para fines de docencia. Filmaba con una Bolex de 16 milímetros, con torreta de tres lentes y todavía de cuerda, e iluminaba con reflectores de campana con focos *flood* de pocos watts para evitar el calor en la sala. Pero el rollo de color tenía baja sensibilidad en grados ASA, de manera que debía acercarse lo más posible. Sin embargo, un chisguete de sangre provocó en una ocasión el estallido de uno de los focos, por lo cual mi tío comenzó a tomar precauciones especiales.

Un día no pudo asistir a una cirugía, así que me pidió que ocupara su lugar. Yo tenía experiencia con la Bolex 16 mm., pues filmaba bodas y fiestas de quince años. Fue así que, pese a la desvelada, me presenté puntualmente en la sala, donde me instruyeron, me vistieron de cabeza a pies con bata, gorro, tapabocas y zapatos de la misma tela. Finalmente, la paciente ingresó al quirófano, y a la voz de "luces, cámara…", el doctor inició la cirugía sobre el campo verde que descubría la piel en el pecho (mi tío llegó a comentarme que él fue el primero en proponer el color verde para la ropa en las cirugías, porque la de color blanco reflejaba demasiada luz para filmar). "Acción", indicó el asistente de cirugía, mientras la enfermera le pasaba el bisturí al cirujano, con las manos enguantadas. Yo estaba en medio de todos con el tripié y el ruido de la cámara filmando. Me sentía tranquilo y seguro hasta que con el primer corte de la mano experta comenzó a brotar la sangre. A medida que el doctor iba abriendo, salía más sangre… roja, muy roja, y yo, amarillo, muy amarillo. Empecé a sentirme mareado, por lo que decidí conectar el dispositivo automático para filmar y me desvanecí.

Cuando recobré la conciencia, estaba acostado en una habitación contigua, con un intenso olor a alcohol o éter. Lleno de vergüenza y enojo conmigo mismo, me presenté frente al doctor, quien, como todo un señor, ni me reprendió ni se enojó; solamente se rió de la situación. "A cualquiera le pasa. Tú sigue con las fotos, como siempre", me dijo. Ahí perdí una gran oportunidad que hubiera cambiado mi línea de trabajo.

Semanas después, don Félix –quien comprendió aquel desafortunado incidente– me pidió que le acompañara a hacer unas tomas muy delicadas. Me citó en su laboratorio, situado en la avenida Insurgentes esquina con Félix Cuevas, exactamente donde, años después, mi hermana Norma filmó con Cantinflas la escena de un parto en la patrulla del 777 y donde actualmente se encuentra Liverpool. La hora era muy inusual: 10:00 p.m. Además, me indicó que me vistiera con saco y corbata oscuros.

Una vez que su automóvil quedó cargado con todo el equipo, incluida una escalera de madera en el techo, protegida con una colchoneta rellena de borra, emprendimos un camino largo. Primero había que transitar un tramo extenso de Insurgentes para recoger en la avenida Baja California al maestro Francisco Vives, un reconocido técnico. Continuamos hasta dar vuelta a la derecha en Izazaga, luego a la izquierda en San Juan de Letrán y seguir todo derecho hasta la avenida de los Misterios. Por fin arribamos a los terrenos de la Basílica de Guadalupe, más oscuros que de costumbre y sin ningún cristiano a la vista. Mi tío se enfiló hasta la puerta lateral de la antigua iglesia. Con gran sigilo, dos vigilantes nos abrieron una hoja de esa pesada puerta de madera. Poco a poco fuimos bajando todo el equipo fotográfico, luego de lo cual se cerró la puerta. A don Félix y al maestro Vives los recibieron con familiaridad el capellán y el rector, vestidos de traje negro y alzacuello, acompañados de tres sacerdotes, dos gordos y uno flaco y alto. Entre todos llevamos el equipo hasta el altar principal, donde había una torre de madera provisional amarrada en las esquinas con gruesos mecates (como hacen los alba- ñiles en las construcciones de algunos metros de alto) y una base en la parte superior de tres por tres metros cuadrados. Hasta ahí subieron los dos fotógrafos para retratar ¡la imagen de la Virgen de Guadalupe! ¡Con razón tanto misterio! Muy pocas personas habían visto la tilma tan de cerca.

Una vez armados los tripiés y conectados los cables de luz, con la cámara 8 x 10 lista y el baúl con los chasis y las películas Ektachrome, Félix y Vives abrieron muy lentamente la puer- tecilla de cristal que protege el enorme cuadro. El silencio era inenarrable, como inenarrable resultó la posibilidad de admirar el ayate sin el cristal protector. Con especial cuidado, los fo- tógrafos comentaban en voz alta sus movimientos: "Cierro el lente", "preparo el disparador", "quito el paño que cubre la cámara", "introduzco el primer chasis", "saco la cortina con cuida- do", "no respiraremos en los próximos diez segundos porque haré el primer disparo"... ¡Clic! El obturador de la cámara se abrió para cerrarse un segundo después. "Meto la cortina con el lado negro por fuera", y así sucesivamente hasta hacer ocho tomas con diferentes exposicio- nes. La luz intensa se reducía y aumentaba cada vez que se hacían los disparos, pues se procu- raba no dañar la imagen en lo más mínimo. La puertecilla de cristal permaneció abierta cuando mucho durante diez minutos. El maestro Vives la cerró mientras don Félix recogía el equipo. A partir de ese momento, los chasis fueron cuidadosamente manipulados por él mismo y guar- dados en un estuche especial, que él personalmente bajó aprisionando su brazo izquierdo. La experiencia fue inolvidable. Entre la fe religiosa desbordada y la responsabilidad profesional, terminamos exhaustos. Esas imágenes, captadas en transparencias Ektachrome de 8 x10 pul- gadas, forman parte de "La colección fotográfica Herrera", propiedad hoy de mis hijos.

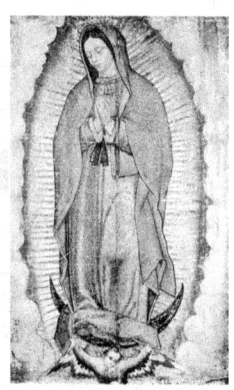

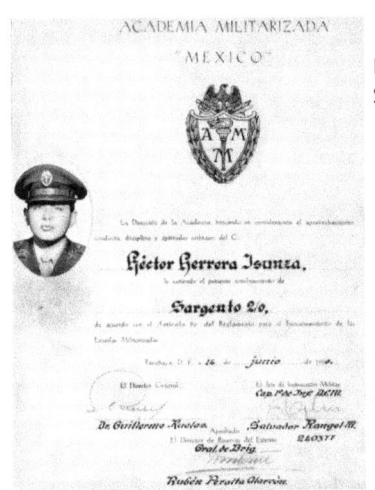

Diplomado
Sargento.

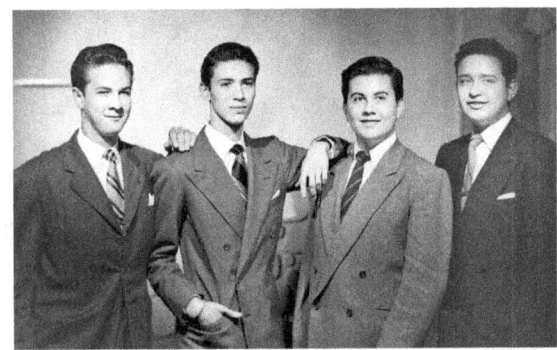

Guillermo Barrón,
Enrique Álvarez Félix,
Alberto Maus y HH.

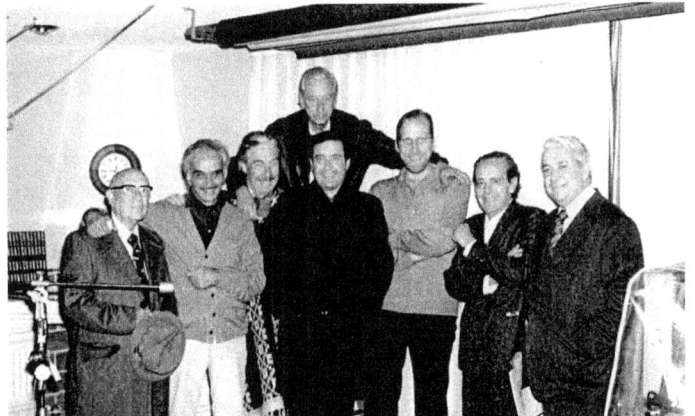

HH y los grandes de la fotografía de aquellos años: Gutiérrez
Macías, Arno Brehme, Francisco Vives, RaymundoTirado, Felix
Leonelli, Armando Salas Portugal, Carlos Prieto y Tufic Yazbek.

*foto de Javier Leonelli, mi primo y gran fotógrafo de Product Shot.

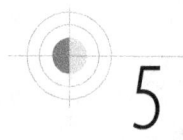

5

DEBUT EN NUEVA YORK

El negocio de mi padre creció rápidamente y se volvió muy rentable. Sin dejar el estudio de Victoria, tomó la decisión de abrir otro más hacia el sur de la ciudad, en la glorieta de Etiopía. ¿El motivo? Los artistas que trabajaban o tenían que ensayar hasta tarde hacían citas para retratarse ente las diez de la noche y la una de la mañana. La ubicación del llamado "estudio nocturno" se eligió en función de que varios de ellos –como Pedro Infante, Elsa y Alma Rosa Aguirre, Andrés Soler y Joaquín Pardavé vivían en la colonia Narvarte. Y, además, nosotros habíamos dejado la casa del centro para mudarnos a la colonia Álamos, en Navarra número 68 (que, por cierto, inauguró Tin Tan) y, poco tiempo después, a la colonia Del Valle, en Heriberto Frías 437.

El éxito del fotógrafo de las estrellas llegó a tal punto que en 1952 inauguró otro estudio más en el moderno edificio Rioma, propiedad de sus amigos Mario y Eduardo Moreno Reyes. Cantinflas –quien había sido también su padrino de bodas– le ofreció la primera planta, con 800 metros cuadrados. En la recepción se exhibían distintos retratos que lucían espléndidamente hacia la calle; tanto que los automovilistas se detenían para poder apreciarlos. La galería tenía una superficie libre de 600 metros cuadrados, con diferentes escenarios en las cuatro paredes, desde un piano de cola hasta una elegante barra de bar.

En vista de que en los alrededores de la glorieta de Etiopía no había otro estudio, mis padres abrían el suyo también durante el día para retratar a los niños de las escuelas. Ahí trabajaba un empleado que dizque tomaba las fotos. Al percatarse de que el trabajo se hacía sin placa, mi papá me pidió que lo vigilara. Sin embargo, el dichoso empleado abandonó el estudio; se fue con un dinero y no volvimos a saber de él. Entonces, mi papá me pidió hacerme cargo de ese negocio.

Atendiendo el sabio consejo de Paco Malgesto, finalmente tomé la decisión de dedicarme a la fotografía. A partir del 1 de abril de 1954, a mis 20 años de edad, en ese estudio de la calzada de la Piedad 643 (actualmente avenida Cuauhtémoc) comencé haciendo retratos para las credenciales de todos los niños y jóvenes que iban a las escuelas de las colonias Narvarte y Del Valle. También fotografiaba primeras comuniones, bodas y uno que otro grupo familiar, así como retratos personales. Como en el edificio escaseaba el agua, en más de una ocasión tuve que aprovechar la fuente central de la glorieta para lavar las cubetas y charolas del laboratorio.

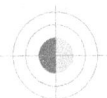

Ya instalado en aquel estudio, empecé también a tener mucho trabajo gracias a las compañías disqueras. En septiembre de 1954 se me presentó una gran oportunidad: hacer fotos para un desfile de modas en la ciudad de Nueva York con el diseñador Ramón Valdiosera, muy amigo del fotógrafo Carlos Ysunza, mi tío. Como éste no podía hacer el trabajo, decidieron que el indicado para ello era yo. ¡Fue una gran sorpresa y, al mismo tiempo, una enorme ilusión! Sin embargo, esta primera experiencia en el extranjero me produjo nerviosismo. Estaba a punto de cumplir los veinte años, y aun cuando ya había hecho algunas fotos de modelos en el hotel Sheraton María Isabel para una revista de modas, empecé a sufrir cuando me explicaron todo lo que necesitaban. Por primera vez, además, me enfrentaba a uno de esos trabajos que exigen mucha dedicación, preparación y, sobre todo, concentración.

Toda mi familia fue hasta el pequeño aeropuerto de Balbuena (como antiguamente se acostumbraba) para despedirme. Parecía que no iba a regresar jamás. En aquellos tiempos, los acompañantes podían llegar hasta la escalerilla del avión para dar el último adiós. Pues, en efecto, la parentela llegó hasta el avión de hélice y cuatro motores, pese a mi vergüenza frente a los demás pasajeros, especialmente frente a mi grupo de trabajo, integrado por unas doce personas, entre modelos, asistentes y directivos.

Y como también se acostumbraba, viajé vestido de traje y corbata, con una maleta grande y, por supuesto, todo mi equipo fotográfico: una cámara Crown Graflex de 4 x 5 pulgadas dentro de un gran estuche, chasis (los *film packs* de entonces contenían ocho placas para utilizarse una sola vez) y una caja con el tripié. En el equipaje de manos traía una cámara Rolleiflex de 6 x 6 centímetros, una retina de 35 milímetros, rollos y todos los demás accesorios necesarios. El material sensible se compraría en Nueva York.

Valdiosera, un hombre muy afable y comprensivo, me puso una especial atención, además de que seguramente le preocupaba mucho mi desempeño. Era mi primera vez viajando al extranjero y también la primera ocasión en que me subía a un avión de ese tamaño. Antes de aterrizar, al ver la isla de Manhattan, se acrecentó mi temor por la responsabilidad que traía a cuestas.

El viaje fue largo y cansado. Pasar la aduana del aeropuerto La Guardia fue complicadísimo, porque entre todo el grupo traíamos una gran cantidad de maletas, sobre todo por el vestuario y demás accesorios de las modelos, sin contar mi equipo fotográfico y los artículos de promoción y los regalos. Por fin llegamos al hotel Statler Hilton, frente a la estación Pennsylvania, donde dos días después –con motivo de las fiestas patrias de México– se llevaría a cabo el Fashion *Show*. De inmediato nos reunimos en una suite especial, en la que se hospedaba el jefe, para hacer la planeación.

Al otro día, víspera del evento, hicimos un ensayo general. Abordé un taxi hasta la antigua casona en donde estaba la tienda fotográfica B&H, una de las mejor surtidas del mundo. Ahí compré el material, consistente en 50 *film packs* de 4 x 5 pulgadas (de ocho placas cada uno), cinco cajas de película Tri X de 4 x 5 pulgadas, 200 focos de *flash* número 5 (de gran tamaño, como el de los focos actuales de 100 watts), un enorme bote cilíndrico de cartón con 12 pilas grandes para el *flash* y dos tambos cilíndricos de cartón muy grandes para que los focos cupieran antes y después de utilizarlos. Así, tomamos fotos de las modelos frente al edificio de las Naciones Unidas, en Central Park y la Quinta Avenida.

Un día después, el mundo se me venía encima con cada minuto que transcurría, con cada recomendación que se me hacía y con cada momento en que ideaba cómo hacer el trabajo. Tuve que decidir el sitio donde debería de colocarme para tomar las fotos, porque desde ahí tendría que captar tres poses por modelo. Cada una de ellas luciría diez vestidos con las siguientes tomas: una de frente, otra de espaldas y una más en la que se apreciaría todo el set. Yo no podía desplazarme, primero porque no estaba permitido ni había espacio disponible, pero sobre todo, porque el volumen de mi equipo lo hacía imposible. Decidí colocarme al final de la pasarela. Al llegar a ese punto, las modelos darían la vuelta. Coloqué algunas marcas en el piso para que ahí mismo se detuvieran un par de segundos. De esta manera pude captar el atuendo de frente, la parte posterior y, por último, el ambiente general.

El asunto era muy complicado para ellas. Además de su actuación normal como modelos frente al público asistente, debían dedicarme unos segundos para las fotos. Es importante recordar que en aquel entonces no contábamos con la potencia y la calidad de los *flashes* electrónicos que se utilizan en la actualidad, ni la rapidez del ASA de las películas modernas y, muchísimo menos, la facilidad que brinda la fotografía digital. Por si fuera poco, el negativo tenía que ser de 4 x 5 pulgadas, la cámara era muy pesada, más aun con el *flash* de tubo de cuatro pilas grandes que se ajustaba al lado. Sin asistente, la única manera de maniobrar era con el tripié, porque antes y después de cada toma había que poner un foco nuevo y quitarlo de inmediato con un guante grueso para proteger la mano del calor después del destello. Y, obviamente, sólo tenía dos manos.

La concentración tenía que ser absoluta. A la menor equivocación, a la menor distracción, podría perderse la secuencia. Fue por ello que decidí utilizar únicamente la cámara de 4 x 5 pulgadas con un solo lente durante el desfile. Antes y después tomaría fotos de apoyo con la 35 milímetros de lente angular. Desde entonces adopté la mala costumbre de no dormir tranquilo antes de una sesión importante e irrepetible.

Por fortuna, conté con la gran ayuda de Ramón Valdiosera. Y, además de guapas, las modelos fueron muy profesionales y colaboraron de maravilla. Mi actividad resultó un espectáculo adicional para los asistentes. Cada vez que llegaba frente a mí una modelo hacía lo siguiente: disparar el primer destello de *flash*, sacar y tirar al bote el papel del film pack (que hacía las veces de cortina), maniobrar con un guante de hilo blanco para protegerme de la intensa temperatura que quemaba la mano, tirar al bote el foco utilizado, sacar del otro bote un foco nuevo e insertarlo rápidamente en el *flash*, hacer otro disparo de la cámara previa activación del seguro en el lente, y así sucesivamente. Al finalizar el *show*, Ramón apareció en escena junto a todas las modelos y sus asistentes, y alguien comentó mi participación en el Fashion *Show*. El público aplaudió muy sonriente. Yo estaba en las nubes y me quedé pasmado por unos momentos. Pero tuve que reaccionar de inmediato para tomar las fotos del gran final con la otra cámara de 35 milímetros y un pequeño *flash* para registrar la satisfacción de los asistentes, mostrada con aplausos y gritos de ¡viva México! En verdad fue un éxito para Valdiosera y su grupo.

Cuando todo terminó, alrededor de las siete de la tarde, me di cuenta de que había utilizado más de 150 focos de *flash* y tenía varias quemaduras en los dedos de las manos. Alrededor mío, sobre el suelo, había un desorden: decenas de papeles negros y separadores de los negativos de los *film packs* que fui desechando durante la sesión. Recogí todo de inmediato y guardé el equipo.

Posteriormente, nos reunimos en la suite para hacer algunos comentarios y preparar el programa del día siguiente. Ahí le pregunté a Ramón a quién debía entregarle el material. Él y uno de los asistentes de la embajada de México me comunicaron que habían alquilado un laboratorio fotográfico para que yo mismo revelara los negativos e hiciera unas copias que urgían para publicitar el evento. Creí que era una broma, pues no habíamos hablado de eso, pero el oficial me informó que él mismo me llevaría en ese momento a la dirección donde se encontraba el laboratorio. En verdad no podía creer lo que estaba escuchando. Por supuesto que yo sabía revelar placas; lo había hecho varias veces en el laboratorio de mi padre y también había ayudado a mi tío Félix a revelar sus placas de 8 x 10 pulgadas. Sin embargo, nunca había revelado un film pack con ocho placas cada uno y tampoco era un experto en eso.

Con disgusto recogí el material de mi habitación y nos dirigimos al dichoso laboratorio. Como estaba muy cerca del hotel, en uno de los pisos de un edificio enorme, llegamos caminando. Más bien era un negocio de alquiler de laboratorios, porque había varios. Me mostraron dos, que eran impresionantes. ¡Nunca había visto algo igual! Elegí el más pequeño, que era muy amplio, y me explicaron todo lo que tenía, en especial el tipo de reveladores líquidos preparados en botellas de un galón, listos para usarse. Aun cuando hablaba algo de inglés, había muchas cosas que no entendía, lo cual aumentó mi susto y mi disgusto.

El oficial de la embajada me comunicó que se regresaba al hotel, a donde podía llamarle si algo se me ofrecía. Ahí me quedé, sin saber qué hacer. El encargado de los laboratorios, que por supuesto no hablaba nada de español, me dio el número de su extensión telefónica para que acudiera a él en caso necesario.

Cerraron la puerta, se encendió un foco rojo en el exterior y se fueron. Yo me recargué en la tina grande de revelado y quedé atónito durante varios minutos. Finalmente me quité el saco, me puse un delantal de hule (de los varios que había) y empecé a ver lo que nunca había visto: un laboratorio muy profesional, perfectamente limpio y ordenado, con todos los accesorios imaginables, varios libros y avisos sobre cómo utilizar todo aquello (obviamente, en inglés).

A la llegada, el reloj marcaba las 8:25 p.m. En la tarjeta que me dieron debía anotar los químicos que utilizaría y cualquier otro dato importante. En ese momento no podía iniciar nada porque tenía algunos dedos quemados, mientras que los otros estaban mojados por el sudor, por el pavor que sentía y porque nunca me había puesto los guantes de hule para revelar. Me probé algunos, pero eran de talla gigante. Me sentí empequeñecido.

Poco a poco fui reaccionando. Apagué la luz general y, a tientas, ideé cómo encender las luces de seguridad. Comencé por abrir los *film packs* para separar los negativos de sus correspondientes guías de papel. Los guardé en una de las cajas de seguridad que había y volví a encender las luces para preparar el revelador. Apoyado en la guía que traían los *film packs*, lo disolví y lo deposité en una charola de 11 x 14 pulgadas. Puse otra charola con agua. Me faltaba el fijador, que nunca encontré, por lo que no podía iniciar el proceso. Salí de aquel cuarto de tormentos a preguntarle al encargado por el "*fixer*". Creo que me dio la explicación perfecta, pero no estoy seguro porque le entendí muy poco. Como me vio tan asustado, fue conmigo, llegó a la tina, y de un tanque estacionario como de aluminio, con una pequeña llave de paso, sacó el bendito fijador. Por supuesto, era desechable y marcaba automáticamente la cantidad utilizada.

Cuando todo estuvo listo para iniciar el revelado, el reloj marcaba casi dos horas más. No relataré más detalles para no volver a sufrir aquella situación. Sólo diré que las placas quedaron muy bien, a pesar de que fastidié como ocho. Después del lavado final tuve que volver a llamar al encargado. Me mostró una especie de ropero de vidrio y me indicó cómo colgar los negativos para el secado automático y cómo cerrar la puerta de ese extraño mueble transparente. Ese buen hombre me ayudó a recoger todo lo necesario, a anotar todo lo utilizado y a llamarle al oficial de la embajada, pues yo no tenía el teléfono del hotel ni sabía cómo marcar desde su aparato. Me aconsejó que no me fuera solo, que esperara ahí, pues ya eran más de las doce horas de la noche. ¡Me tardé más de cuatro horas en revelar, algo que normalmente tomaba cuando mucho hora y media! No obstante, la experiencia resultó finalmente muy satisfactoria y muy valiosa. Fui de los primeros en México en conocer estas nuevas técnicas de laboratorio.

Al día siguiente le relaté la pesadilla a Ramón, quien aceptó que mandáramos a imprimir las copias de los negativos en el mismo lugar, pues ahí daban ese servicio (igual que hubieran podido hacer el revelado evitándome tanto sufrimiento).

La noche del 15 de septiembre nos dirigimos a un club para celebrar el "grito" y la conclusión del trabajo. Pero el gusto me duró muy poco. Resulta que a los menores de 21 años no nos permitieron entrar. Lorena Velázquez, entonces una jovencita, y yo tuvimos que volver al Hilton. Nos quedamos en el *lobby* para disfrutar del entonces novedoso sistema de televisión a colores. El regreso a México fue triunfal. Todas las familias de los participantes estaban en el aeropuerto –casi a la puerta del avión– para recibirnos en medio de gritos de alegría, abrazos, besos y lágrimas, al más puro estilo nacional. A Valdiosera, incluso, le llevaron un trío. Para mí, el trabajo representó muchas felicitaciones, un buen dinerito y, sobre todo, un paso decisivo en mi trayectoria como profesional de la fotografía.

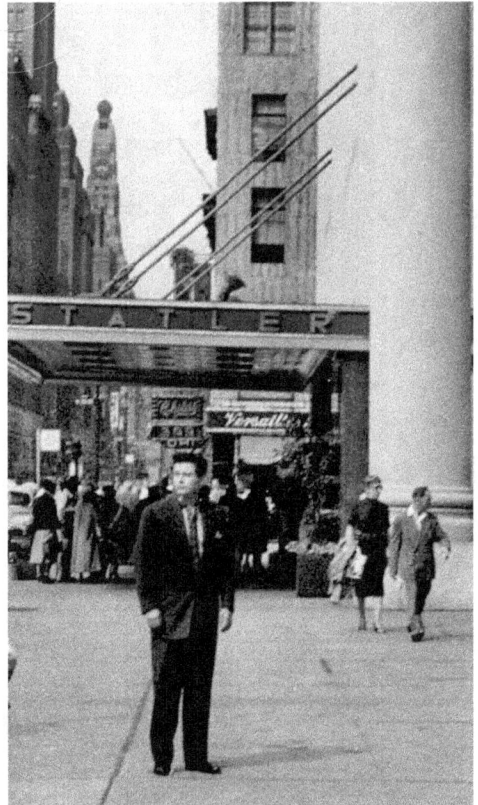

HH en Nueva York, 1954.

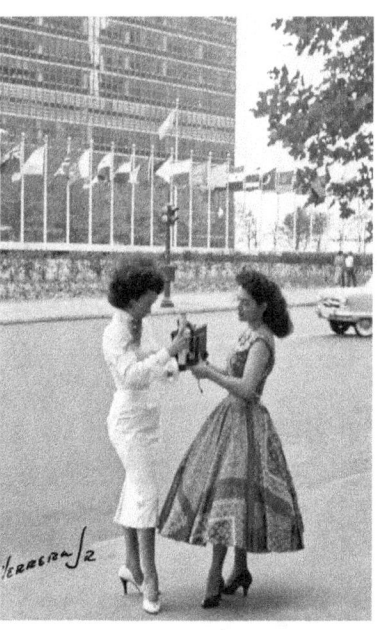

Las modelos frente a las Naciones Unidas.

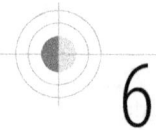

6

EL REGALO DE BODA

Al regreso de mi formidable experiencia en Nueva York continué trabajando los siguientes tres años en el estudio de la glorieta de Etiopía. Alternaba el trabajo con la vida social al lado de mis amigos y acompañando a mi hermana Norma a sus primeras clases de actuación con Salvador Novo, Seki Sano y Fernando Wagner, así como a sus primeras presentaciones como cantante de ranchero en la radio, junto con otras jovencitas montando a caballo en la escaramuza charra del Rancho del Charro en la avenida Ejército Nacional. Quién iba a decir que también ella continuaría la tradición artística con tanto éxito. Actualmente, además, lo hace en compañía de sus hijos Raúl y Armando Araiza, quienes son igualmente muy populares en el medio artístico.

De aquella época recuerdo en especial a Agustín de Anda, *El Charro*, ex compañero en el CUM y quien después se hizo novio de Ana Bertha Lepe. Hijo de don Raúl de Anda, el productor de cine, Agustín era un tipazo, con gran personalidad y una enorme sonrisa. Se convirtió rápidamente en artista de cine. Un día en que íbamos juntos en su coche y, señalando la esquina de Patriotismo y Benjamin Franklin, en la colonia Condesa, me dijo: "Mira, 'Manzanita' (así me apodaban), en ese edificio compré el departamento donde viviremos Bertha y yo".

Yo conocía a Ana Bertha porque junto a mi estudio había una refaccionaria propiedad de su tío Filemón. Ella y su padre visitaban con frecuencia a Filemón y aprovechaban para pasar al estudio a platicar. El papá de Ana Bertha era un hombre grueso, blanco, un poco colorado del rostro, con una barriga grande y siempre con pistola al cinto. Fue capitán del ejército. Tiempo después, mis cuates y yo supimos que Agustín había sido asesinado por el que hubiera sido su suegro, lo cual fue un escándalo que conmocionó al país. Tristes, los amigos de Agustín estuvimos varios días sin salir de casa y sin volver a reunirnos, pues era él quien nos convocaba.

Fue así como terminó aquella época de compañeros de escuela e inició una etapa diferente. Durante la presidencia de Ruiz Cortines, la situación económica del país derivó en una gran crisis. El peso se devaluó y, por lo que a mí respecta, muchos planes se modificaron; entre ellos, el que me fuera a estudiar fotografía al Brooks Institute de California.

Por fortuna, desde su gran estudio en avenida Insurgentes 377, mi padre me presentó a una jovencita muy bella. Era la concertista de piano Yolanda Margarita Peralta, de quien me enamoré perdidamente. ¡Me traía de cabeza! Formalizamos el noviazgo y me propuse trabajar intensamente para reunir dinero y casarnos.

El edificio Rioma se desplomó a causa del temblor de 1957 y ocasionó graves problemas en las finanzas profesionales y familiares. Mi padre instaló un nuevo estudio en Ayuntamiento 57, frente a la estación de radio XEW. Y me anticipó un extraordinario regalo de boda: la cesión completa de su famoso estudio de Victoria 6.

Poco a poco empecé a tener clientes importantes. Recuerdo en especial cuando la señora María Izaguirre de Ruiz Cortines, esposa del Presidente, me contrató para fotografiar la boda civil de su hijo, un capitán militar muy apuesto. Hice las fotos en su casa de Insurgentes y

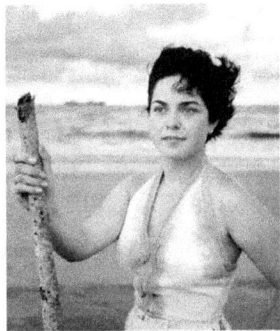

Yolanda Margarita Peralta,
Rancho La Florida, Tuxpan Ver.

Barranca del Muerto. Les gustaron mucho. Tanto, que el novio –también torero rejoneador a caballo– me pidió que lo retratara en su cortijo del sur de la ciudad de México con sus caballos y sus trajes de caballero a la usanza portuguesa. También hacía foto comercial. Entre mis clientes había empresas de automóviles como la Fiat, en Paseo de la Reforma; la importadora Vinos Finos; fabricantes de televisores, y constructoras que hacían los andamios tubulares para las iglesias de la colonia del Valle, como la de Nuestra Señora del Gran Concreto, llamada así por ser una enorme construcción "moderna" de cemento. Asimismo, entre mis clientes había varias compañías de publicidad, como Lito Juventud, Litográfica Galas de México y otras más.

En 1962 me pidieron que filmara la visita del presidente John F. Kennedy en el Colegio Americano, por los rumbos de Tacubaya. El viaje del presidente estadounidense a nuestro país despertó enormes expectativas, como ninguna otra visita previa de un jefe de Estado. En el plantel, los jardines estaban atiborrados desde varias horas antes del arribo. Se colocó un gran templete, elevado como un metro con respecto al suelo. Tuve el privilegio de estar ahí en primera fila. En medio de una gran algarabía, finalmente llegaron el presidente y su esposa Jackie. El momento fue indescriptible. Una vez concluido el discurso que Kennedy dirigió a la comunidad estadounidense, la gente se arremolinó sobre el estrado con los brazos extendidos hacia delante. El mandatario se acercó a la muchedumbre, pero era tal la euforia, que prácticamente lo obligaron a bajarse del templete. Él descendió exactamente donde yo estaba, así que coloqué mi cámara Bolex de 16 milímetros sobre mi pecho y tuve a Kennedy justo frente a mí durante varios segundos, hasta que sus guardias pudieron desalojar el espacio para permitirle saludar de mano a los entusiastas. Por supuesto, no pude filmar ese momento de tanta cercanía, tan inesperado y, sobre todo, tan emotivo.

Con el clero inicié una agradable relación que duró muchos años. Trabajé para el Seminario Mayor de la Arquidiócesis en Tlalpan, cuyo rector era Monseñor Abelardo Alvarado, gran amigo hasta la fecha. Mi trabajo consistía en hacer una historia gráfica de la vida cotidiana de los consagrados y diáconos que estudiaban para convertirse en sacerdotes. Pasé ahí mucho tiempo para captar y reseñar la vida de los seminaristas, tanto en el plano comunitario, en las clases y en los ritos religiosos, como en lo relativo a sus aptitudes personales para el arte o el deporte. También retraté al Cardenal José Garibi Rivera en sus visitas a la ciudad de México, y en 1966 fotografié la consagración de la Iglesia de la Santa Cruz, en el Pedregal. Gracias a mi relación con el clero, mi esposa Yolanda y yo fuimos a la casa de los Misioneros del Espíritu Santo en Roma (Piazza San Salvatore in Santo 57) y de ahí nos dirigimos en un auto especial al Vaticano, para asistir a una audiencia especial con Su Santidad Juan XXIII. El protocolo era muy rígido; debíamos vestir de negro; las mujeres, además, tenían que cubrir la cabeza con un velo, y por supuesto, estaba prohibida la cámara.

En el plano comercial tuve la gran oportunidad de fotografiar las instalaciones y fábricas proveedoras de la Cervecería Moctezuma en la ciudad de Orizaba y alrededores. Ello fue posible en gran medida debido a la relación que yo tenía con mi amigo de la infancia Sergio González, primo de Raúl y Alberto Bailleres González . Durante las largas sesiones en las instalaciones de la cervecera, donde tienen lugar los procesos de molienda y maceración, con las grandes ollas de cocimiento y, especialmente, las salas frías, aprovechábamos para tomar el mosto antes de la fermentación, lo cual nos daba energía. Fotografiar era muy difícil debido a las dimensiones del lugar y la falta de luz natural. Recordé los sabios consejos sobre iluminación que me compartieron mi tío Félix Leonelli y el maestro Francisco Vives. Un cable de luz de los de entonces –forrados de hilo– conducía la electricidad. Cada cuatro metros pinchábamos el cable con un alfiler grande y lo conectábamos al cable pequeño que salía de un socket con un foco *flash* No. 5. Así, sujeto al techo, el cable largo se escondía tras las columnas del edificio. Y con unos diez focos *flash* insertados, casi a oscuras abríamos el lente de la cámara Linhoff de 4 x 5 en su tripié, y desde ahí procedíamos a conectar el largo cable de hilo. Al juntar el macho del cable al contacto hembra de la luz de la pared se producía un gran rayo luminoso. Con el destello de los focos *flash* se iluminaban todos los sectores que buscábamos. La luz ambiente resultó perfecta. ¡Qué gran experiencia!

Para don Pedro Maus, "el rey del tabaco", hice algunos trabajos en Pepsi Cola y el Club de Banqueros, entre otras importantes asignaciones. Para don Raúl Bailleres realicé también la historia gráfica de la Central de Malta, en el estado de Puebla; el trabajo duró tres semanas. Y, como colofón, en la antigua casona donde inició la Universidad Iberoamericana (actualmente, el restaurante San Ángel Inn) conocí al arquitecto Rodolfo Barragán, quien además de ser el director de la carrera de arquitectura tocaba muy bien la guitarra flamenca.

El me recomendó con su padre, director en aquella época de la Fundidora Monterrey, presidida por don Carlos Prieto, para hacer la memoria gráfica de esa enorme empresa, así como de la Vidriera Monterrey, Aceros Planos y las fábricas de corcho, corcholatas y cartón.

Las fotos –ya en transparencias de color de 4 x 5 pulgadas– fueron muy apreciadas y muy bien pagadas. Por supuesto, jamás imaginé que 50 años después volvería con mi hijo Héctor Armando a los Altos Hornos, ya clausurados, que sirvieron de fondo a la foto oficial de la Cumbre de las Américas. Ahí retratamos juntos a los presidentes del continente americano invitados por Vicente Fox.

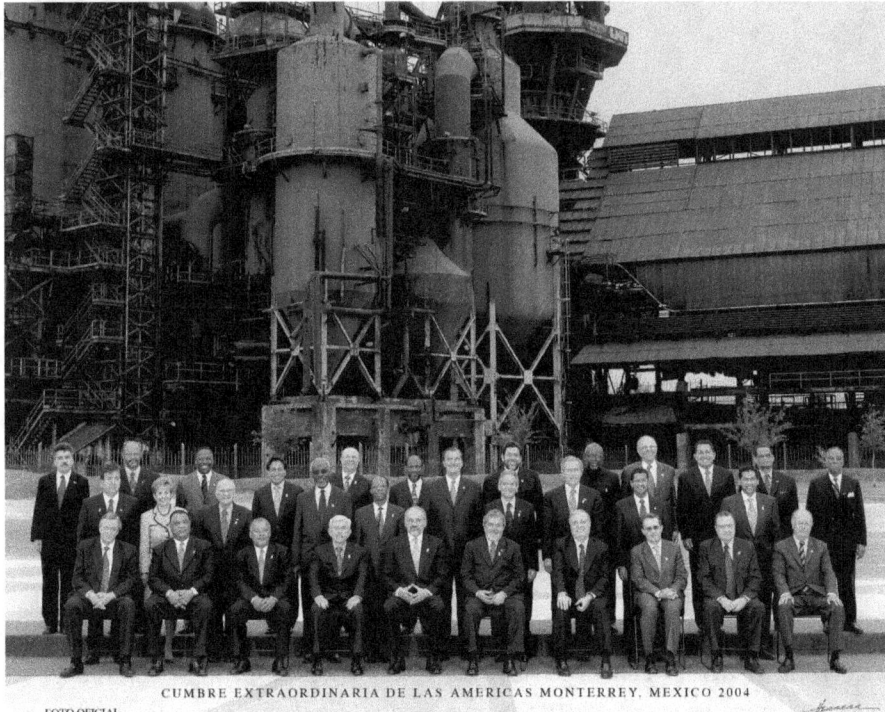

Foto Oficial Cumbre de las Americas, Monterrey, 2004.

Más o menos a los dos años de mi noviazgo formal con Yolanda, su padre, don Héctor A. Peralta, un magnate con una personalidad extraordinaria y quien me apreciaba mucho, ordenó que hiciera un catálogo de una de sus grandes empresas, Sanitarios y Cerámica El Águila. En aquel entonces, su hermano Alejo era propietario del equipo de béisbol Tigres y, como entre ellos había una fraternal competencia, don Héctor adquirió también un equipo de béisbol profesional, los Diablos Rojos del México, comandados por Lázaro Salazar. Me invitó a ver desde la caseta del equipo el juego final de aquel año. Fue la primera vez que el equipo se coronó campeón de la liga mexicana. Yo filmé con mi cámara Bolex de 16 milímetros el fenomenal festejo de los fanáticos del equipo rojo. Después celebramos en privado en el restaurante Capri del hotel Regis, propiedad de su hermano Carcho. En medio de la alegría del momento fijamos la fecha de la boda: 9 de noviembre de 1957. La ceremonia civil se llevó a cabo por don Próspero Olivares Sosa –por cierto, Alejo Peralta y Mario Moreno Reyes fueron testigos– después de la boda religiosa en la Iglesia de Lourdes en las Lomas , nos reunimos en el salón Rondinella del hotel Alfer para celebrar el banquete con nuestros múltiples invitados, entre familiares, amigos y artistas. Finalmente, volamos de luna de miel a San Diego, Ca. y Las Vegas, Nevada.

Días antes del matrimonio civil, Yolanda, como solista en la Orquesta Sinfónica Nacional, bajo la batuta del maestro José Pablo Moncayo, interpretó el concierto para piano y orquesta No. 1 de Beethoven.

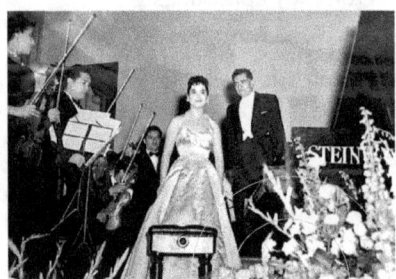

Yolanda Peralta dirigida por José Pablo Moncayo.

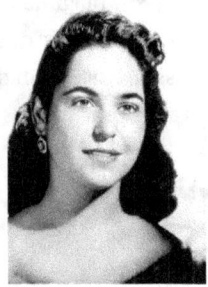

Yolanda Peralta de Herrera.

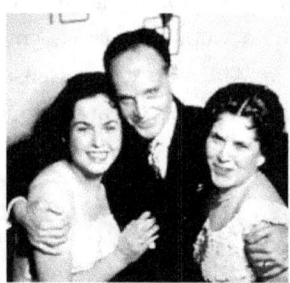

Yoly, Don Héctor Peralta y Cleo Treviño, en la boda civil.

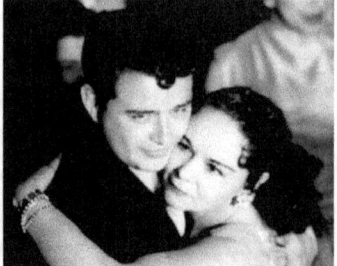

Héctor y su querida mamá, Esperanza.

En vista de que mi papá me había regalado el estudio fotográfico donde se hizo famoso, yo opté por cerrar el de la glorieta de Etiopía. La oportunidad era excelente para mí. Sin embargo, y aun cuando empezó a irme muy bien y tenía clientes muy importantes, me gustaba mucho más lo que hacían mi padre y mi tío Carlos: retratar personas. Además, trabajar con empresas era muy difícil. Como aparentaba menos edad, los clientes deducían que yo no sería capaz de cumplir con sus expectativas, y aunque el trabajo finalmente les agradaba, no mostraban tal agrado al momento de pagar. En fin, no eran serios conmigo, se hacían descuentos a su gusto, pagaban mal y cuando querían, y abusaban de mi trabajo.

Decidí cambiar de rumbo y probar en el campo del retrato. Pero la competencia familiar era muy fuerte. Para entonces, mi padre tenía un gran prestigio, mientras que mi tío Ysunza era muy innovador. La rivalidad entre cuñados iba en aumento. Desde hacía varios años se había manifestado, aunque yo logré mitigarla en buena medida gracias a la admiración, estrecha relación y cariño que me demostraba mi tío. Además, colaboré con él durante mucho tiempo haciendo portadas de discos LP para artistas de las disqueras Columbia, RCA Victor y Orfeón, entre otras. Los problemas eran esencialmente de índole profesional, sobre todo con los artistas. Mi padre nunca los buscó para retratarlos; los artistas acudían a él. En tanto, Carlos recurrió a las técnicas innovadoras del momento. Tenía un gran estudio junto al Teatro de los Insurgentes. Hacía una increíble labor de promoción e invitaba a los artistas a ese estudio, diseñado expresamente para ellos, donde aplicaba las modernas ideas de la fotografía. No sólo era un artista original, sino un gran comerciante.

Renové totalmente el negocio de Victoria, y no me refiero solamente a la decoración. Planteé un estilo de retratos muy diferente. Además de las fotos de estudio comencé a salir con mi cámara, cambio que le agradó mucho a la gente. Encontré mi propio nicho. Tenía muchos amigos de la escuela y la universidad que empezaron a irse a retratar conmigo; entre ellos, futbolistas, artistas y toreros. Y empecé a hacerme presente en todo tipo de eventos sociales, retratando bodas, quince años, comuniones... hasta retratos para pasaporte.

Pero siempre enfrentaba el mismo problema: me veía demasiado joven para que me encargaran trabajos especiales. La gente no confiaba entonces en la juventud. Por lo tanto, durante muchos años tuve que fotografiar con ese estigma. Y también durante años tuve que lidiar con los comentarios de varios clientes en el sentido de que el bueno era mi papá. Afortunadamente, poco a poco logré hacerme de una personalidad propia que la gente terminó por apreciar.

Firmaba mis fotos como Herrera Jr. o, simplemente, Héctor Herrera. Por respeto profesional a mi padre y mi tío, nunca he utilizado mis dos apellidos juntos (Herrera Isunza). Posteriormente, decidí recurrir tan sólo al Herrera con la firma manuscrita, y con ella he continuado hasta la fecha.

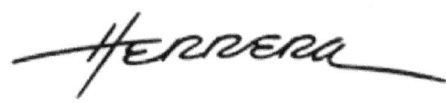

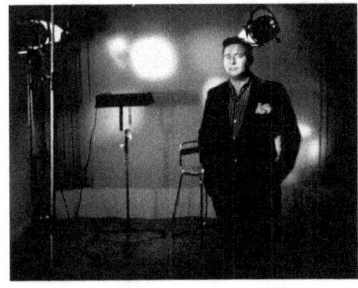

Reflectores de tungsteno
3200 Kelvin en el estudio.

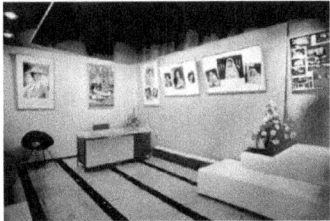

Decoración en la Sala de
recepción en el estudio
de Victoria 6 en 1958.

HH, Ysunza y Herrera
retrataron a los mexicanos
distinguidos en el sigloXX.

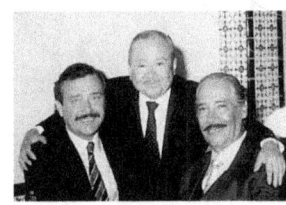

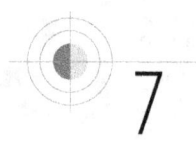

7

LA PRIMERA GRAN AVENTURA EUROPEA

Desde muy pequeño había escuchado hablar de la Virgen de la Macarena. Y es que mi tío Ángel Isunza, el novillero, era muy devoto de ella. Además, conocí a Juan Arteta, un trompetista español amigo de mi padre, que había grabado el pasodoble dedicado a la Virgen (todavía se escucha al inicio y al final del programa televisivo *Toros y toreros*, así como en los días de corrida). Desde entonces, los pasodobles tienen un gran significado para mí; me emocionan mucho, al igual que las bandas de música en las plazas de toros.

Desde que se me presentó la oportunidad de ir a España, no pensé en otra cosa que no fuera cómo hacer ese viaje. En aquel entonces, además de costoso, cruzar el Atlántico era algo casi impensable. La travesía en el famoso barco Marqués de Comillas era larguísima. Por fortuna para mí, ya había también aviones transatlánticos, uno de los cuales fue fletado por el Club Asturiano para hacer un viaje de 75 días. Quien se enteró de ello y prendió la mecha fue mi buen amigo Ángel G. Toraño. Me soltó la bomba en su casa mientras su madre y mi esposa preparaban la cena. A cambio de cinco mil pesos, los socios del club podían comprar el boleto de ida y vuelta, y la fecha de salida sería dentro de 15 días. En ese mismo momento se me ocurrió hacerme socio, lo cual pude formalizar a los pocos días. Ángel y yo empezamos a imaginar nuestro viaje. A tal grado que ya íbamos por Sevilla cuando las damas llegaron con los platillos. Era una locura: el viaje estaba planeado para quienes tenían familia en España, no para quienes debíamos gastar también en hospedaje.

Como siempre, las mujeres pusieron de inmediato las cosas en su lugar. Sí, mostraron interés, pero fueron mucho más realistas que nosotros. "¿Tenemos con qué? "¿Y los niños [ya teníamos dos bebés en casa]?" "¿Y el trabajo?". Ahí terminó el recorrido, pero no mi sueño. Al día siguiente, que era sábado, sólo pensaba en cómo convencer a Yolanda para que accediera a vivir conmigo esa gran aventura. "Tú apártame dos lugares y ya veremos; no nos vayan a dejar fuera", le supliqué a Toraño. Acto seguido invité a casa a nuestra amiga Bibisa, quien trabajaba como organizadora de viajes en la compañía Wagons-Lits Cook. En aquel 1959, un peso mexicano equivalía a seis pesetas españolas, mientras que un dólar costaba 8.65 pesos. El panorama que ella nos planteó me desmoralizó: había que pagar hotel durante 74 noches y comer tres veces todos los días, además de que la transportación a otras ciudades y países no estaba incluida en el presupuesto. Y todo debía pagarse en efectivo. La cantidad resultó estratosférica. Poco a poco, hora tras hora, Yolanda se fue animando a realizar el viaje. Para el siguiente lunes, todo estaba casi casi resuelto. El "casi casi" consistía en ausentarnos de la casa durante dos meses y medio. ¿Con quién dejar a nuestros bebés? ¿A quién encargarle mi estudio? ¿Con qué cubrir los gastos en México?

Catalina, nuestra primera hija, hizo la participación (por correo) del nacimiento de su primer hermano, Héctor Armando, en el año 1960.

Ya tengo un ____ hermanito.

Antes de casarnos adquirimos tres tortillerías, dos de las cuales ya habíamos vendido. Decidimos entonces poner a la venta El Disco de Oro, la tercera tortillería, y pensamos en que para cuidar a los niños estaban los abuelos. Asimismo, en cualquier momento podíamos comprar otro auto, así que tomamos la decisión de vender el que teníamos.

Un 10 de marzo, después de 18 horas eternas en un avión de Aerovías Guest, llegamos al aeropuerto de Barajas. Desde la ventanilla, yo imaginaba el campo bravo de las ganaderías y los cortijos con los ruedos brillando por el albero de sus placitas de tienta. Era muy temprano y el viento helaba. Como se estilaba antes, íbamos muy elegantes; ellas, de traje sastre; nosotros, con chaqueta y corbata, además del consabido neceser y mis tres cámaras en un enorme estuche.

Al registrarnos en el hotel Emperador, un hombre uniformado y con gran personalidad nos recibió muy amablemente, como "mejicanos" queridos que somos por allá. Ese singular conserje era Joaquín Rovira, quien a través del tiempo se convirtió en una especie de hermano en España. En su mostrador vi el anuncio de la corrida de toros que tendría lugar esa tarde en la Plaza de las Ventas. Le pedí que me consiguiera un par de boletos. "Un par de billetes y de sombra. Eso está hecho; en cuanto regresen les tendré las mejores entradas."

Entablamos amistad con Ángel Rey, uno de los pasajeros del avión y cuyo padre tenía un negocio de carbón en el Barrio de Argüelles. Con él y su grupo de amigos, incluidas sus respectivas parejas, pasamos un día increíble recorriendo Madrid por primera vez y, claro, visitando el primero de muchos bares y tabernas. Todo era baratísimo: las copas de tinto y las cañas (cerveza) costaban el equivalente a 50 centavos de nuestros pesos.

Regresamos al hotel Emperador con la promesa de reunirnos con los demás amigos cuando terminara la corrida de toros. Por supuesto, lo primero que le pregunté a Rovira fue: "¿Y los billetes?" En ese momento, el equipaje y mis cámaras me tenían sin cuidado. De inmediato, él sacó del cajón un sobre con los boletos y el programa.

Un "tasi" nos llevó a Las Ventas. Llegamos demasiado temprano, porque yo ignoraba que las corridas empezaban hasta las seis de la tarde. Así pude conocer las esculturas y el museo de los alrededores. Fue grandioso presenciar mi primera corrida de toros en "Madrí". Todos iban elegantísimos y fumando puros o cigarrillos. También bebían en sus asientos; ¡qué sorpresa que ahí se vendieran copas de anís y "coñá"!

Para todos era evidente que nosotros éramos "americanos". Además del atuendo, yo llevaba mis cámaras que apantallaban a cualquiera, sobre todo la Bolex de 16 milímetros con la torreta de tres lentes. No faltó quien se acercara para pedirme que se la mostrara.

Estar en una plaza de toros, y especialmente en la de Madrid, se convirtió en uno de mis mayores placeres. En esa ocasión me bastó con ver al toro salir de la puerta de toriles, con esa prestancia impresionante, embistiendo con una fuerza extraordinaria, para que la satisfacción fuera completa.

Una vez en el bar del hotel ya nos estaba esperando la segunda tanda de amigos, vestidos formalmente con saco y corbata, para ir al futbol. A pesar de que apenas habían transcurrido doce horas desde nuestro arribo a Madrid, ya traíamos varias anécdotas encima. Todo el tiempo estuvimos bromeando, platicando y tropezando bastante seguido con una copa de vino en la mano y una tapa en la otra.

A unos pasos de la salida del Metro nos topamos con el estadio Santiago Bernabéu del Club Real Madrid, el mejor del mundo hasta la fecha. El partido había iniciado veinte minutos antes. Di Stefano, Puskas, Gento, Kopa y Zárraga eran las figuras que aquella noche se enfrentaron al Espanyol de Barcelona, al que por supuesto derrotaron. Para resistir el frío al que no estábamos acostumbrados, mi esposa y yo tomamos un coñá acompañado de un pepito en el medio tiempo.

Y del estadio nos dirigimos a la Plaza del Callao, donde nos esperaban las esposas de varios amigos para cenar ¡y beber más vino! Salimos como a la una de la mañana, hora en la que, no obstante, seguía habiendo mucha gente en la calle, incluyendo familias con carriolas. "Madrid es así", me explicaron. Caminando en medio de ese tumulto llegamos por fin al hotel. Después de un regaderazo, caí exhausto sobre la cama.

Al día siguiente estábamos como muertos. Entre el cambio de horario y la resaca nos dieron las dos de la tarde. Decidimos darnos un San Lunes a la mexicana, de total descanso. Teníamos por delante un viaje fabuloso: Valencia para presenciar las Fallas, Sevilla en Semana Santa, regreso a Madrid para iniciar un recorrido hacia la Costa Azul de Francia y, como punto final, una visita a Italia para volver a México el 20 de mayo.

Mi padre me había encargado que le entregara unas fotos a Juan Gyenes Remeny, un colega húngaro-español que era, a la vez, el mejor fotógrafo de España. En una ocasión retrató a María Félix y convino con Fanny Schatz en contactar a ambos fotógrafos para que intercambiaran retratos de los mismos artistas, como la propia María, Cantinflas, Jorge Negrete, Los Panchos, Irma Vila e Irma González, que también eran ídolos en España.

Rovira se ofreció a acompañarme para cumplir con el encargo. El estudio de Gyenes Remeny estaba a un par de calles del hotel. Después de una semana de charlas y recomendaciones turísticas, el conserje y yo nos hicimos amigos. Cuando le mostré las fotos de mi padre, se emocionó mucho, pues era un gran admirador de los artistas mexicanos. Me comentó que al hotel llegaban muchos de ellos y que, por ejemplo, en ese momento se hospedaban tres amigas muy queridas entre sí. Se trataba de Sara García y Salud y Cristina Camino, hermanas del famoso poeta León Felipe y madre esta última de Carlos Arruza. El conserje me presentó con ellas y terminamos comiendo en su lugar favorito, La Gran Tasca del centro. Sara, Cristina y Rovira no dejaban de hablar sobre todo tipo de temas imaginables, menos el taurino. Ese miércoles, mientras ellas se comían al mundo, nosotros comimos un sensacional cocido madrileño.

Como viajeros primerizos, Yolanda y yo hicimos las visitas turísticas de rigor. Me la pasé retratando todo lo que veía, en especial el Museo del Prado, al que volví innumerables veces durante el siglo pasado. Caminar y sentir el Madrid de los Austrias, de día o de noche, sin ningún peligro, sin importar la hora y el lugar, será siempre una experiencia emocionante.

Correspondí a Rovira invitándole a comer, mientras mi mujer hacía una inspección minuciosa de El Corte Inglés y las boutiques que mostraban el arte de las sastras y modistos. Sugirió que fuéramos a Casa Botín, donde por supuesto era también muy conocido, al igual que en todos los demás sitios. Acostumbraba enviar a sus clientes a los mejores lugares para comprar, comer o lo que hiciera falta. En todos ellos lo trataban muy bien porque nunca aceptó comisión; sus recomendaciones eran muy honestas.

En otra ocasión nos invitó a su casa para que conociéramos a su familia a la hora de la comida. Les tomé fotos a sus guapas hijas, y todos quedaron encantados. Ahí supe que Pepe –o Pepín– se llamaba en realidad Joaquín.

Tiempo después, Pepín me presentó a su mejor amigo, Ángel Gamero, quien pronto sería también mi íntimo. Este modisto famoso era un hombre muy sensible que tenía su taller justo atrás de la Plaza España, en la calle de San Leonardo. Nunca imaginé las experiencias que disfrutaría acompañado de estos dos seres humanos extraordinarios y, mucho menos, que tendría la oportunidad de visitar España más de cincuenta veces, la mitad de ellas por motivos profesionales, para dictar conferencias sobre fotografía en casi todas las provincias españolas. La otra mitad de las visitas las hice por razones taurinas o por placer.

Mi amistad con Pepín Rovira se fue afianzando con el correr de los días. "¡Rovira!", se escuchaba por aquí y por allá. Él me presentaba como su nuevo amigo, el mejicano Herrera, hijo del gran fotógrafo de los artistas. Para mí, todo aquello era sorpresivo; la estruendosa salutación a la española, con gritos, abrazos y gesticulaciones en medio del humo del tabaco, me resultaba un tanto incómoda, aunque poco a poco me acostumbré a ella.

De ideología republicana, mi nuevo amigo estuvo preso y, un día antes de que fuera fusilado, obtuvo un salvoconducto y se refugió en Checoslovaquia junto a sus hermanas. Al término de la guerra, regresó a vivir en Madrid, aunque tomando todas las precauciones del caso, como registrarse con el nombre de Joaquín. En 1945, a sus 23 años, pudo conseguir empleo en la hotelería gracias a que aprendió varios idiomas. Pese a los cambios, escuchar los discursos de Franco en el radio o verlo por televisión eran para él como el mayor insulto, tanto como leer la descripción del "sordo gallego" o el "hijo de la gran puta" en las monedas circulantes: "Caudillo de España por la Gracia de Dios".

Un día, ambos fuimos a comer al callejón de la Ternera. Nuestra pequeña mesa en el salón comedor para dos personas estaba junto a la entrada del bar. Casi al finalizar la comida se escuchó un alboroto generalizado en el bar. "¡Ha llegao Jémingüey!", comentó en voz alta uno de los camareros de mandil blanco hasta los pies. En efecto, el famoso visitante entró sorpresivamente. Le acompañaba otro señor que también parecía americano. El escritor se topó con nuestra mesa, que era la primera, y Pepín se levantó de inmediato para darle un abrazo de oso que lo levantó del suelo. Aparte de saludarlo con esa euforia, parecía deseoso de presentarle al mejicano, lo cual hizo con gran pompa. En su buen español, pronunciando las zetas y las ces, Hemingway se dirigió a mí: "Tenéis un lindo país". Inmediatamente después, guiñándole el ojo a Pepín, agregó: "Y vaya amigo que tiene usted". Colocó su mano izquierda sobre mi hombro, porque con la derecha sostenía el "vidrio" que trajo del bar, nos presentó a su amigo gringo, vestido de traje y corbata, brindó de pie con nosotros y se fue caminando hasta el fondo, a su acostumbrada mesa del rincón, donde años después se colocaría una placa para conmemorar sus visitas frecuentes.

La personalidad del escritor me impresionó, no así el encuentro mismo, lo que atribuyo a mi ignorancia. Yo sabía que Hemingway había escrito sobre África, la Guerra Civil española y el mar de Cuba, lo que le había merecido varios reconocimientos. Sin embargo, fue hasta que salimos cuando, gracias a Pepín, pude dimensionar a este gran personaje. Había sido galardonado con el Premio Nobel, adoraba España y las corridas de toros, y odiaba a Franco, a quien combatió en 1936 ayudando en el norte del país a los republicanos. Todos estos datos me hicieron sentir muy mal porque, más que por su obra, conocía al escritor por el famoso retrato que le hiciera el fotógrafo judío canadiense Yusuf Karsh en su estudio de Nueva York.

También en aquel viaje pude nuevamente distinguir su personalidad, su corpulencia, su barba blanca y su gorra española. Lo anterior ocurrió en el callejón de la plaza de toros valenciana durante una de las corridas falleras en la que toreó el maestro Antonio Ordóñez. Al día siguiente lo volví a ver en una localidad de barrera, cuando torearon Curro Girón y Jaime Ostos.

Cómo me hubiera gustado haber leído toda su obra antes de aquel viaje! Eso lo pude hacer años después, en los que me deleité con su talento para describir la fiesta taurina y sus secretos. No obstante, me congratulo de haberle conocido en persona y estrechado su mano. Claro que lamento no haber llevado mi cámara. Esas imágenes las tengo escaneadas y guardadas en mi mente, como muchas, muchísimas más, que no se pueden captar con la cámara.

Recuerdo con nitidez muchos momentos en Madrid, desde aquel primer viaje hasta los más recientes de este nuevo siglo, en el que con añoranza trato de compartir mis alegrías. Y recuerdo todo esto en el verano de 2009, desde el departamento de la colonia Polanco. Mi esposa Gloria Inés, mi compañera del alma en estos últimos nueve años, me pregunta: "¿Vas a escribir en la Mac del salón?". Interpreto sus palabras: "Deja tu oficina y ven junto a mí, donde estoy pintando el cuadro de La Maestranza de Sevilla y necesito tu asesoría sobre la forma irregular del ruedo". Una orden de una española es una voz a cumplir de inmediato.

Nunca imaginé que los últimos años de mi vida los disfrutaría con una bella y digna mujer hija de vascos, nacida en Cuba por refugio, nacionalizada mexicana por necesidad y felizmente ya española con su pasaporte de la Comunidad.

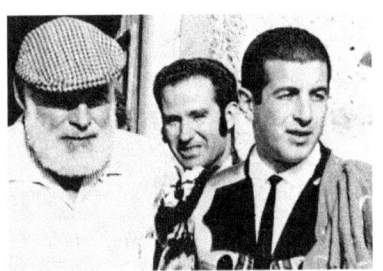
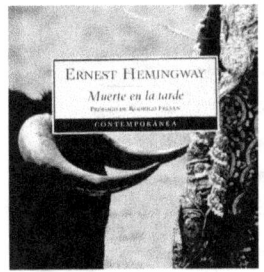

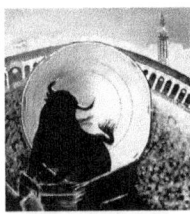
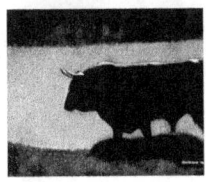
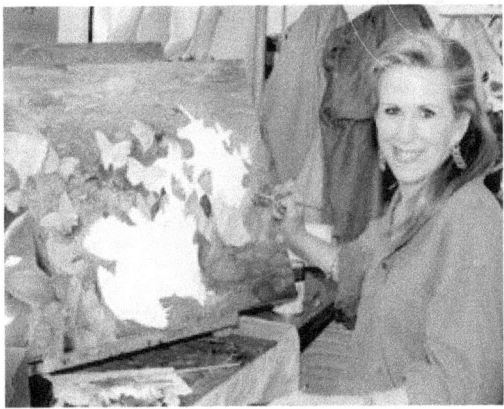

Gloria Inés en su taller de pintura.

Inicié mi relación con Madrid –la antigua Magerit– a porta gayola, para emplear términos taurinos, y fui toreándola con el temple más sentido que he podido. Le he dado una revolera a toda España, que ha sido siempre la mejor "muleta" para ligar satisfacciones y, así, restañar mis momentos difíciles y celebrar otros con series de templados pases naturales, hasta matarme "recibiendo". Por eso me atrevo a compartir un pensamiento que escribí recientemente:

A partir de parir Madrid
el deseo de hacer sentir toda España,
inicié el paseíllo, la faena
de aprender a estar, a estar en ella,
acariciarla con temple por fuera
y desde muy adentro, sentir su duende
disfrutando con clase la quintaesencia
de la presencia de su historia perenne,
de su pueblo, ese especial aroma
natural, sencillo o regio
de sus encantadoras provincias
unas de tierra ardiente, otras ferviente.
Honor serio, profundo,
de sus piedras hechas fechas,
de tesoros de oros,
de plata, de madera y lodo, todo,
todo creado con fenicia pericia,
con vigor romano
y vena de arte moro,
de sólido acervo judío
con acento, y canto gitano
con supremo fervor cristiano,
y todo lo inventado por su gente
caliente, arte patente,
de temperamento potente,
de intensa música,
esencia y presencia
de sus letras y ritos.
Sol especial en Castilla,
color en Andalucía,
luz mediterránea
y sabor en toda España
para deleite del espejo universal.

Mi pasión por España se refleja también en mis lecturas, desde las cartas del francés Próspero Mérimée, en las que relata la vida cotidiana del país, hasta las clásicos del siglo XX, pasando por libros más recientes, como *La Emperatriz de Lavapiés*, de mi admirado amigo Jorge F. Hernández, en donde el personaje central, Pedro Torres Hinojosa, recorre los mismos lugares que yo conozco, o bien el mágico color de Sevilla que Arturo Pérez-Reverte describe en *La piel del tambor*. Pero si hay un libro imprescindible para mí, ese es *Muerte en la tarde*, de Ernest Hemingway.

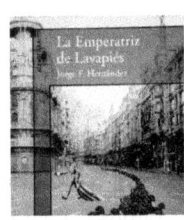 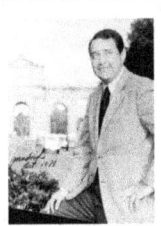

HH en Madrid.

Entre mis mejores recuerdos de aquel inolvidable viaje por Europa conservo en especial una fecha. El 12 de mayo de 1959, estando en el pueblo francés de Mougins, sorprendí con un disparo oportuno de mi cámara de 35 milímetros al gran Pablo Picasso. Capté la imagen al momento en que él se levantó de la mesa de un restaurante al aire libre. Yo estaba en la mesa contigua, me levanté y le hice una señal con mi cámara, enfoqué y disparé. El pintor continuó su camino como si nada, sin hacer ninguna expresión, pero el suceso fue para mí inolvidable.

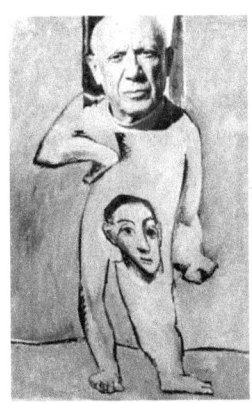

Alegoría en un cuadro de Picasso con la foto tomada en Mougins, Francia, por HH.

Paloma Picasso Retratada por HH en un símil de la famosa foto que hizo su padre escribiendo con luz su nombre sobre el espacio.

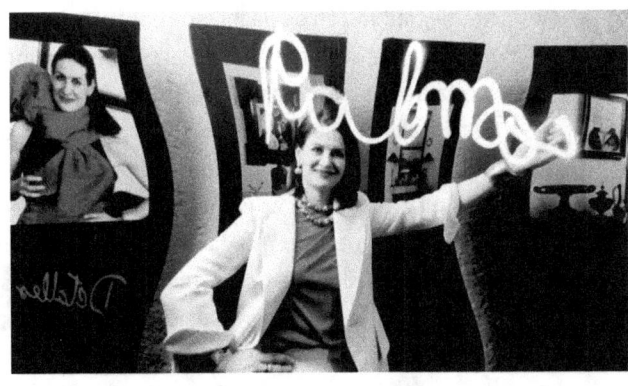

En 1962 presenté la que sería en México la primera exposición de fotografías a partir de negativo de colores. Bajo el título "España e Italia en mágicos colores", constó de 80 fotos de 16 x 20 pulgadas que había captado en el primer viaje a Europa. El evento incluía también la proyección de varias películas. A través de mi amigo Octavio Colmenares, director del periódico *Excélsior*, conseguí la sala de exposiciones del diario en el Paseo de la Reforma.

Recuerdo el suceso con especial emoción por la visita de un industrial valenciano. Venía de atender un asunto en el periódico y quedó impresionado con la proyección en color de una película sobre las Fallas. Al encenderse la luz en el salón, aquel señor se quedó pasmado frente a la pantalla, ahora en blanco, y después de varios minutos se acercó a mí para decirme un escueto "gracias" y marcharse. Sin embargo, pasados unos 15 minutos, me hizo una petición: como miembro directivo de la Casa de Valencia en México, me invitó a proyectar esa y otras películas ante sus compañeros.

Una semana después acudí al Casino Español, en Isabel La Católica, e inicié las proyecciones, primero la de la Semana Santa en Sevilla, seguida por un breve intermedio para cambiar el rollo y, finalmente, las imágenes esperadas sobre las famosas fiestas de Valencia. Durante la proyección sólo se escuchaba el ruido generado por el motorcito del proyector de 16 milímetros y el girar de la bovina de 400 pies. Al finalizar, sin embargo, no se encendieron las luces como en el intermedio. Detuve el motor para regresar la película y no se escuchaba nada. Poco a poco, el silencio se hizo acompañar de sollozos que se convirtieron en expresiones sonoras del alma. Así, a media luz, me quedé perplejo, pues esperaba otra reacción. Después de unos cuatro minutos eternos, la audiencia –alrededor de 80 personas– comenzó con tímidos aplausos que terminaron en una ovación verdaderamente impresionante, acompañada de voces estruendosas en señal de catarsis. "¡Gracias, gracias!" se escuchaba por toda la sala. Algunos asistentes llegaron hasta mí para abrazarme y apretar la mano. Al encenderse la luz, el espectáculo resultó muy conmovedor: hombres y mujeres con lágrimas en el rostro. Estos refugiados de la guerra anhelaban saber de su "terreta" después de más de veinte años de no verla. La película les hizo recrear sus mejores recuerdos, pero también sus carencias y sufrimientos. Con el himno valenciano como fondo, la película se proyectó tres veces más en medio de "vivas" a todo, a Valencia, a España, a México. Nunca olvidaré esa mezcla de felicidad y dolor.

En una de las muchas oportunidades que he tenido de estar en España fui contratado para impartir un seminario en Barcelona. A propósito, mi hija Yolanda (o "Siloy", como le decimos cariñosamente) recuerda: "De mis cuatro hermanos, soy la única que no tuvo una gran relación profesional con mi papá, porque me dediqué a actividades distintas de la fotografía. Tras mi graduación de bachillerato insistí en poder trabajar en su estudio

"Por esas fechas, Pepe Perches, un empresario y fotógrafo catalán de Masterfot en España, lo contrató para impartir conferencias durante cinco días, dirigidas a fotógrafos de toda Cataluña. Cuál va siendo mi sorpresa que, al saber que yo era buena para las relaciones públicas, mi papá me pidió que lo acompañara. ¡Era mi primer viaje por Europa! Una vez en Barcelona, conocí lugares preciosos. Las conferencias, que se llevaron a cabo en Sabadell, fueron todo un éxito; en cada uno de esos cinco días asistieron más de 90 fotógrafos distintos. Aprendí muchísimo viendo a mi papá apoyándose en los audiovisuales y la música que había seleccionado especialmente para la ocasión. Los retratos que llevaba para exhibir se habían realizado con una técnica muy especial; algunos estaban montados sobre lienzo y tenían un terminado muy original, una especie de "craquelado". La gente no dejaba de admirarse por la gran creatividad, sensibilidad y profesionalismo de mi papá. Siempre ha sido un gran artista al que admiro con todo mi corazón, en especial porque retrata con el alma.

"Después de Barcelona nos dirigimos a Valencia con motivo de las Fallas, las tradicionales fiestas de la comunidad valenciana. ¡Cómo olvidar la alegría, el bullicio y, sobre todo, el cielo iluminado por los fuegos artificiales! Fue un viaje único y muy especial, porque pude convivir intensamente con mi papá".

En efecto, Siloy y yo nos detuvimos en la "terreta" valenciana para volver a retratar y disfrutar las Fallas. Gracias a sucesivas visitas a España puedo decir que conozco los pueblos y ciudades de la comunidad valenciana –un paraíso dispuesto a dejarse fotografiar– como la palma de mi mano. Gandía, Denia, Benidorm, Alicante, Santa Pola, San Juan, Chiva y muchos sitios más parecen retratarse solos, al igual que los testimonios de creatividad que han dejado las nuevas generaciones, como la Ciudad de las Artes y Ciencias, que conocí en 2008 con mi segunda esposa, Gloria Inés. En esa ocasión volví a la plaza de toros y recordé cuando vi por primera vez a Hemingway. El tamaño del ruedo y el aforo de los tendidos es de tamaño perfecto, con una visibilidad extraordinaria y un público entusiasta y conocedor.

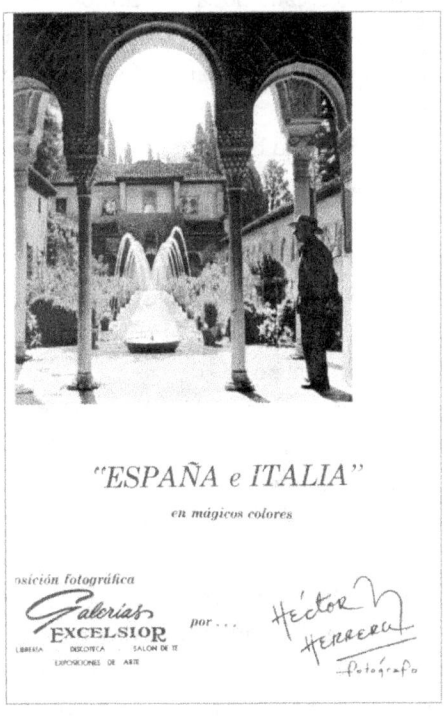

"ESPAÑA e ITALIA"

en mágicos colores

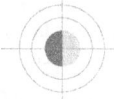

Volviendo al primer viaje que hice con mi Yolanda en los años sesenta, no puedo más que dedicar varias páginas a la comunidad de Andalucía, de cuyas provincias me enamoré perdidamente.

En la estación de Motril, una pequeña ciudad granadina junto al mar, nos recibió el señor José Calles Mayor, un hombre mayor, alto y delgado. Traía consigo un pequeño letrero, que era totalmente innecesario puesto que nosotros éramos los únicos en llegar y nuestro disfraz de turistas no dejaba lugar a dudas. Con él al volante, abordamos el Cadillac negro en admirables condiciones, pese a que fue nuevo diez años atrás. Desde el hotel pudimos apreciar las vistas de la ciudad y la Sierra Nevada.

Por fin tendríamos un descanso, sin el acoso de amigos, conocidos y espontáneos. Llegó también el momento de organizar el equipo fotográfico y los rollos tomados por las tres cámaras, una Kodak de 35 milímetros, una Rolleiflex de 6 x 6 centímetros y la Bolex de cine de 16 milímetros, más tripié y estuches.

Una vez en la Alhambra y el Generalife pude captar con calma –y en toda su grandeza– los lugares, jardines, patios y techos. Había pocos turistas y la luz era adecuada.

Tres días después se presentó el chofer con el mismo auto limpísimo. Tras dar una vuelta por el centro de Granada visitamos la plaza de toros –como lo haría en todas las ciudades de España– y nos encaminamos a la cercana ciudad de Córdoba, previa escala obligada en el poblado de Montilla para tomar un blanco seco especial de aquellas tierras. Invité al señor Calles, a quien a partir de entonces llamé por su apelativo, Joseíto, quien se bebió el amontillado de un trago.

Cruzamos el viejo puente romano de piedra sobre el río Guadalquivir, adornado con la enorme figura circular del molino árabe. Nos encontrábamos ya dentro de la amurallada ciudad, junto a la Puerta del Puente. Qué diferencia entre aquellos años y mis últimas visitas. En aquel entonces se podían apreciar desde el auto detenido las puertas de Sevilla, Almodóvar, el Puente y el Perdón, que es la principal entrada, así como el alto campanario y la caseta enrejada de la Virgen de los Faroles. Hace unos cuantos años, en cambio, llegué con mi segunda esposa Gloria Inés en el AVE y un taxi nos dejó al final del puente. Tuvimos que continuar a pie porque la entrada de los autos era imposible debido a veinte motivos distintos, todos negativos. Había muchos autobuses estacionados, turistas por todas partes, que hacían largas filas para entrar en la Mezquita. Todo era confusión. La tranquilidad de Córdoba la bella se había terminado.

Mi primera visita a la Mezquita fue toda una sorpresa. El bello mosaico bizantino, las cúpulas policromadas, la prestancia de sus arquerías y el laberinto de las columnas que sostienen las naves... qué admirable el concepto y la tradición cultural que empecé a conocer en Granada. Desde luego, ignoraba entonces que en 1985 tendría la oportunidad de conocer el mundo árabe, iniciando en El Cairo, finalizando en Palmira, Alepo y Damasco, Siria, y pasando por Arabia Saudita, Bahréin, Dubái, Jordania, Basora, Bagdad, la Mesopotamia y el encuentro de los ríos Tigris y Éufrates en Irak. Viajé hasta ahí en compañía de mi hijo Héctor Armando para una asignación especial de los hoteles Sheraton del Cercano Oriente; nos contrataron a través de nuestros apreciados amigos, Salvador y Sonia Maiz (esta última nos organizó ese fabuloso viaje de 30 días).

Durante el viaje inicial por España, nos dirigimos al alcázar de los Reyes Cristianos, donde la bella perspectiva de los estanques y piscinas armonizan con las palmeras y los cipreses. En fin, una tarde espléndida para llenar el alma y agotar varios rollos de película. Rematamos con un paseo en calesa para visitar la casa de la señora Angustias, madre de Manolete, frente al monumento que exhibe la talla del Cristo de los Faroles.

En 2000 intenté repetir el recorrido, pero no contaba con que desarrollaría una rarísima alergia a los caballos que terminó por cegar mis ojos enrojecidos e hinchados. El paseo en la calesa por toda la ciudad resultó un fracaso. En una farmacia me lavaron los ojos y me recetaron unas gotas milagrosas; en 30 minutos había recuperado la visión.

Recuerdo que en nuestro camino rumbo al hotel vi un pequeño letrero en una casona con portón de madera: "Peña cordobesa del arte flamenco". Decidimos entrar, y en el patio central, con la característica fuente y la arquería tradicional, se alcanzaba a escuchar música de guitarra. Provenía de una de las habitaciones, a las que nos invitaron a pasar. Cuando el solista terminó de tocar unas soleares, los aplausos animaron a los vecinos de una mesa cercana a servirnos unas copas de manzanilla. Uno tras otro, los guitarristas nos deleitaron con seguiriyas, bulerías, alegrías y, en fin, un verdadero concierto de guitarra flamenca.

Esperé a que don Manuel Romero, nuestro anfitrión y organizador del espectáculo, volviera del escenario, donde dijo algunas palabras al micrófono, para darle las gracias y preguntarle cuánto le debía por el consumo. "Le estuve observando, vi cómo movía los dedos inconscientemente sobre la mesa, lo que quiere decir que le gusta el flamenco. ¿Sois mejicanos, verdad? Mañana habrá otra función a la misma hora, con bailaoras. Estáis invitaos", nos dijo a este par de turistas totalmente felices por lo recién presenciado.

Al otro día, antes de partir para Sevilla, visitamos diversos sitios; entre ellos, el Museo Taurino Municipal de Córdoba. Fue muy emocionante ver fotos, vestidos de luces antiguos, cabezas de toro y un cuatreño de cuerpo entero disecado, junto con el salón dedicado a Manolete, en donde estaban los arreos con los que lidió al toro "Islero", causante de la cornada que volvió famosa la frase "Morir matando". También visitamos el cementerio de Nuestra Señora de la Salud, donde se encuentra la tumba del gran torero, y luego nos dirigimos a la antigua plaza de toros.

Joseíto nos llevó también al museo Julio Romero de Torres, donde se exhiben numerosos cuadros del pintor cordobés. Destaca especialmente *Ofrenda al arte del toreo*, en el que se observa una bella mujer desnuda de piel cobriza y agitanada, que el artista estilizó al grado de alcanzar matices extraordinarios.

El chofer nos dijo que no podíamos irnos de Córdoba sin visitar el Callejón de las Flores. Y tenía razón. La alegre y colorida callecita, con sus casas de dos pisos y sus balcones adornados con cientos de macetas luciendo sobre todo geranios, y todo aquello rematado al final con la cúpula de la Catedral, se volvió para mí un rincón obligado para tomar una de esas fotos que se hacen solas. Basta apretar el disparador de la cámara para que todo luzca perfecto.

Varios años después me acerqué hasta la pequeña fuente desde donde había tomado esa foto. Ahí me encontré con un hombre joven rasgueando su guitarra.

–¿Me permite tomarle una foto?

–Siempre me piden lo mismo.

–¿Es usted profesional?

–Y con todo ese equipo, ¿usted también?

Fue así como nos identificamos y charlamos un momento. Finalmente le pedí que le dedicara a Gloria Inés una soleá, la más genuina expresión del arte cordobés. "La voy a acompañar en la guitarra y la cantaré dentro de mí; sólo escucharán las cuerdas." Ese momento sublime me trasladó de inmediato a unos versos de Federico García Lorca:

Cuando yo me muera,
enterradme con mi guitarra
bajo la arena
para que la toque el agua.

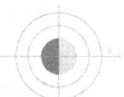

A bordo del Cadillac que conducía Joseíto, los dos jóvenes mexicanos llegamos hasta Sevilla, una de las principales motivaciones para hacer ese largo viaje por Europa. Al divisar a lo lejos La Giralda, Yolanda y yo nos dimos un apretón de manos en señal de triunfo.

La tarde era muy luminosa, por lo que antes de llegar al hotel le pedí al chofer que nos llevara a conocer la imagen de María Santísima de la Esperanza Macarena Coronada, la famosa Virgen de la Macarena. Con alegría y fervor vimos maravillados ese conjunto tan bello como armonioso. Me hinqué frente a la imagen, aunque ni recé ni pensé ni hice nada. Estar ahí fue para mí más que suficiente. Aunque en el recinto había poca gente, ya se apreciaban los preparativos para la procesión de Semana Santa, que tendría lugar ocho días después.

Nos dirigimos a los demás altares laterales del templo. En el segundo vimos que en el altar principal estaba una imagen de la Virgen de Guadalupe. Dos jóvenes arreglaban algunos detalles de esa capilla. Se trataba de Alberto Maus y Horacio Hernández, dos de mis queridos amigos de la escuela. Celebramos nuestro inesperado encuentro con un gran abrazo en plena iglesia. Resulta que, con motivo de la Semana Santa, se abría al culto el altar de la Virgen Morena. Los padres de ambos habían donado el dinero suficiente para que esto fuera posible, y ellos venían desde París en representación de sus familias para la primera misa de celebración.

Me presentaron al "Hermano Mayor" de la Macarena, con quien habían hecho los arreglos. Era un hombre bajo de estatura, muy gordo y chapeado, a quienes mis amigos se referían en broma como "Nikita", por su enorme parecido con el líder ruso. Le platiqué a este hombre mi gran anhelo de conocer a la Virgen y el interés que había despertado en mí, por lo que quería hacer unas fotos para un reportaje en el periódico *El Universal* (felizmente, se publicó meses después). "Por supuesto, tendrá uté todas las facilidades. Miren, vengan todos conmigo", dijo y nos condujo al camarín donde se guarda el vestuario. Detrás del altar se hacían los últimos ajustes al manto que llevaría la Virgen en la procesión. También nos presentó a una gran artista del cante flamenco, la popular Juanita Reyna. Como lo dictaba la tradición, le daba unas puntadas de ajuste al manto. Tuve la oportunidad de retratarla haciendo esa laboriosa tarea.

Al ver que "Nikita" estaba muy interesado en mis cámaras y mi actividad, le pedí que nos permitiera acompañar a la Virgen en el recorrido. Él aceptó de inmediato y, a manera de gafete, me dio una banda verde y blanco con un escudo grabado, la cual debería colocarme alrededor del bíceps. Finalmente, nos citó al día siguiente para el ensayo.

La película empezaba a escasear, así que lo primero que hice fue proveerme de más material fotográfico. Aproveché para revelar solamente bastantes rollos; primero, porque no los exponía a los cambios de temperatura, y segundo, porque revelados y cortados ocupaban menos espacio.

Otro día llegué muy temprano para visitar la plaza de toros de La Maestranza, tierra madre y maestra de la tauromaquia, como dicen los taurinos sevillanos. Al principio, por desconocimiento, el culto a esta plaza me parecía algo exagerado. Pero, a través del tiempo, de vivirla y de conocer su tradición, creo que están en lo justo.

Al cruzar Joseíto la puerta por donde ingresan los toreros, pronuncié las palabras mágicas frente al guardaplaza: haría un reportaje para un periódico mexicano. Eso me permitió recorrer todos los rincones, incluidos los corrales y los toriles, aunque el ganado llegaría unos días después. Uno de los momentos más emocionantes fue cuando pisé el albero. Todavía conservo el pomo con una muestra de aquella arena amarillenta, que han pisado grandes toreros españoles y mexicanos, como Manolete, Joselito, Belmonte, Pepe-Hillo, Cúchares, Lagartijo, Cagancho, Armillita, Pepe Luis Vázquez, Carlos Arruza, Paco Camino, Rodolfo Gaona, Alberto Balderas, Curro Rivera, Diego Puerta y El Viti, a quien acompañé en una gira taurina durante diez días en España.

El guardaplaza me dio todas las facilidades. Como una forma de agradecimiento, aproveché la ocasión para retratarlo, aunque en un viaje posterior a Sevilla tuve que entregarle la foto a su viuda, ya que él acababa de fallecer en un trágico accidente carretero.

Pedí salir por la Puerta del Príncipe, que estaba abierta de par en par. ¡Cuántos matadores la habrán cruzado! ¡Cómo no voy a atesorar aquella visita y las muchas más que realicé en viajes posteriores y que fueron todo un deleite!

Ese mismo día por la tarde, Yolanda y yo nos sentamos para presenciar las procesiones. Mientras éstas iniciaban, todos nos dedicamos a observar a los demás. Y lo mismo ocurrió al día siguiente. En la primera fila estaba una familia muy numerosa –padres, siete niños y un par de nanas– que había estado también la víspera. Mi mujer estaba extasiada viendo a la señora sosteniendo a su bebé, que le hizo recordar con gran nostalgia a nuestra hija mayor, de casi tres años, y nuestro bebé de ocho meses. Cruzamos la calle y nos presentamos. El doctor Vicente Fombuena y su esposa María Fernanda eran los padres de esos siete niños. Yolanda cargó a Jaime, el bebé, quien es ahora un distinguido abogado, gran cortador del jamón de pata negra y espléndido gourmet, al que considero mi sobrino.

La convivencia se acrecentó en los tres días siguientes, al grado que terminamos comiendo en casa de don Vicente, un edificio de tres pisos en cuya planta baja se ubicaba el consultorio de este médico, quien también lo fue de la plaza durante cinco años. Además, en el mismo periodo, el hermano de su esposa fungió como juez de plaza. Iniciaba así una gran amistad que, afortunadamente, continúa hasta la fecha. Vicente, y después el propio Jaime, han sido para mí los mejores guías de Sevilla. Con ellos he recorrido todos sus rincones, bebido finos, comido pescaíto frito y aprehendido realmente la cultura sevillana. Entre otras cosas, me enseñaron a distinguir entre el vino fino criado en Jerez y la manzanilla de San Lucar. Y en los sucesivos viajes he recreado esas explicaciones, más otras que he ido incorporando gracias a la propia transformación de la ciudad. Por ejemplo, está ahora el Teatro de la Maestranza (junto a la plaza de toros), que Plácido Domingo inauguró con un concierto. Y, al fondo, detrás del puente trianero, el río es cruzado ahora por los modernos puentes del Alamillo y de la Barqueta, fabulosos elementos ornamentales en la Exposición Universal de 1992 que presentó Mario Peynetti.

Aquel Jueves Santo de principios de los sesenta yo tenía una cita con la Macarena. Llegué en punto de las diez de la noche a la Iglesia de San Gil, y ello a pesar de la larga caminata, porque todas las calles de la ciudad estaban llenas de gente que acudía a otras iglesias desde las cuales salían procesiones; además, no se permitía la circulación de vehículos particulares.

El paso de La Macarena estaba preciosamente adornado con flores, cirios y candelabros de plata. La Hermandad de la Esperanza Macarena agrupa a personas de diferentes clases sociales que ostentan sus túnicas penitenciales, ya sea de capa o de cola, en colores verde y blanco, y ceñidas a la cintura con un ancho cinturón de esparto, o bien simplemente con una soga o un cordón. Otros hermanos, vestidos totalmente de negro, llevan sandalias o van descalzos, y algunos incluso –los llamados penitentes– traen cadenas en los pies. Llevan la cara tapada con un antifaz y la cabeza cubierta con un cucurucho de cartón puntiagudo de un metro de altura.

Participan niños, jóvenes y adultos en total anonimato. Entre ellos se encuentran lo mismo personas comunes y corrientes que distinguidos políticos, profesionistas, toreros, futbolistas y artistas. En las manos llevan un cirio encendido, cuya cera ardiente van reuniendo en una mano, soportando el dolor de la quemadura como una muestra también de penitencia.

A las cero horas se abren las puertas de la Iglesia de San Gil e inicia la celestial aparición de la Virgen. El primero en salir es el Cristo Redentor, recibido con gran respeto y expectación por las miles de personas apostadas alrededor del templo. Finalmente, apenas rozando el arco de la gran puerta, La Macarena cruza el umbral y se detiene para luego avanzar unos cuantos metros y escuchar la primera "saeta", interpretada desde lo alto de un balcón lateral del patio exterior. En aquella ocasión fue precisamente Juanita Reyna quien, con su preciosa voz, hizo una oración vocalizada entre quejas y suspiros para expresarle el pésame a la Virgen por la muerte del Redentor.

Acompañé al séquito en su tradicional recorrido hasta la Catedral con mi Bolex de torreta con tres lentes, de 16 milímetros en blanco y negro (la cual conservo hasta la fecha). Pepe Alameda, el poeta y cronista taurino, proyectó la película por la televisión mexicana en cadena nacional.

Ese fue mi primer encuentro con Sevilla, con mi Sevilla, que –sin saberlo entonces– me ha permitido disfrutar muchos de los mejores momentos de mi vida. De entonces a la fecha, a mi mente acude siempre la misma frase: "Sevilla es eterna".

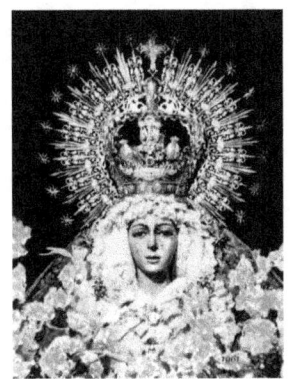
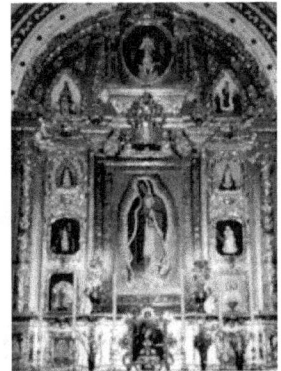

La Macarena y el Altar de la Virgen de Guadalupe en la Iglesia de San Gil, Sevilla.

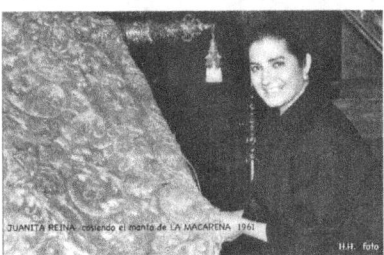

Juanita Reyna.

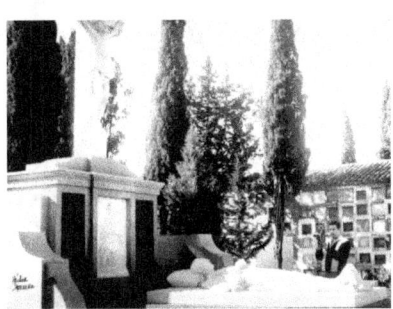

La Tumba de Manolete en Córdoba; y el abogado Jaime Fombuena y la Torre del Oro en el río Guadalquivir.

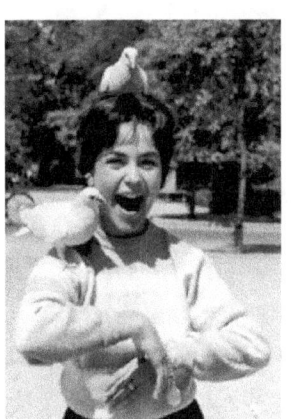

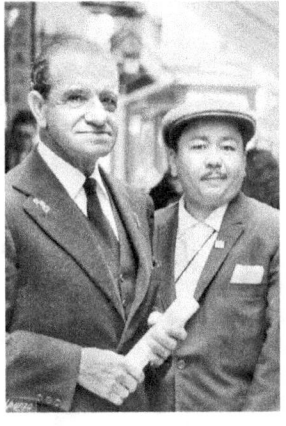

Juan Belmonte y Carlos Ysunza en la calle Sierpes en Sevilla.

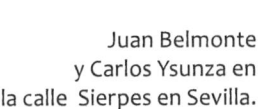

Yoly en el Parque María Luisa, Sevilla.

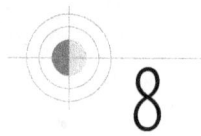

8

CONTACTO EN LA HABANA

Dos años después de ese primer viaje a España, Yolanda y yo hicimos otro que nunca olvidaré. Fue en 1961, en plena Guerra Fría. Años antes, mi suegro se había asociado con el gobierno cubano para levantar una fábrica de muebles similar a Sanitarios El Águila, que había creado en México y que luego vendió a la empresa estadounidense Standard. Se dice que desde su rancho La Florida, en Santiago de la Peña, Veracruz, don Héctor Peralta ayudó a Fidel Castro durante su estancia en nuestro país. Incluso, se presume que el líder cubano guardó ahí un par de días el barco Granma, que compró en Estados Unidos.

Luego de viajes continuos a La Habana, las cosas empezaron a cambiar radicalmente. Además de las condiciones políticas de la isla, los hermanos Castro Ruz dejaron de incumplir lo acordado, por lo que don Héctor les propuso vender su parte. Ellos accedieron, aunque pagaron cuando quisieron y en condiciones desventajosas para el vendedor.

Pues bien, en 1961, Yolanda y yo decidimos volar a Madrid a bordo de un avión de Cubana de Aviación. En el trayecto de regreso a México obligaron al piloto a aterrizar en La Habana, pues Fidel necesitaba todos los aviones para llevar a sus respectivos países a los invitados que habían asistido a la celebración del 1° de mayo. Nos bajaron a la fuerza y tuvimos que permanecer cuatro días de verdadero temor en la capital cubana. Lo peor fue la vigilancia y la presencia de civiles armados de todas las edades haciendo las veces de militares. Las revisiones en las calles y las entradas a diferentes lugares eran tan exhaustivas como temibles, pues casi nos apuntaban con las armas. De noche, hospedados en el hotel Habana Libre (antes Hilton), yo atrancaba la puerta de la habitación con la cama, ante el temor continuo de que los vigilantes ingresaran en cualquier momento.

Por fortuna, en nuestro mismo avión viajaba Yeyo, un reconocido cantante cubano que vivía en México desde hacía muchos años y era amigo de mi padre. Él fue nuestro salvador y guardián. Mi esposa intentó sin éxito comunicarse con su papá. Su secretario particular le explicó que éste acababa de llegar de Cuba, donde le obligaron a dejar todo lo que llevaba consigo, incluidas una valiosas joyas que compró con parte del dinero que le pagaron, pues no había otra forma de sacarlo. Estuvo detenido 24 horas en el aeropuerto y, finalmente, logró salir con la ayuda de la embajada mexicana.

Yolanda, que era muy intrépida, decidió que fuéramos a la embajada para averiguar qué había pasado. Efectivamente, lo de las alhajas era cierto. Don Héctor habría explicado: "Son un regalo para mi hija", aunque no aclaró para cuál de las tres hijas que tenía. En un arranque "peraltiano", mi mujer propuso: "¡Vamos a la aduana a pedirlas!" Por supuesto, todos le dijimos que recuperarlas era imposible y que involucrarse en ese delicado asunto podría resultar hasta peligroso. Pero la necedad es la madre de todos los desmadres, así que nosotros dos y el secretario de la embajada–que tenía fuero diplomático– llegamos hasta la aduana del aeropuerto.

El secretario se portó a la altura, habló con quién sabe quién y logró que le dieran una explicación a mi esposa. Dos horas después de una espera infernal por el intenso calor de las oficinas, puesto que el aire acondicionado estaba desconectado, y con el temor de que alguien aventara un cerillo por los ductos de gas, apareció un negro gigante preguntando por la señora Peralta. "Sígame", le dijo, y los dos se fueron por un largo pasillo. Desde aquella banca de madera, el secretario y yo los seguimos con la mirada. Yo sudaba doblemente: el sudor era caliente por la temperatura y frío por el temor de sólo imaginar lo que podría pasar. Lo peor sería que quisieran declarar a mi esposa cómplice de algún delito y la detuvieran. Lo menos malo sería que también a ella y a mí nos quitaran todo lo que traíamos desde España.

Pasada una media hora, otro hombre enorme con uniforme llegó hasta nosotros y dijo: "Licenciado de la embajada de México, sígame. Nuevamente, los vi caminando por el pasillo sin saber nada.

Así transcurrieron tres horas. Empezaba a oscurecer, y sólo un pequeño foco alumbraba la habitación contigua, donde había un montón de uniformados, todos con armas, que entraban y salían hacia las pistas. En eso llegó otro personaje vestido de civil. "Uté, venga conmigo", me ordenó. Caminamos por el mismo pasillo largo, larguísimo según mi percepción, hasta llegar a una oficina después de subir la escalera. Ahí estaba mi mujer, el licenciado y tres militares. "Su pasaporte", me solicitó uno de ellos. Yo sólo veía a mi esposa, quien con la mirada parecía decirme: "Haz lo que te digan".

Mi pasaporte pasó a manos de alguien que tomó los datos en una máquina de escribir y le entregó un papel firmado al secretario de la embajada. El diálogo no podía ser más breve: "adiós" de un lado y "buenas noches y gracias" del otro.

Salimos sin decir palabra. Ya había oscurecido. Cruzamos un patio grande acompañados de otro hombre armado, al que seguimos hasta llegar a las salas de espera del aeropuerto. Ahí nos dejó y cerró la puerta. Después abordamos el flamante Buick negro del secretario. Por fin pude preguntarle a Yolanda: "¿Qué pasó? ¿Cómo te sientes?" En la respuesta había un tono triunfalista y un dejo de rencor: "Por supuesto que logré que me entregaran las joyas. Les expliqué que mi papá me llamó desde La Habana para decirme que me llevaría unos regalos especiales por mi cumpleaños. Los convencí".

Increíble, pero el día que partimos hacia México llegamos tres horas antes de lo requerido para pasar a la aduana a recoger el "bulto", no sin antes atravesar también por varios sustos, amenazas y "recomendaciones" de los encargados de la temible policía secreta. Ni siquiera en México vimos el contenido. Muy enojado por el suceso y por el proceder de su hija, don Héctor guardó de inmediato el paquete. Meses después llegó de visita a nuestra casa y le entregó a Yolanda un anillo enorme de oro blanco con varios brillantes alrededor: "Este regalo forma parte de lo que me trajiste".

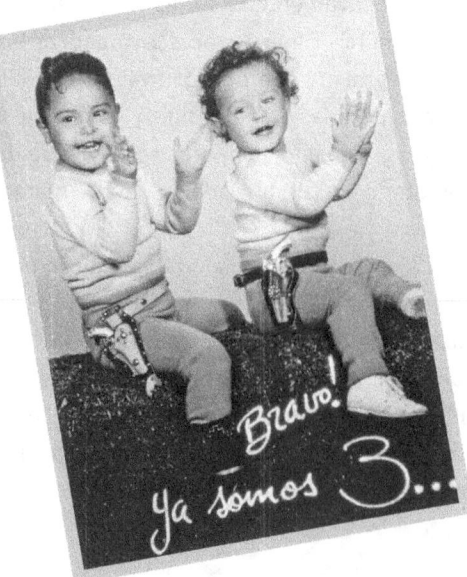

Catalina y Héctor anunciaron el nacimiento de su hermana Norma Yolanda en 1960.

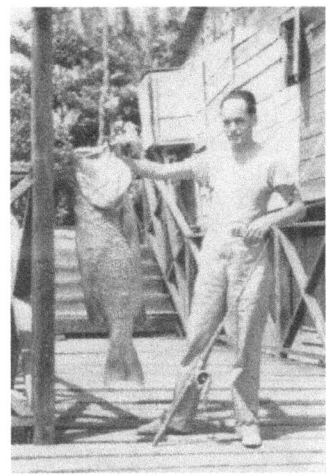

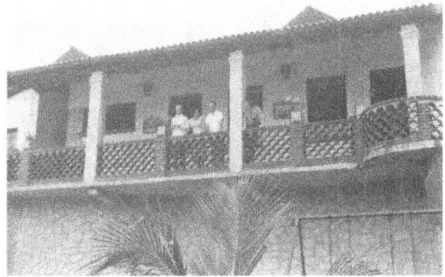

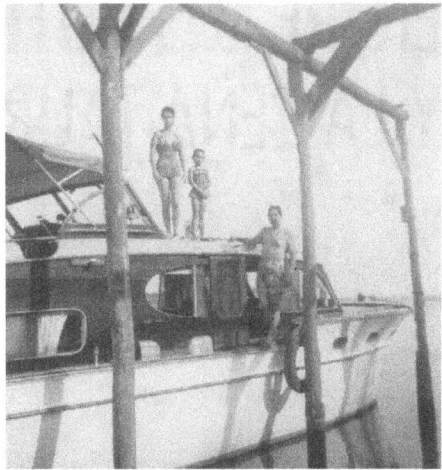

Don Héctor Peralta en su
rancho de Tuxpan.

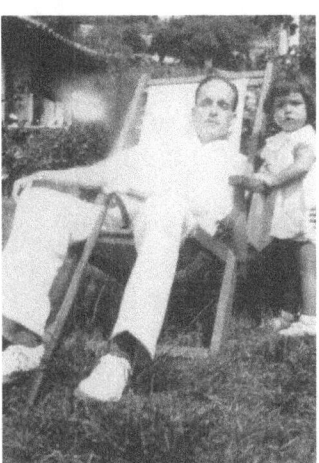

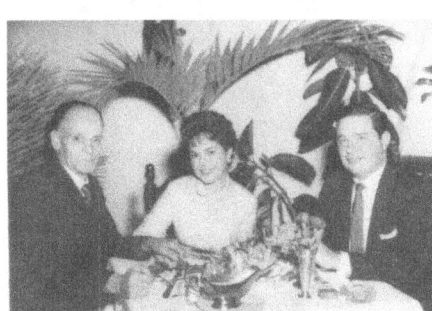

Don Héctor, Yoli y HH.

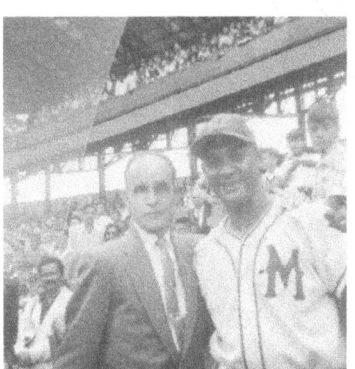

Don Héctor, propietario del
equipo Diablos Rojos del México,
con Lázaro Salazar.

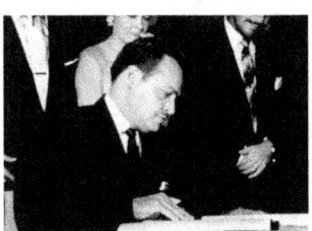

Alejo Peralta, testigo de
nuestra boda civil.

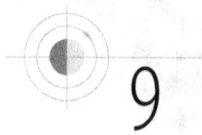

9

ENTRE LOS HOTELES
Y LA PEÑA TAURINA

Una vez de regreso de la pesadilla en La Habana, retomé mi trabajo en el estudio de la calle de Victoria.

Pese al éxito, yo sentía que me faltaba acercarme más al sur, donde crecía la ciudad y estaba la clientela joven. Mi vida social también había cambiado. Teníamos ya tres hijos en edad escolar.

En una de esas reuniones conocí al ingeniero José María Alverde Goya, empresario hotelero, quien a la postre se convertiría en un gran amigo mío. Acababa de inaugurar el hotel Suites Emperador, que –para mi buena fortuna– estaba frente a la glorieta de Etiopía, donde había estado mi primer estudio diez años atrás (si bien del otro lado). En esa ocasión le platiqué sobre mi profesión y le compartí mis inquietudes. Él me propuso instalarme en el *mezzanine*, pero la renta era muy elevada. Días después, me brindó toda clase de facilidades para que acondicionara mi estudio en el hotel, regenteado por su hermano menor, Jaime Alverde.

El 20 de agosto de 1963 se inauguró ese estudio, diseñado totalmente en función de mis ideas y necesidades. Antes les comenté a mi padre Armando y a mi tío Ysunza sobre el proyecto. "¿Cómo crees que las personas van a entrar en un hotel para retratarse?", argumentaron. Y no les faltaba razón, ya que en aquel tiempo, la sociedad cuidaba mucho las apariencias. Sin embargo, yo estaba decidido, y a pesar de su opinión, inicié la adaptación del local. Además de su estupenda ubicación, entre las colonias Narvarte y Del Valle, donde coinciden las avenidas Cuauhtémoc, Xola y Diagonal de San Antonio, el edificio tenía ese fantástico *mezzanine* con enormes cristales de piso a techo, lo que permitía exhibir grandes fotos de deportistas, artistas, toreros, las reinas de la colonia Del Valle, que representaban a los diferentes sectores, y otras personalidades famosas. Entre otros retratos, se encontraban los de quienes apadrinaron la inauguración y estaban en la cima de sus respectivas carreras: el actor Andrés Soler, el futbolista Enrique Borja, la actriz Silvia Suárez y los baladistas Mayté Gaos y Oscar Madrigal.

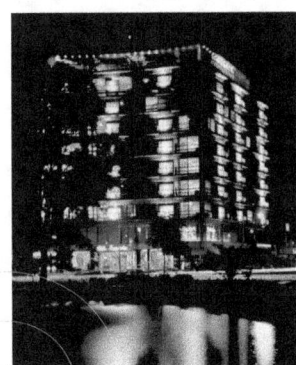

Fachada del Hotel Suites Emperador, en la glorieta Etiopía Av. Cuauhtemoc 614.

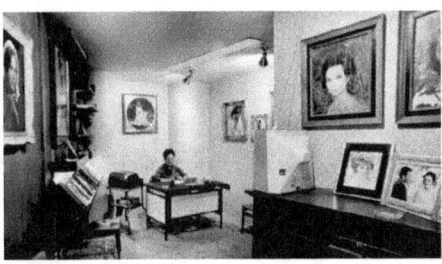

Recepción en el *mezzanine*.

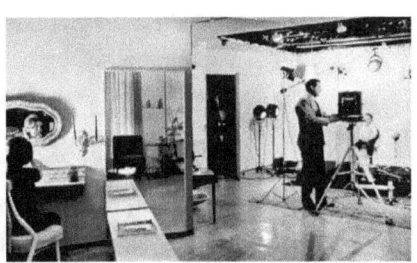

Galería para tomar fotos.

La entrada al *lobby* era espectacular, con aquella escalera que conducía al mezzanine. Ahí se ubicaba la recepción del estudio, lo cual daba una magnífica impresión. La galería para retratar tenía el doble de espacio del estudio anterior. Había retirado el plafón para ganar 30 centímetros de altura y, además, tenía preparados varios escenarios con fondos de distintos colores (hechos por los decoradores de los estudios de Televicentro), junto con nuevos reflectores de flash electrónico, *props* adecuados para retratar, alfombras, etcétera. Era el inicio de una etapa fantástica en mi profesión.

Varios equipos de futbol comenzaron a concentrarse en el hotel, al que encontraron conveniente por estar lejos del centro y cerca de los estadios, sin contar que era un sitio tranquilo, sin distracciones. Después de los entrenamientos, los jugadores volvían al hotel, y como no podían salir a la calle, les encantaba ir a platicar al estudio de Herrera. Fue así como me hice amigo de muchos ases del deporte. En 1969, por ejemplo, al día siguiente del noveno campeonato de liga de las Chivas, celebramos con un banquete en mi casa del Pedregal. Asistieron todos los jugadores, el ingeniero Javier de la Torre –el entrenador–, Lucha Villa, Carmen Salinas, el Mariachi México, David Rodríguez, amigos y periodistas. También tuve contacto con el poderoso equipo Cruz Azul, al mando de Nacho Trelles; con los queridísimos Pumas de la Universidad, y como remate, con la Selección Nacional. Y lo mismo sucedió con los toreros. La categoría del hotel y, sobre todo, su ubicación –muy cerca de la Monumental Plaza México– los atrajeron por igual.

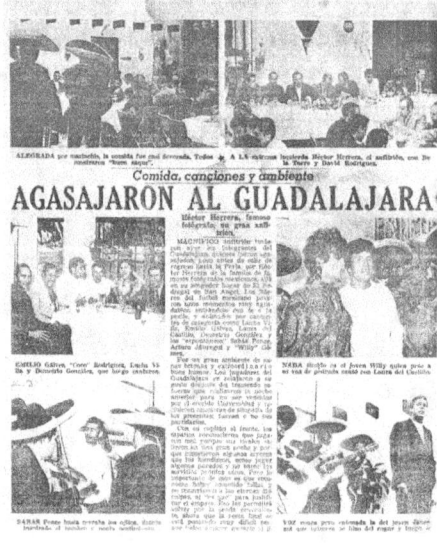

El banquete para las Chivas en la casa de Cráter, en el Pedregal.

Lejos de haber perdido mi afición por los toros, ésta se acrecentó. En aquella época, la fiesta experimentaba un gran momento. Los toreros mexicanos vivían grandes glorias y al país venían toreros españoles de gran cartel.

A Eduardo Tenorio, Sergio González de Ibarrondo y Ángel Toraño les propuse la creación de una peña taurina. Cada quien reuniría a varios amigos para fundar lo que después se llamaría El Cuarto Tercio. La idea les pareció muy buena, así que incorporamos a Luis Iglesias, J. Antonio Barbará, José Luis Lechuga, Rodolfo Balmaceda, el arquitecto Osorio, Eduardo Vázquez, el magistrado Pedro Ortega y Rubén Ramírez, hasta llegar a 20 miembros iniciales.

Nos reuníamos en el restaurante del hotel, El Mortiro, regenteado por mi inolvidable amigo Ramón Zavala.

Este grupo de aficionados llegó a tener un gran reconocimiento en el medio taurófilo. Don Luis Barroso Barona, ganadero de Mimiahuapan, nos invitó a visitar su dehesa. Me encontré con el matador de toros retirado Pepe Luis Méndez, con quien había llevado buena relación gracias a mi tío Ángel. Pepe Luis me comentó que estaba apoderando a Manolo Martínez, un novillero con un gran porvenir y que pronto debutaría en la Plaza México; de hecho, ese día esperaba la oportunidad de torear durante la tienta como entrenamiento previo a una presentación que tendría lugar en la placita de toros La Aurora, por los rumbos del aeropuerto.

Para conservar un recuerdo de la visita a dicha ganadería llegué con mi cámara de cine Bolex de 16 milímetros. En el tentadero soltaron unas vacas y, como invitados especiales, torearon el novillero americano Diego O'Bolguer y el matador colombiano Pepe Cáceres, que gozaba ya de mucho cartel. A este último le tocó una vaca que no se prestaba para el lucimiento, por lo cual, después de un par de tandas con la muleta, le cedió el turno al poderdante de mi amigo Pepe Luis. Este chico delgado, de buena estatura, tez morena y semblante serio se veía con poca personalidad entre el grupo de maletillas que esperaban una oportunidad. Sin embargo, su figura sufrió una total transformación al enfrentarse y torear con maestría aquella vaca. Los asistentes se entusiasmaron. A la voz de "¡puerta!" por parte del ganadero, el aprendiz llevó al animal hacia la puerta de salida con un cite constante de mucho temple. Una vez en el burladero, los toreros, el ganadero y los aficionados se unieron a las felicitaciones. Yo filmé esos muletazos en atención al apoderado, sin saber entonces que ese material le serviría al cronista Pepe Alameda para reseñar las primeras muestras del arte del extraordinario matador Manolo Martínez.

Las actividades a las que convocaba nuestro grupo se volvieron famosas. A ellas acudieron todas las figuras del espectáculo taurino; ninguno de los grandes toreros faltó a las cenas que organizábamos en su honor, como tampoco faltaron los ganaderos y periodistas que disfrutaron por igual de aquellas tertulias y conferencias.

El domingo 20 junio de 1965, cuando Manolo Martínez y yo ya nos conocíamos bien, pasé por él al hotel. La estancia con motivo de su presentación en la Plaza México corrió por cuenta de El Cuarto Tercio. Fuimos primero a misa de diez y luego regresamos al hotel para que él almorzara y pudiera descansar en la habitación mientras Pepe Luis se presentaba en el sorteo de los novillos. Después vino la ceremonia de vestirse y dejar la habitación, previos rezos ante sus imágenes preferidas, incluidas las de la Virgen de la Macarena y el Jesús del Gran Poder que yo le acababa de regalar. Partimos en mi auto rumbo a la Plaza México, por cuyo túnel bajamos hasta la puerta de cuadrillas. Serio y hasta tímido, Manolo se dirigió a la capilla para rezar e iniciar así la que sería la triunfal carrera del gran torero de México en la segunda mitad del siglo XX. En su exitoso debut le cortó las dos orejas a uno de sus dos novillos. Fue tal la expectación que causó, que al domingo siguiente repitió su actuación. Ahí recibió su bautizo de sangre, con una cornada en el muslo derecho que lo mandó a la enfermería. El 9 de noviembre de ese mismo año, el matador tomó la alternativa en la ciudad de Monterrey; lo hizo de manos de Lorenzo Garza, una de las figuras más importantes en la historia taurina. Por encargo del ganadero de esa tarde, Luis Barroso Barona, filmé toda la corrida en blanco y negro con la cámara de 16 milímetros, película que se ha proyectado constantemente en la televisión.

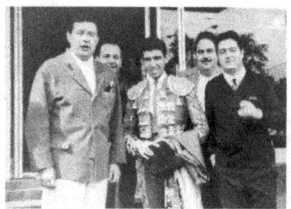
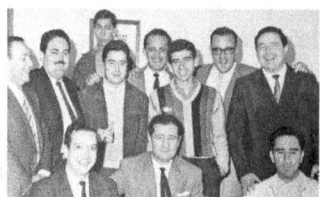

HH, Balmaceda, Manolo Martínez, H.Arias y Angel Toraño, al salir del Hotel.

Manolo Martínez al centro con la Peña taurina El Cuarto Tercio: Balmaceda, Arias, Toraño, Vázquez, Barbará, Luis Iglesias, Zavala, Tenorio, el mozo de espadas Chilolín y Héctor Herrera, en el restaurante El Mortiro, una noche después de su presentación, 1965.

En el Hotel Suites Emperador (autógrafo de Manolo Martínez).

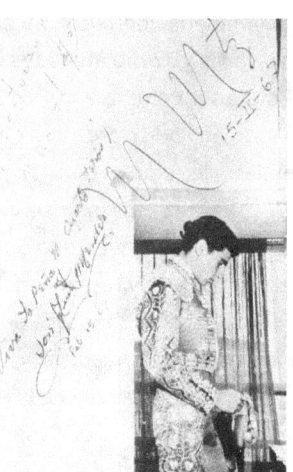

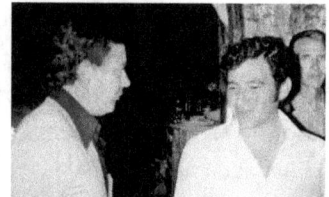

Manolo Martínez en la segunda corrida en la México.

HH y Manolo.

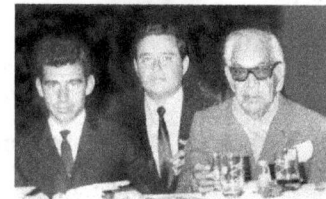

Manolo Martínez, HH y Rodolfo Gaona.

Como vivía en Monterrey, Manolo venía poco a la ciudad de México; sólo lo hacía para torear tanto aquí como en Querétaro. A pesar de ello, yo seguía siendo "martinista" de corazón, y así lo manifestaba en la peña. Por cierto, en una reunión de amigos me encontré con el periodista Carlos León, quien en sus crónicas criticaba al matador. A viva voz le pregunté por qué no era martinista. Frente a todos los asistentes, me respondió: "¿Quién dice que no soy martinista? Pregúntale al barman del restaurante Jena cuántos martinis me tomo a diario".

Alguien invitó a nuestra reunión de los lunes a un taurino de cepa, el ingeniero Manuel Lourdes Camino, hijo de aquella señora Salud Camino que conocí en el hotel Emperador de Madrid junto a Sara García. Como primo hermano de Carlos Arruza y gran conocedor de la fiesta, este hombre comenzó a hablar con fervor de lo que él consideraba los defectos de Manolo Martínez, al tiempo que hacía la apología de un novillero que, aun sin presentarse en la Plaza México, había conquistado un cartel importante. Se trataba de Curro Rivera, hijo de don Fermín, a quien yo conocía porque filmé su despedida en México. Entregué la película a su peón, apoderado y hombre de todas sus confianzas, Manuel González "Pinocho", después de proyectársela en el estudio de mi padre. Es por ello que conocía la casa de los Rivera –en la calle de Pestalozzi– y había visto al pequeño Francisco Rivera, que entonces tendría unos seis años. Pero en la peña no conocíamos como torero a Curro Rivera. Manuel Lourdes y yo nos empezamos a enfrentar verbalmente a favor de uno y otro de nuestros ídolos. Para no llegar a mayores, me cambié de lugar, no sin antes advertirles a quienes habían invitado a ese señor que yo no volvería a la peña mientras él estuviera presente. En verdad me disgustó mucho que se expresara así de mi torero. Ignoraba que, con el paso del tiempo, ese ingeniero y nuestras respectivas familias seríamos íntimos y, sobre todo, que juntos disfrutaríamos las faenas de Curro Rivera. Ni idea teníamos entonces que "Curro Cumbre" sería incluso compadre de ambos, por ser el padrino de bautizo de sendos hijos, o que viviríamos los momentos más felices como aficionados a los toros, él como apoderado del matador y yo como el amigo que lo seguiría en gran parte de sus corridas, más de 900 de un total de 1,650. En una ocasión se organizó una cena privada entre nosotros y el admirado Mario Moreno Reyes, ganadero de postín, para celebrar que el matador había desorejado a uno de sus toros en San Luis Potosí. Don Mario, quien una vez me pidió que le hablara de tú –"no de ti", me aclaró bromeando–, narró sus anécdotas taurinas con El Cordobés.. En el libro *Cantinflas bajo la mirada de Herrera*, que publicamos en 2011 con Televisa Editorial con motivo de los cien años del nacimiento del artista, están plasmadas esas aventuras.

A Rafael Rivera, mi ahijado, lo vistió de luces Polo Meléndez, su apoderado. Para ello utilizó el vestido azul y oro que me había obsequiado su padre por sus primeras mil corridas, ocasión –celebrada en Aguascalientes– en que me brindó el catorceavo y último toro (orejas y rabo) de ese día en que participó en dos corridas, a las cuatro de la tarde y a las ocho de la noche.

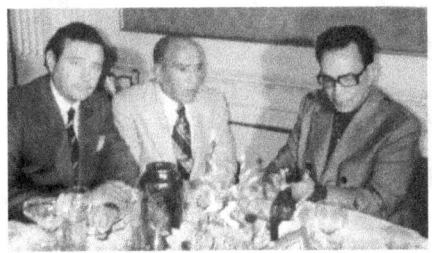
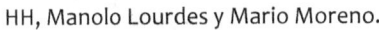

HH, Manolo Lourdes y Mario Moreno.

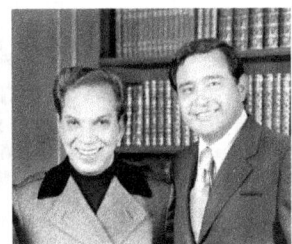

Mario Moreno Reyes en el estudio de HH.

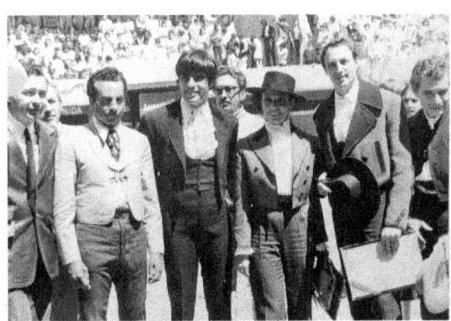

HH promotor del festival de la Secretaría de Gobernación con Joselito Huerta, Curro Rivera, Sra. Marcela I. de Moya Palencia, Chucho Solórzano y Jesús Córdoba.

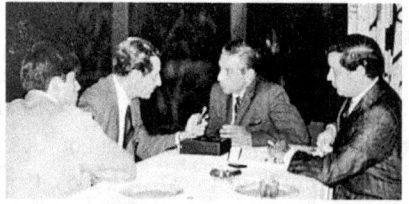

Curro Rivera, Toriles, Fermín Rivera y HH en la víspera de su primera temporada en España, 1971.

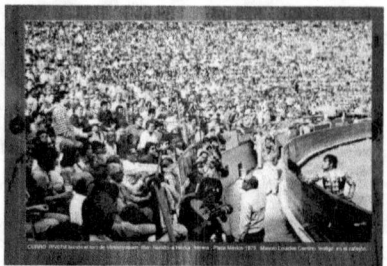

Plaza México. Brindis de Curro a HH del toro Buen Amigo de Luis Barroso.

Curro Rivera en Madrid 1972.

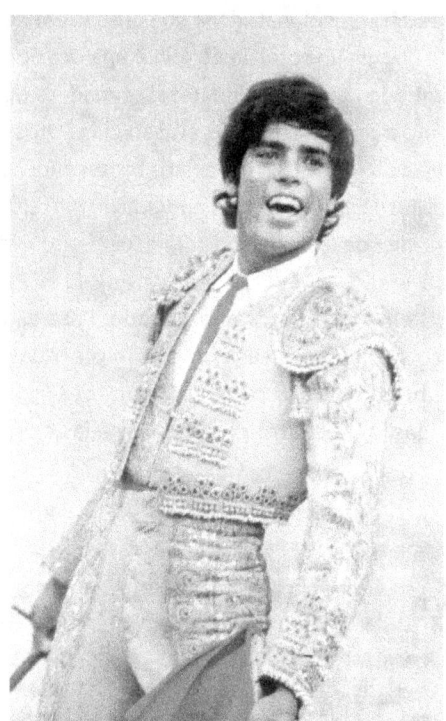

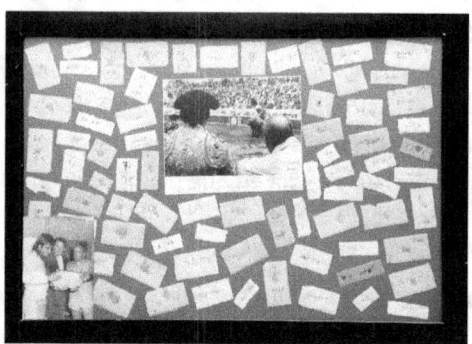

El cuadro que me ragalaron mis compadres, Curro y Manolo Lourdes, con los papelitos del sorteo de todas las corridas de la temporada.

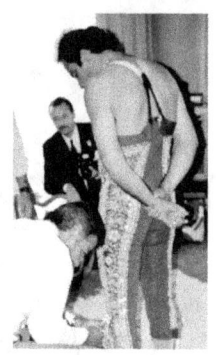

La última vez que vistió de luces en San Luis Potosí.

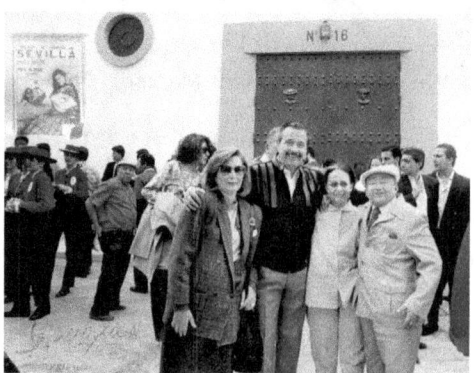

Con mi tío Carlos Ysunza y Kika Fombuena afuera de la Maestranza en Sevilla.

El estudio seguía con bastante éxito. Mi principal actividad consistía –y siguió consistiendo– en retratar familias. Bebés, niños, primeras comuniones, quince años y, sobre todo, bodas, para las cuales ofrecía el servicio completo, desde alquilar mi auto del año hasta filmar la celebración.

Mi suegro nos había regalado un terreno para construir la casa en Jardines del Pedregal. Poco a poco fuimos juntando dinero para acabar de construirla e hipotecarla. Empezamos a vivir ahí a partir de 1964. Un año después acondicioné en el jardín el primer estudio al aire libre de México. Posteriormente, instalamos una tienda, llamada Kodak del Pedregal, de la cual era socio el arquitecto Eduardo Vázquez C. Bajo la gerencia de Fernando González, la tienda tuvo mucho éxito y nos dio grandes satisfacciones.

A finales de 1968 inicié una nueva etapa en mi carrera. Con la llegada del negativo de color, había hecho retratos muy innovadores, así que decidí hacer una exposición para mostrarlos. Mi esposa Yolanda, que trabajaba conmigo en el estudio, dio muestras de su gran espíritu emprendedor. Se propuso encontrar el mejor lugar para exhibir las fotos. Seleccionó el *lobby* del recién inaugurado hotel Camino Real.

Decidimos asumir los altos costos de hacerla ahí. Yo me había propuesto mostrar 80 fotos de 60 x 75 centímetros, unas dimensiones enormes para aquellos años, e impresas por supuesto en el llamado "color directo". Mis amigos del laboratorio Kodak me harían un precio especial por cada impresión, mientras que mi padre se haría cargo del montaje sobre cartulina ¡y sin costo!

Pero faltaba quizá lo más importante: la difusión del evento. Recurrí entonces a mis amigos de la división profesional de Kodak. Les entregué 20 mil invitaciones que distribuyeron pagando el porte a cambio de que sus productos se difundieran. En la invitación se promocionaba "El retrato en la fotografía de color", a realizarse del 13 al 20 de noviembre de 1968 en el Foyer Calder del Camino Real.

Después de meses de preparación, por fin teníamos listos los retratos. Sólo faltaba definir quién inauguraría el evento. Decidí invitar a don Salvador Novo, que era amigo de mi padre. Le pedí una cita, a la que acudí con seis retratos que le encantaron. "Sí, acepto, pero con una condición: que ahora tú me retrates", me dijo refiriéndose a la foto que tiempo atrás le había hecho Armando Herrera. Hicimos una cita para retratarlo en su oficina, y el día de la inauguración, en su calidad de cronista de la ciudad de México, Novo cortó el listón entre más de 200 personas, incluidos deportistas como Enrique Borja, el "Gansito" Padilla, Luis Regueiro, José Luis González artistas como José Luis Cuevas y Silvia Pardo y estrellas del espectáculo como Raúl Velasco, Sara García, Andrés Soler y todos mis amigos de mi equipo favorito de futbol, Las Chivas de Guadalajara.

Aún conservo con especial gratitud el fascículo que editamos con el texto que Novo escribió expresamente para la ocasión. "El arte de la fotografía" fue el título que el cronista eligió para sus palabras inaugurales. Al final de las mismas, el poeta disertaba: "Llegada a su madurez técnica, la fotografía tiene ante sí los dos caminos: la creación o la reproducción; la emoción indirecta o la emoción estética [...] En manos de jóvenes, la Kodak es expresión. Junto a retratos de familias –¡cuántos pequeños trozos de arte puro!– puro porque constituye la expresión plástica de quienes, seres humanos todos ellos, no dispusieron de otro medio de sublimación, y fijaron, para sí y sus afines, el instante más selecto de su visión".

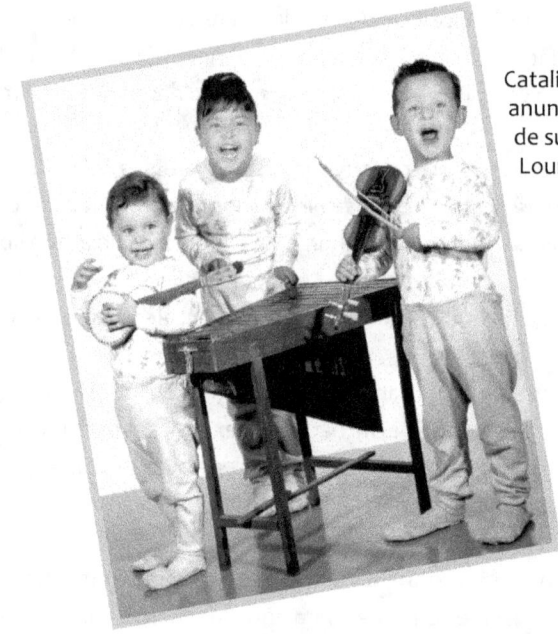

Catalina, Héctor y Yolanda, anunciaron el nacimiento de su hermana Ana Lourdes en 1964.

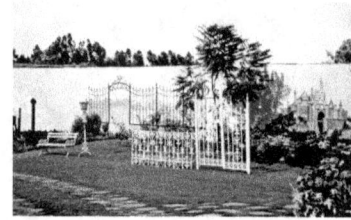
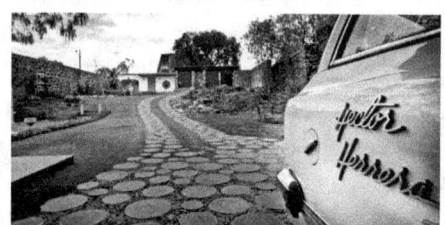
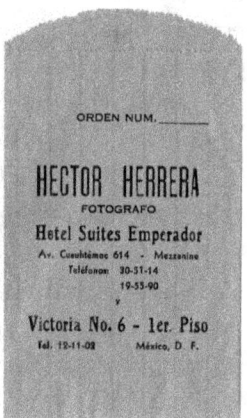

Estudio con escenografía y sets en Jardines del Pedregal de San Angel 1965.

Catalina, Héctor, Yolanda y Ana Lourdes, anunciaron el nacimiento de su hermano Juan Pedro el 4 de noviembre de 1969 , mismas fechas en las que celebramos en mi casa el 9° Campeonato de Liga del futbol con nuestro equipo favorito Las Chivas Rayadas del Guadalajara.

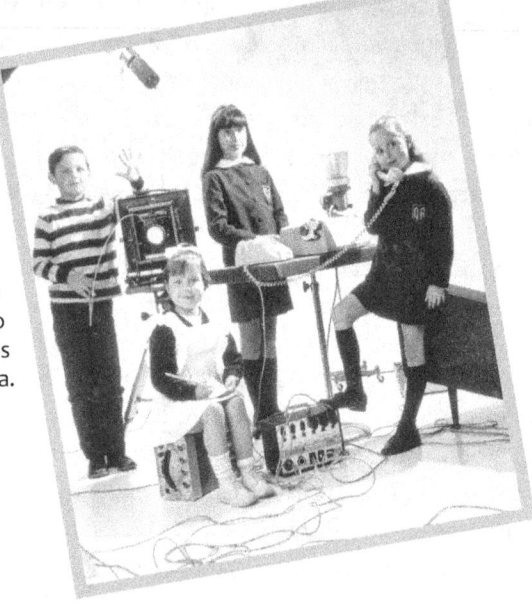

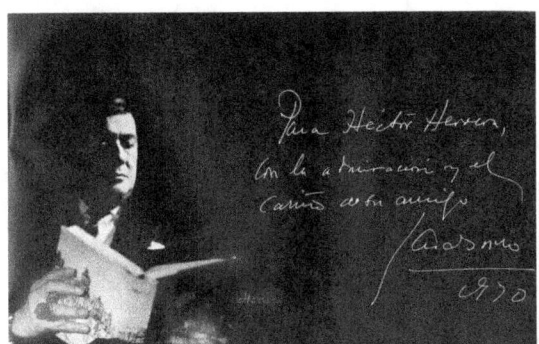

La dedicatoria de
Salvador Novo.

Ceci y Esperanza, en
la inauguración de la
exposición en el Hotel
Camino Real 1968.

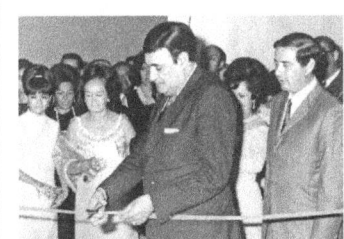

Mi padre Armando,
Yolanda, HH y Salvador
Novo en la segunda
exposición en 1970.

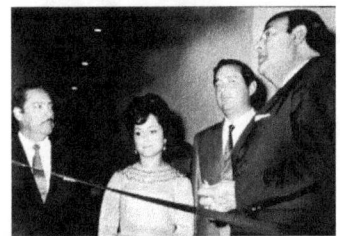

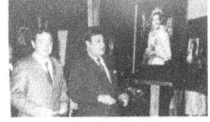

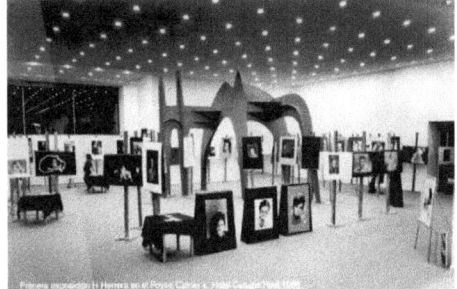

Primera exposición de
Héctor Herrera en el
Foyer Calder,
Camino Real, 1968.

José Luis Cuevas,
1968.

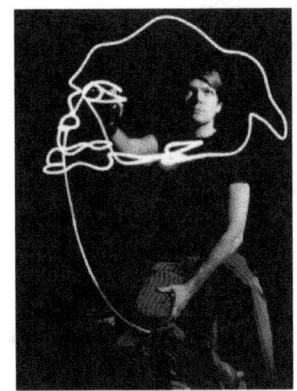

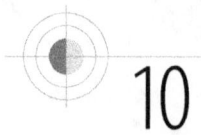

10

ESPÍRITU INNOVADOR

La exposición en el Hotel Camino Real fue todo un éxito y los directivos de Kodak Mexicana quedaron felices. Pero, después de esa arriesgada y costosa aventura, me encontraba en la quiebra. Ignoraba entonces que mi vida profesional daría un giro de 180 grados.

En 1969 recibí la llamada del presidente de Kodak, Donald Spieler, con quien finalmente me reuní para escuchar su propuesta: "Paul Gittings, uno de los fotógrafos más importantes de Estados Unidos, con 32 estudios en diferentes estados y una organización de fotógrafos muy impresionante, tiene la intención de venir a México para instalar sus laboratorios. Nos pide que lo relacionemos con un fotógrafo mexicano, así que te hemos seleccionado a ti para que hables con él".

Una vez en México, Gittings conoció mi forma de trabajar. Después de observar en silencio durante más de media hora, me abordó: "Mira, Héctor, tú ya sabes quién soy yo y sabes también que veo en tu país la puerta de entrada al resto de Latinoamérica. ¿Me permites que te diga lo que opino? Por lo que veo, eres un fotógrafo estupendo. Has hecho cosas extraordinarias, pero eres un pésimo negociante". Después de que le hiciera las cuentas y le compartiera lo que me había costado la exposición del Camino Real, agregó: "No tienes ni la menor idea de lo que no debes hacer, que es justamente lo que estás haciendo ¿Te gustaría saber cómo ganar un millón de dólares al año? Tú eres la persona indicada para lo que estamos buscando, siempre y cuando hagas lo que te digamos. Pero tienes que ir a Estados Unidos a aprenderlo. Quiero que conozcas nuestra operación, el estudio, los laboratorios, el personal, etcétera".

A los pocos días, Yolanda y yo asistimos a la convención de la Professional Photographers of America, de la que yo ya era miembro, y de ahí viajamos a Houston, donde residía Gittings. Me quedé boquiabierto frente a lo que vi. Por ejemplo, ellos ya usaban *flash* electrónico; yo no. Ellos ya usaban las cámaras de formato mediano; yo no. Además, lo que escuché era totalmente cierto: yo no tenía idea del negocio en cuanto a la administración, las ventas y demás.

Más o menos cada dos semanas iba a Houston, para un total aproximado de 15 viajes. Acompañaba a los fotógrafos y luego me metía en el laboratorio para ver cómo trabajaban y familiarizarme con el terminado de las fotos, con las cuestiones administrativas y, algo importantísimo, con el *marketing*.

Diez meses después, una vez que logré aprender lo que se requería, Paul Gittings se reunió nuevamente con mi esposa y conmigo para proponernos un acuerdo: "Ustedes me dicen todo lo que saben del *marketing* de México y Latinoamérica y, a cambio, yo aporto todo el *know how* para manejar su estudio".

Para concretar la sociedad teníamos que cumplir con tres condiciones: quitar el estudio de Victoria, vender la tienda de fotografía e instalar un estudio nuevo. Para este último, Gittings ya había identificado la ubicación en la ciudad de México. El nuevo estudio debería estar, ni más ni menos, en el Paseo de la Reforma, la principal avenida del país, concretamente entre las calles de Florencia y Tíber. Le contesté que podía hacer todo lo que me pedía menos eso. ¡Lo que costaba rentar ahí en 1969! Sin embargo, ese era el acuerdo, así que tuvimos que poner manos a la obra.

Conservamos el estudio en el jardín del Pedregal –del que no nos deshicimos simple y sencillamente porque ahí vivíamos también– y le pedimos a Gittings tres meses para hacer lo que nos pedía. Hablé con mi papá para comentarle que también cerraría el estudio de Victoria. Una vez más me tachó de loco, no sin antes advertirme que estaba a punto de arriesgar todo mi patrimonio. Pese a ello, no sólo vendí el estudio y la tienda, sino que volví a hipotecar la casa.

Con su gran sentido de los negocios, y a pesar del altísimo costo del traspaso, más las rentas adelantadas y el depósito, Yolanda consiguió el local para el estudio. Por supuesto, estaba en pleno Paseo de la Reforma, concretamente en el número 284, esquina con Génova, junto al local de la imprenta Floresmeyer y la galería de arte Tere Haas.

Le informé de inmediato a Paul, quien a su vez me pidió que le enviara los planos del lugar. Me los devolvió con su propuesta de diseño, que también resultó costosísima; venía acompañada de las indicaciones sobre el equipo. Faltaba lo relativo al personal que atendería las relaciones públicas y los empleados que deberían viajar a Houston para capacitarse. Gittings me comentó que yo necesitaba dos fotógrafos más y dos *telephone solicitors*, es decir, representantes telefónicas para conseguir clientes. También hablamos de las tarifas. Yo cobraba 800 pesos por foto, monto que él elevó ¡a 10,000 pesos! "Si haces todo lo que te digo vas a cobrarlos." Afortunadamente, lo logramos.

Con base en una lista previamente elaborada, las *telephone solicitors* debían hacer unas cien llamadas por día y ofrecer un esquema novedoso: invitar a la gente a retratarse sin costo. No les íbamos a dar nada, excepto la oportunidad de verse en fotos tomadas por Herrera. Gracias a eso llegaron a nosotros personas hasta entonces inaccesibles, incluidos algunos clientes de Gittings. Por ejemplo, pude hacer las galerías de ex presidentes de los clubes de golf, de GE, de bancos, etcétera. De entonces a la fecha llevo 40 años haciendo galerías. Me pude introducir en diferentes estratos sociales y de diferentes actividades: banca, comercio, arte, sociedad.

La ubicación en Reforma resultó magnifica. Mi hija Catalina fue la primera de la siguiente generación que se inició como mi asistente. Muy jovencita, Caty tuvo la oportunidad de tomar un curso de fotografía en Warsow, Illinois, en la escuela de la Professional Photographers of America. Siempre mostró su talento y capacidad, además de su disposición para retratar. Desde entonces manifestó sus propias ideas de renovación y su inconformidad ante muchos de los estándares establecidos en todos sentidos. Tiempo después, fue ella quien atendió durante un año el elegante estudio que instalamos en el hotel Presidente Chapultepec, con circuito cerrado de televisión para grabar las sesiones que ahí realizábamos, innovación que fue muy bien recibida por nuestros clientes. Creativa y estudiosa, mi hija editó sus propias revistas de fotografía, como *Foto Forum*, *Media Link* y otras para Kodak, que sentaron precedente en la profesión y resultaron fundamentales para mi desempeño y la concreción de mis ideas.

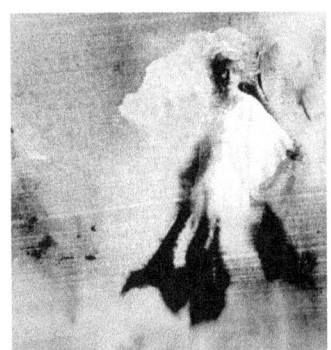

Retrato de Catalina premiado en USA, Professional Portrait Techniques. KODAK.

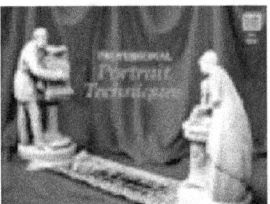

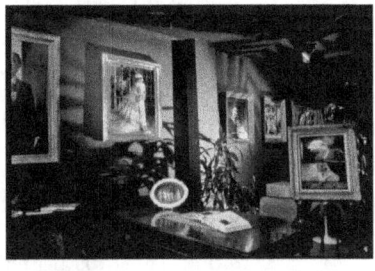

El estudio de Reforma.

Reportaje sobre novias retratadas por Herrera.

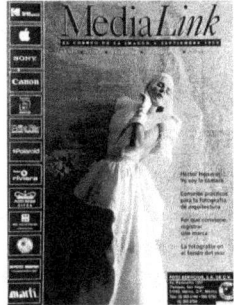

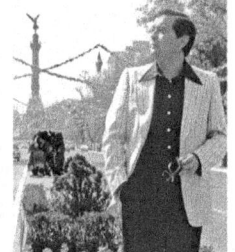

Recepción y sala de ventas en el estudio de Reforma.

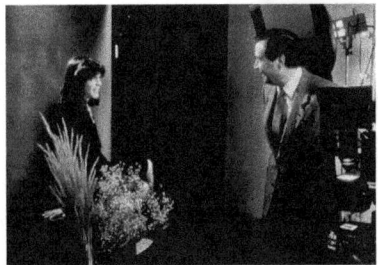

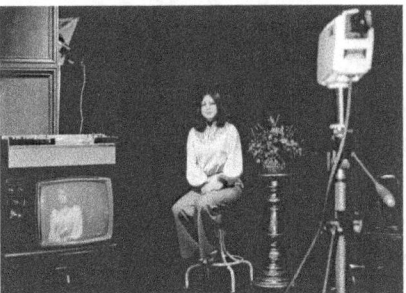

Retratos con el Front Projection.

HH en Paseo de la Reforma esquina con Génova, frente al estudio.

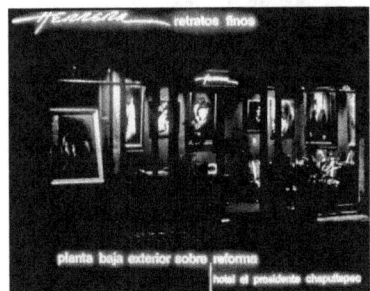

El estudio del hotel Presidente Chapultepec.

Estudio con el circuito cerrado de TV en Polanco, 1978.

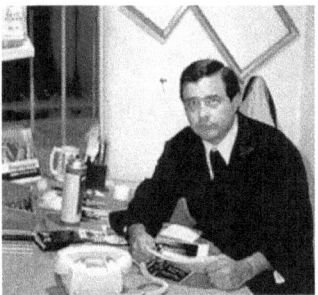

En el taller de retoque.

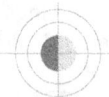

El negocio comenzó a ir viento en popa, al igual que mi prestigio profesional. En 1974, sin embargo, las finanzas se vinieron otra vez abajo, como ocurría en cada sexenio. La enorme inversión que supuso el estudio se enfrentó con otra gran crisis económica del país. Dice Catalina que ella y su generación nacieron en las crisis, se han desenvuelto en las crisis y continúan en las crisis, pero que, a pesar de ello, se han desarrollado satisfactoriamente. Recuerdo que la situación llegó a tal grado que por poco me voy a vivir con mi familia a Australia. Pero, aun cuando nos ofrecieron las facilidades económicas para hacerlo, mi esposa y yo decidimos quedarnos, aguantar y tomar decisiones drásticas para continuar con nuestro propósito. Pusimos a la venta la casa de Cráter, en el Pedregal, y nos mudamos a un *penthouse* en la calle Recreo de la colonia del Valle.

Como no pudimos vender la casa, optamos por rentarla. El inquilino, un argentino mafioso que se mudó con su esposa y su hija, dejó de pagar la renta durante cinco meses, no obstante que habíamos firmado un contrato. Nuestros problemas de dinero seguían aumentando, por lo que finalmente recurrí a nuestro amigo Mario Moya Palencia, a la sazón Secretario de Gobernación, para que el inquilino indeseable, que resultó ser un delincuente fichado por la Interpol, se fuera de nuestra casa.

Nos regresamos a vivir al Pedregal y, dado que ya no tenía de dónde sacar tanto dinero, terminé la relación con Gittings. Según le expliqué, su esquema era muy bueno, pero no funcionaba para México. La gente me buscaba a mí, no a su forma de trabajar. De hecho, muchos clientes se mostraban insatisfechos si los retrataba otro fotógrafo que no fuera yo.

Pese a todo, el saldo de esa relación fue más que positivo y, en lo profesional, me transformó por completo. En primer lugar, a través de Gittings conocí a Paul M. Ness, director de la Eastman Kodak Company para Latinoamérica, quien trabajaba en las oficinas de Rochester. En 1979 Paul M. Ness me invitó –telefónicamente y por carta– para asistir a Scottsdale, Arizona. ¿El motivo? La Cameracraftsmen of America, la asociación de fotógrafos más importante de Estados Unidos y la más antigua (fundada en 1905), estaba por aceptarme como parte de su selecto grupo de 40 miembros… ¡y siendo yo el único latinoamericano!

Ese mismo año acudí a ofrecer conferencias a dos convenciones invitado por Kodak, en Lima, Perú, y en Anaheim, California (a esta última me acompañaron mis hijas Catalina y Yolanda). Por primera vez me paraba en un podio para hablar frente a un público muy entusiasta. Alterné con los fotógrafos más renombrados en Estados Unidos. La experiencia me fascinó, y a Kodak le pareció excelente que un latino participara en el *team* profesional que ellos patrocinaban en el rol de Masters.

 Al poco tiempo, Ness me propuso que viajara a Rochester, Nueva York, para hablar de negocios. Fui con Yolanda y nos explicaron en qué consistía el Mentor Program, ideado por la compañía para ampliar su presencia alrededor del mundo. En concreto me propusieron ser Mentor para Latinoamérica durante un lapso aproximado de dos años. Aceptamos con algunas condiciones económicas que nuestros abogados negociaron satisfactoriamente.

A mi regreso me enfrenté con Kodak Mexicana. ¿Qué por qué me los había saltado? "Eso pregúntenle a Kodak en Rochester. Yo tengo la relación directa y no tengo por qué triangular aquí. Pónganse de acuerdo; yo no tengo problema", respondí. Pero sí hubo problema porque fue muy difícil que me pagaran en México la cantidad de dinero pactado por aceptar el contrato firmado en Estados Unidos, lo cual era la primera vez que se otorgaba a un Mentor, no había antecedentes sobre este asunto, nunca habían pagado esa cantidad.

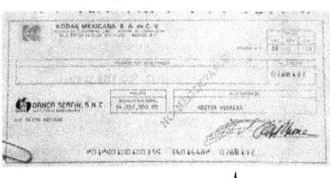

Sé muy bien la importancia que tiene la ciencia de la fotografía para poder desarrollar nuestro trabajo, entre profesionales hablamos el mismo idioma técnico, aunque algunas veces las implementamos en forma diferente. Más que enseñar fotografía, la finalidad del programa era que expusiera mi método de trabajo, es decir, qué había hecho en México para poder crecer, que mostrara cómo había obtenido resultados distintos con los mismos equipos que todo mundo usaba, para lo cual había logrado adaptar el *marketing* Gittings a las particularidades de mi país.

Los seminarios les sirvieron mucho a fotógrafos de muchas otras partes del mundo. En España, por ejemplo, la Asociación Provincial de Madrid, presidida por José Cartagena y apoyada por Kodak, me invitó a dar una conferencia en el hotel Princesa. Al día siguiente, Antonio Solanas, propietario de un laboratorio profesional en Madrid, me propuso que, en representación de su negocio, me presentara en otras provincias de España, donde él tenía muchos clientes. Gracias a mis conferencias y la exposición de las innovaciones fotográficas que había implementado en México, tuve la oportunidad de conocer muchos lugares y hacer muchos amigos entre mis colegas, que se referían a mí como el líder de la fotografía de retrato en Latinoamérica.

Como en Kodak no encontraron a mi sustituto, los dos años se convirtieron en 10. Le di la vuelta al mundo; recorrí 27 países de cuatro continentes, desde Brasil hasta China y desde Canadá hasta Filipinas, pasando por toda Europa. Logré tener autorización para viajar acompañado, varias veces fui asistido por mi esposa o alguno de mis hijos. Recuerdo la visita que hice a Puerto Rico con Juan Pedro. A mis colegas les llamaba la atención que, a pesar de ser tan jovencito, mi hijo se desempeñara con tal eficiencia como mi asistente.

Encontré la forma de combinar el programa de la Eastman Kodak con la organización de la convención internacional de la Cameracraftsmen of America. En 1985 y en 1996 fui promotor y organizador para reunimos en la ciudad de Oaxaca gracias al apoyo de dos gobernadores del estado que eran amigos míos: el licenciado Pedro Vázquez Colmenares y el licenciado Diódoro Carrasco. Todavía me entusiasma ver la foto oficial de nuestro grupo, tomada en Monte Albán, que propició Jorge Ortiz Cruz Ahedo. Las convenciones resultaron inolvidables. A ellas asistieron mas de cien fotógrafos extranjeros, que vivieron una gratísima experiencia en la capital oaxaqueña, de la que soy ciudadano distinguido. Casualmente, en la segunda convención tuve la fortuna de conocer a la que sería mi segunda esposa, Gloria Inés Urbieta.

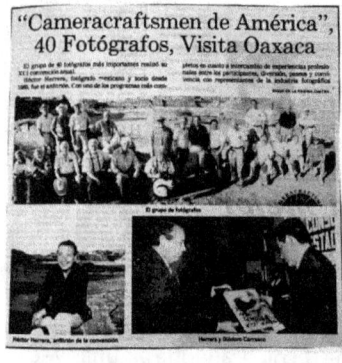
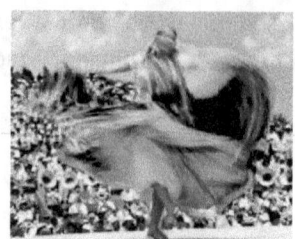

Si me preguntaran ahora qué me permitió crecer, resumiría la respuesta con tres palabras: esfuerzo, disciplina e innovación. Estos tres componentes me fueron heredados de manera directa por mi abuelo, mis padres y mis tíos.

El espíritu innovador se manifestó a los pocos años de iniciada mi carrera profesional. Como he reseñado, en los años sesenta realicé la primera exposición de fotografías totalmente en color directo en México y pude hacer otras ocho exposiciones en el Foyer Calder del hotel Camino Real (una de ellas fue inaugurada por la entonces primera dama, doña Paloma Cordero de De la Madrid). En esa misma década, además, puse a disposición de mis clientes los mil metros cuadrados del jardín de mi casa para realizar, por primera vez en el país, sesiones fotográficas al aire libre.

Durante mucho tiempo, las fotos de estudio eran pequeñas y se entregaban montadas en cartulina y con un marquito. Anulé totalmente la marialuisa; en lugar de vender fotografías de 11 x 14 pulgadas sobre cartulina de 16 x 20 pulgadas, ofrecí retratos con un área efectiva de imagen de 16 x 20 pulgadas. En 1969 comencé a montar los retratos sobre lienzos y con marcos que a veces costaban más que la propia foto. Además, las fotografías iban firmadas y con una cédula en la parte posterior para explicar el proceso.

Revolucioné el uso de los "props" –la utilería escenográfica– recurriendo a mesas, bancas y novedosos fondos que acabarían por desterrar las odiosas cortinas. Y durante 22 años conseguí que la ventana-aparador de mi estudio de Paseo de la de Reforma fuera uno de los puntos de observación más populares de esa importante avenida. Ahí exhibí retratos de bellas mujeres, intelectuales, familias, ejecutivos y tres presidentes de la república. Además, cambié por completo la forma de publicitar el estudio; lo anuncié en prensa y por radio, e hice presentaciones en televisión. Ese estudio se volvió un ejemplo a seguir para muchos colegas del país y el extranjero, debido a la nueva forma de proyectar nuestro trabajo, realizarlo y presentarlo con un nivel profesional muy superior del conocido hasta entonces. Otra singularidad es que me dediqué exclusivamente a la foto a color y, como única especialidad, al retrato. Pude así realizar el rostro humano, el paisaje más bello de la naturaleza.

En Acapulco (aquel Acapulco de gratos recuerdos profesionales, porque en 1958 obtuve la concesión de fotografía de la Reseña de Cine Nacional que organizó Mario Moya Palencia y a la que asistieron varias estrellas del cine mundial) tuve la oportunidad de adquirir una villa del hotel Princess. Me la vendió el ingeniero Rubén Ramírez, después de varios años de animarlo para que lo hiciera. Disfrutamos mucho esa casa durante algunos años, pero un día se me presentó un norteamericano aficionado al golf con deseos de vivir junto al hoyo 4, justamente donde se ubicaba la casa. El potencial comprador tenía que volver de inmediato a su país para atender sus negocios, por lo que en ese momento me propuso una buena cantidad de dólares. Acepté de inmediato, primero porque la oferta era irresistible y, segundo, porque mis hijos que ya eran jovencitos, en edad de ir a las discotecas, y empezaba la preocupación por las malas compañías y la droga.

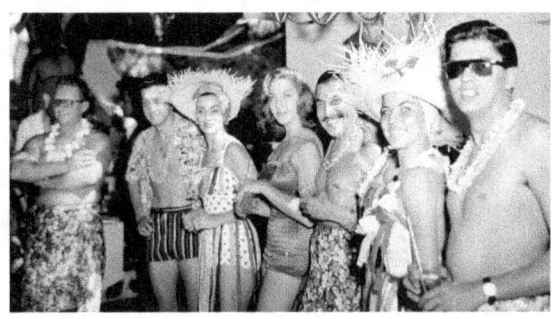

Jacobo Zabludowsky, Miguel Alemán, Christian Martell, Lorena Velázquez, el Indio Fernández, Mapita Cortés y Agustín de Anda en la Reseña Cinematográfica, 1958.

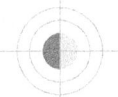

Héctor Armando comenzó a estudiar la carrera de fotógrafo profesional –con duración de cuatro años– en el Brooks Institute de Santa Bárbara, California. En tanto, con la buena cantidad de dinero que obtuve por la venta de la casa de Acapulco decidimos construir un nuevo estudio en el terreno del Pedregal. La idea era retratar en interiores como complemento perfecto de nuestros escenarios naturales en el jardín. Para ello concebí un plató (como les llaman en España a los estudio de cine), inspirado en las galerías de pintura y los estudios de cine fotográficos europeos del siglo XIX. El arquitecto Agustín Hernández, mi amigo y maestro, lo diseñó pensando en ello y en la funcionalidad requerida. El resultado fue estupendo: no había en el mundo otro estudio parecido. Esta construcción sui géneris fue quizá mi mayor innovación. Reunía todas las facilidades que mi experiencia fotográfica me dictaba para hacer retratos diferentes. En el techo, al lado derecho, había una gran ventana con una inclinación de 45 grados para permitir la entrada de la luz proveniente del norte, por lo cual no se producían sombras al caer la tarde. Esa luz era la principal para modelar los rostros y posibilitaba retratar en el interior sin ninguna otra luz que no fuera natural. Como fondo se hizo una puerta con un vidrio de cuatro metros de ancho por tres metros de alto, a la que se adhirió una película transparente para aminorar la intensidad de la luz que entraba. La ventana podía permanecer cerrada para evitar el viento, y cuando se abría en su totalidad, permitía ver completamente la luminosidad del jardín. El vidrio no estaba paralelo a la cámara, sino que tenía una desviación horizontal de 30 grados en relación con ella para impedir los reflejos. Nadie conocía esa técnica.

A lo anterior habría que agregar las dimensiones del estudio: veinte metros de fondo, diez metros de ancho y siete metros de altura, equivalentes a más de dos pisos. Además, para hacer fotos con luz de *flash* electrónico, el plató podía oscurecerse totalmente; de esta manera controlábamos el alumbrado hasta el punto deseado. Por último, incorporamos una tramoya y otras novedades que causaron un verdadero furor entre colegas de todo el mundo, muchos de los cuales habían asistido a mis conferencias. Por supuesto, a nuestros clientes les fascinaba retratarse en el plató. La primera gran sesión que hice ahí fue el retrato oficial de la señora Paloma Cordero de De la Madrid, tal como narro más adelante. La ceremonia de colocación de la primera piedra del plató estuvo presidida por mis amigos Curro Rivera, Manolo Lourdes Camino y Olegario Vázquez Raña. Posteriormente, para la inauguración, que tuvo lugar en 1982, organizamos un concierto con la orquesta del maestro Carlos Esteva, con quien inicié una amistad siendo ambos muy jóvenes. En el escenario estaban los 12 músicos dirigidos por Carlos, mientras que enfrente había cien personas sentadas, más otras de pie por todas partes.

Alfonso Barrenechea –el gran "Barre"–, director de videos del periódico *El Universal*, preparó una serie con la historia de los luchadores en México. Me pidió que los retratara en el plató para las portadas de los videocasetes. Las sesiones fueron memorables gracias a los propios luchadores. Yo no sabía nada del tema, pero, al revisar el material filmado que tenía el Barre, el reto de retratarlos me entusiasmó.

Finalmente, mi cámara captó al Perro Aguayo, una persona sensacional, de carácter alegre y dicharachero; al Canek, un morenazo de casi dos metros, amabilísimo; a Los Brazos, tres hermanos gordos simpatiquísimos, relajientos y desmadrosos, y por supuesto, al Hijo de El Santo. ¡Qué categoría de atleta! Yo conocí "personalmente en persona" a su padre, pues era compadre de mi tío Ángel Isunza, el torero y propietario de la plaza de toros El Cortijo, sede durante muchos años de las funciones de lucha los domingos por la tarde. Don Rodolfo Guzmán solía ir a comer a El Cortijo, y al principio yo desconocía quién era en realidad. Para mí era simplemente Rudy, el compadre de mi tío. Sí, se veía que era un hombre fuerte, pero su tranquilidad y su seriedad contrastaban con otra personalidad. Después de mucho tiempo, mi tío Ángel me confió que se trataba del famoso enmascarado, pero me advirtió también que debíamos guardar el secreto.

En cuanto supe el día en que iba a retratarse el Hijo de El Santo, le llamé a Carlos Monsiváis para invitarlo a la sesión. Carlos llegó muy a tiempo; yo sabía que le llamaban mucho la atención la personalidad y popularidad de los luchadores. De igual manera, al Hijo de El Santo y a Carlitos, su apoderado, les encantó conocer al Monsi. ¡Qué estupenda ocasión! Para cerrar con broche de oro, nos retratamos todos juntos.

El contrato con Kodak había concluido, así que Polaroid International, con sede en la ciudad de Boston, nos propuso a Héctor Armando y a mí que continuáramos las giras con el mismo propósito, aunque promoviendo ahora sus productos. Desde luego, aceptamos. Además, Rolf Augustin, estupendo amigo que se desempeñaba como director de Publicidad de Polaroid International, nos solicitó que retratáramos las bodas de sus hijas en una de las zonas más bellas de Boston. Al poco tiempo organizamos las primeras visitas a Sudamérica.

Después, la empresa puso a mi disposición una de las cinco cámaras de taller existentes. Se construyeron para hacer fotos instantáneas de 20 x 24 pulgadas (50 x 60 centímetros). Las otras cuatro estaban colocadas en diferentes países. Hasta el plató del Pedregal llegó esa cámara gigante de dos metros de altura. Y llegó con su propio piloto, es decir, su hábil operador. La propuesta era trabajar con la cámara durante cinco días, luego de lo cual el equipo debía regresar a Nueva York. La sesión fue complicada por la gran cantidad de luz de *flashes* que se requería. Asimismo, la película reversible era demasiado lenta y se necesitaba una potencia de 5,000 watts para ajustar la calidad de las fotos.

Para hacerle frente al reto recurrimos a nuestra nueva empresa Masterfot, que distribuía los modernos equipos fotográficos. Fue una idea y creación de Yolanda Peralta. Actualmente con gran esfuerzo y dedicación ha crecido, se ha se ha actualizado y es actualmente dirigida exitosamente por Juan Pedro Herrera egresado del IPADE.

Nos apoyamos en el cuádruple de equipo del que normalmente utilizamos para el trabajo cotidiano. Las tomas resultaron una experiencia muy interesante y agradable. Cómo olvidar al operador revelando de inmediato las fotos de aquel tamaño y sorprendernos con las imágenes obtenidas casi al momento de terminar las tomas. Polaroid tuvo una gran deferencia con nosotros, pues sólo presta la cámara que está en Estados Unidos a fotógrafos reconocidos, y aun a ellos únicamente les permite operar la cámara ahí mismo, en donde está el estudio Polaroid.

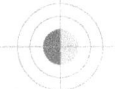

En aquel entonces, para distraernos un poco, integramos un grupo de amigos amantes de montar a caballo. Rodolfo Balmaceda, Rafael Guízar, Eduardo Vázquez, Sergio González y Rubén Ramírez, con nuestras respectivas familias, nos reuníamos los fines de semana en el rancho Las Erres y en Huexotla, Texcoco, propiedad de Eduardo, donde construimos unas cabañas, unas caballerizas y un ruedo con maderas y toriles para torear becerros.

Qué placenteros aquellos paseos a caballo por los cerros, atravesando riachuelos, viendo los amaneceres, desayunando quesadillas en los pueblos y tomando unos tequilas al finalizar la jornada. Lo máximo para mí fue montar a pelo mi cuaco, El Cuatro, y hacerlo velozmente a campo abierto, recibiendo el viento en el rostro, soltando la rienda y abriendo los brazos en cruz. Recuerdo también cómo ahí toreé felizmente con motivo de un festival organizado por la peña El Cuarto Tercio. ¡Qué momentos inolvidables! Aunque no los captó la cámara –costumbre arraigada para todos los momentos de mi vida–, los llevo escaneados en el alma y los conservo con una gran alegría.

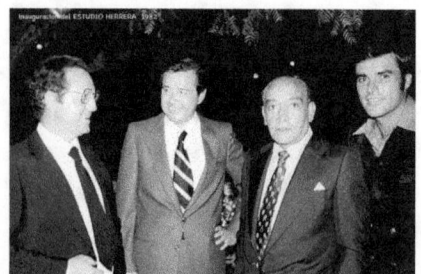

Olegario Vazquez, HH , Manuel Lourdes Camino y Curro Rivera, padrinos del Plató.

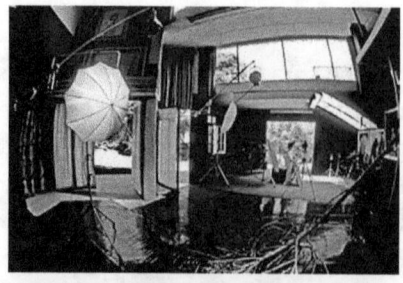

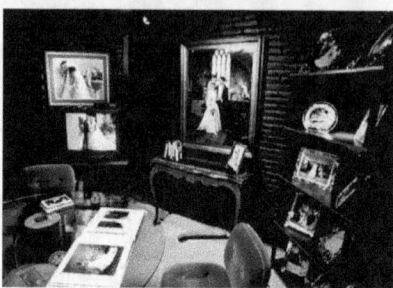

Plató, estudio en el Pedregal, 1984.

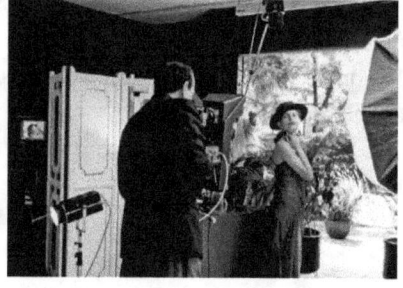

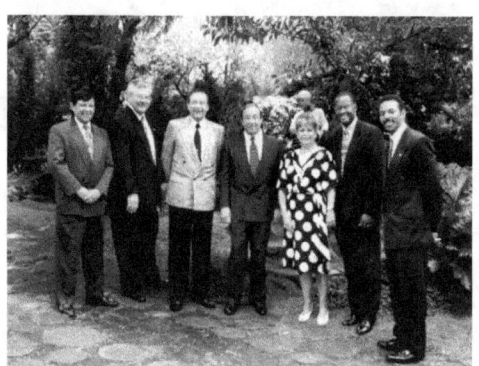

Visita al Plató de Richard Pignataro, Presidente de Eastman Kodak Company (Rochester). De izquierda a derecha: Mario Juárez, Jorge Pratt, HH, Richard Pignataro, Lanz Drumond y Shawn Marshal.

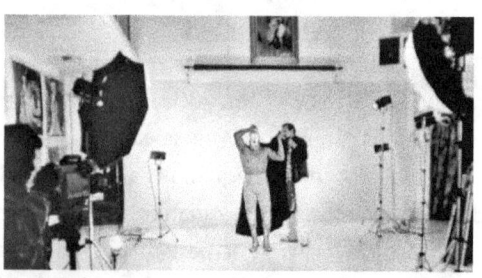

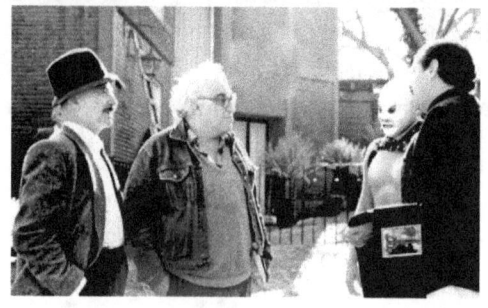

Carlitos, el apoderado, Carlos Monsiváis, El Santo y HH.

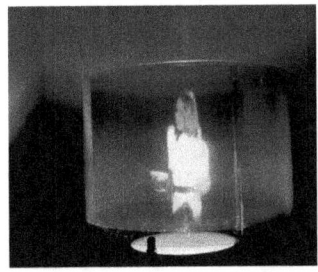

Primeros resultados
obtenidos en el campo de la
Holografía; no hubo
en México quien nos apoyara
en su realización.

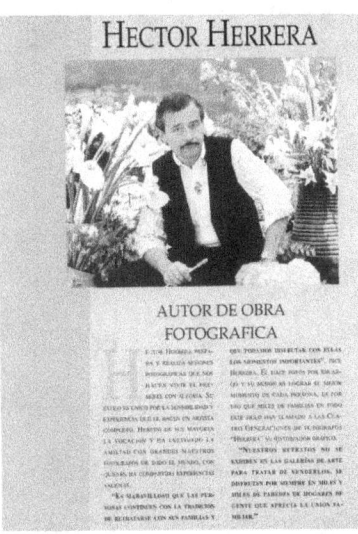

HECTOR HERRERA

AUTOR DE OBRA FOTOGRAFICA

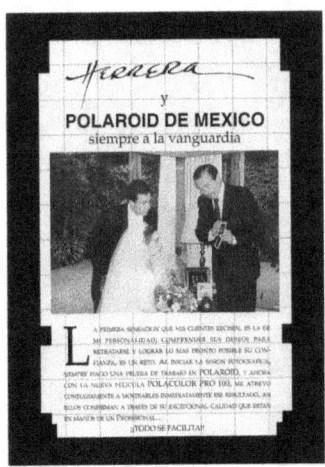

HERRERA y
POLAROID DE MEXICO
siempre a la vanguardia

"UN MINUTO SIN PAUSA"

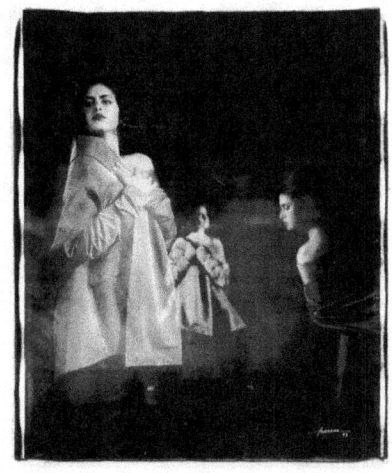

1) INICIO, SE ABRE EL LENTE QUE ESTARÁ EXPECTANTE DURANTE 60 SEGUNDOS. 2) SE PRODUCE EL PRIMER DISPARO DE FLASHES ELECTRÓNICOS DIRIGIDOS AL CENTRO DE LA FOTOGRAFÍA DONDE MARIÚ SAAD APARECE FUERA DE FOCO. 3) ELLA CAMINO LENTAMENTE HACIA LA DERECHA DEL OBSERVADOR, DONDE SE PRODUJO EL SEGUNDO DISPARO DE OTRO GRUPO DE FLASHES. 4) MARIU CRUZÓ LA ESCENA HASTA EL PRIMER PLANO, DONDE LUCE UNA DE SUS CARACTERÍSTICAS EXPRESIONES, ILUMINADA CON EL TERCER DISPARO DE REFLECTORES. 5) FIN DE LA EXPOSICION, SE CIERRA EL LENTE. 6) INMEDIATAMENTE SE REVELÓ EL POLAROID 20 x 24" EN OTRO MINUTO SIN PAUSA.

POLAROID 80° ISO, 50 x 60 CMS. EXPOSICION: LUZ AMBIENTE F22,
FLASHES BALCAR -190- 22000 W/SEG. LENTE 600 MM.

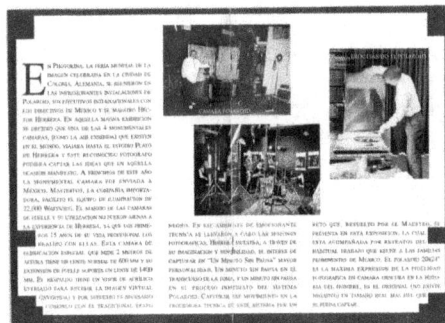

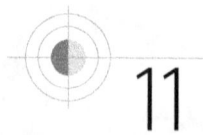

11

EL PRIMER RETRATO OFICIAL

En 1964 me contrató el primer director de Cinematografía del presidente Gustavo Díaz Ordaz para fotografiar la boda de su hija. Para entonces, con 30 años de edad, yo había labrado cierto prestigio profesional. Mi tío Carlos Ysunza logró varias asignaciones del nuevo gobierno. A través de él pude cubrir la toma de posesión de Díaz Ordaz desde un palco de la Cámara de Diputados. Terminado el acto seguí al auto descubierto en su trayecto hasta Palacio Nacional, bajo una lluvia de confeti y flores. Hice el recorrido a pie en unos 30 minutos, corriendo delante, junto y detrás del auto con una pesada cámara Speed Graphic de 4 x 5 pulgadas con *flash* integrado en la mano.

Una vez en Palacio Nacional, mi tío cubrió la ceremonia del "besamanos" y felicitaciones al Presidente. Alguien más tomó la foto oficial, aunque nunca supimos quién fue porque, en aquel entonces, el retrato no iba firmado por su autor. De hecho, simplemente se captaba el momento; no era una sesión fotográfica especialmente planeada.

En 1970 se dio a conocer que el candidato a la Presidencia por el partido oficial sería Luis Echeverría. Una vez electo éste, Mario y Olegario Vázquez Raña decidieron obsequiarle la foto oficial, junto con 300 ampliaciones hechas con la técnica –que yo había dado a conocer en México– de la emulsión fotográfica sobre lienzo, con lo cual tenía la apariencia de una pintura al óleo. La patente de esta técnica pertenecía a Gittings, que tenía un contrato de exclusividad conmigo y mi estudio. Los hermanos Vázquez Raña tomaron la decisión de contratarme a través de un amigo común, el ingeniero Francisco Torres Nieto. Firmamos un contrato e hicimos todos los preparativos para la toma. A Mario Vázquez Raña lo había conocido en el hotel Madrid de Sevilla; le acompañaba su madre. Nos identificamos como mexicanos por el rebozo que portaba mi esposa Yolanda. Él me mostró su Cadillac azul claro, modelo 1961, nuevecito, que había mandado reducir especialmente para que pudiera circular por Orense, Galicia, el pueblo donde nació.

Yo pensaba que, por fin, me había llegado la oportunidad. Tenía listo mi equipo fotográfico, pues en cualquier momento me llamarían. Suspendía diariamente mis compromisos y, como novia de pueblo, estaba pegado al teléfono.

El día de la toma de posesión me quedé esperando estacionado muy cerca de Palacio Nacional. Al día siguiente me reuní con los Vázquez Raña para buscar otra forma de hacer la foto oficial. Recurrí a Mario Moya Palencia, entonces secretario de Gobernación, y le expliqué: "Mario (Moya Palencia), te presento a Mario (Vázquez Raña). El señor presidente aceptó personalmente que ellos le obsequiarían la foto oficial, así como lo hicieron con la foto promocional de la campaña, pero resulta que ni el secretario particular ni el encargado de la oficina de la Presidencia nos reciben ni nos dan fecha para cumplir con la promesa." Moya Palencia tomó nota y prometió hacerle saber lo anterior a Echeverría. Tiempo después me comentó que el secretario particular le mostró la foto oficial que se había tomado, incluso pasando por alto el interés del propio presidente.

Todos nuestros esfuerzos, gastos y tiempo fueron en vano. Por segunda vez se me escapaba la oportunidad de hacer la foto oficial. Como resultado, yo incumplí el contrato celebrado con Gittings, Inc. y tuve que pagar una significativa multa por detener el laboratorio durante 15 días.

"La tercera es la vencida", me dije ese día de noviembre de 1976 después de recibir una llamada desde la casa de campaña de José López Portillo. Provenía del entonces director de Comunicación Social, un fotógrafo de prensa que había acompañado al ahora candidato electo en toda su campaña política. Pese a que yo venía recomendado por doña Cuquita, la hermana de López Portillo, ese señor me hizo esperar dos horas en su oficina, ubicada por los rumbos de Coyoacán. Ahí empezó una de las peores pesadillas que pueda sufrir un profesional. Padecí de primera mano la envidia, los celos y la venganza.

Resulta que esta persona hubiera querido tomar la foto oficial, pero como lo suyo no era el retrato, había "contratado" a dos fotógrafos semiprofesionales para hacerse cargo de ello. Siendo juez y parte, era evidente que él recibiría un "moche". Comenzó a complicarme la existencia y a impedir a toda costa que yo participara. Poco antes, el presidente electo había dado la orden: "Llame a Héctor Herrera; quiero que él me retrate". De ahí que no tuviera más remedio que tomarme en cuenta, aunque poniéndome todo tipo de obstáculos. "Mañana mismo haremos una visita a Palacio Nacional para conocer el lugar donde se llevará a cabo la sesión de fotos", me dijo durante la entrevista y me pidió muchas explicaciones técnicas. Hizo como si nunca hubiera escuchado hablar de los Herrera, a pesar de que yo estaba muy bien posicionado entre los fotógrafos de retratos en México. Más coraje le dieron mis respuestas, porque era obvio su desconocimiento de varios aspectos técnicos y de los últimos avances.

Según él, me llamaría por teléfono para indicarme la hora y el lugar exactos del *scouting*. Me retiré muy molesto por su actitud pero, a la vez, muy tranquilo porque, al fin y al cabo, ya estaba dentro. Sin embargo, nunca me llamó, aunque sí acudió con sus fotógrafos a la cita. Su secretaria me llamó después para pedirme una relación del equipo y del personal que me acompañaría ese 1° de diciembre. De inmediato le llevé personalmente lo solicitado, así como tres fotos para el gafete de identificación de mis asistentes. Pude hablar con el dichoso señor, quien me recriminó por no haberme presentado al *scouting*. "No soy adivino; usted no me avisó", fue mi respuesta. "Claro que mi secretaria dejó recado. La cita se realizó, pero usted no asistió. En este momento, uno de mis ayudantes lo llevará para que vea dónde se harán las tomas", alcanzó a decir. Y, efectivamente, fuimos a Palacio Nacional, pero estaba ya ocupado por el Estado Mayor, así que no pude entrar. Mi supuesto contratante sabía perfectamente que eso iba a pasar, pero lo ocultó para fastidiarme. Ese 30 de noviembre, yo tenía todo listo; me acompañarían dos asistentes y un técnico de laboratorio que haría el revelado y la impresión de las fotos.

Asistí a una comida privada que ofreció el presidente de la Cámara de la Industria Editorial, mi tío Ángel González Avelar, a la esposa de Moya Palencia, secretario de Gobernación aún en funciones. El lujoso restaurante Les Moustaches, de Luis Gálvez, estaba en la calle de Niza, frente a mi estudio de Paseo de la Reforma. Casi para finalizar la comida, mi asistente llegó con un mensaje urgente: "De parte del director de Comunicación Social, que si no lleva su equipo fotográfico hoy antes de las seis de la tarde, no tendrá opción de llevarlo mañana y no podrá tomar la foto". Eran las 4:15 de la tarde. No supe qué hacer. Pensé: "Aunque el equipo ya está listo, ¿cómo llego a Palacio en una hora? Y no tengo el gafete de identificación para entrar".

Yo conocía de tiempo atrás a la esposa del secretario de Gobernación por ser amiga de Yolanda y su compañera en la escuela Helena Herlihy Hall. Me disculpé con ella y le dije que debía retirarme urgentemente porque tenía que solucionar un problema grave. "¿Qué pasa?", me preguntó. Le expliqué a grandes rasgos, y ella confirmó que todo era un plan para impedir que yo tomara la foto. "Héctor, en este momento le llamo a mi esposo. Todavía es el secretario de Gobernación y tiene todas las facilidades para ayudarte." Acto seguido llamó a su escolta: "Lleven al maestro Herrera en mi camioneta a su estudio para recoger el equipo. De ahí lo acompañan hasta el interior de Palacio Nacional, donde le esperan antes de las seis".

Salí como de rayo (creo que ni las gracias di). Llegamos a Palacio, dejé mi equipo con el personal militar en turno y regresé al estudio para de ahí dirigirme a Coyoacán a recoger los gafetes de identificación que, por supuesto, todavía no estaban listos. Para variar, el infausto hombre me hizo esperar. Por fin, llegó hasta mí: "Aquí están sus gafetes y el tarjetón para el auto. Tiene que estar a las ocho de la mañana, pues más tarde no entra. Ah, y sólo pude conseguirle dos gafetes, uno para usted y el otro para un asistente. "Carajo, esto no puede ser", dije para mis adentros, y luego me dirigí a él: "Oiga, nosotros somos cuatro. El equipo es grande y pesado". Su respuesta: "Pues ése es asunto suyo; yo cumplo con lo que se puede".

Obviamente, esa noche no dormí. Avisé como pude tanto a mi amigo Mario Peynetti, propietario del laboratorio Customcolor, como al otro asistente que era imposible llevarlos conmigo. Al día siguiente, mi asistente Julito y yo cruzamos, a bordo de mi camioneta Gremlin, la puerta de la Secretaría de Hacienda, donde está el museo dedicado a Benito Juárez. Ahí me estacioné.

En aquel entonces todavía usábamos cámara portátil de 8 x 10 pulgadas, con negativos de color en chasis para 5 x 7 pulgadas. Los reflectores eran de tungsteno de 750 y 500 watts (no *flash*). Por tanto, yo llevaría seis luces, más la cámara, tripiés y demás accesorios y extensiones de cable.

Con grandes trabajos subimos el pesado equipo por el elevador del Patio de Honor. Nuestro "amigo" nos entoriló en el salón comedor, junto al Salón Turco contiguo al despacho presidencial. Ahí estábamos a las 8:30 a.m., arrinconados y aparentemente olvidados del programa oficial. ¡Pero ya estábamos adentro, lo cual parecía casi imposible! A las diez de la mañana, el presidente llegó a su despacho y se colocó la banda presidencial para dirigirse a la Cámara de Diputados, donde se llevaría a cabo la toma de protesta como jefe de Estado.

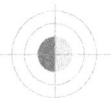

Previendo la larga espera, llevé un pequeño refrigerio, un periódico y un radio portátil para escuchar el discurso de López Portillo frente al Congreso de la Unión y toda la nación. Me conmovió el tono dramático y el énfasis en la gente más pobre del país. Para entretenerme fui tomando notas de lo que me parecía más relevante. En una pequeña tarjeta anoté unas diez frases que, en mi opinión, eran las más significativas.

Al término de la ceremonia, alrededor de las doce horas, el presidente se dirigió nuevamente a Palacio Nacional para presenciar desde el palco de honor un gran desfile militar. Al acto se unieron los miembros del gabinete, luego de lo cual él abordó su automóvil convertible para recorrer las calles del centro de la ciudad de México. De nuevo en Palacio, cerca de las dos de la tarde, una larga e interminable fila de personalidades de los sectores público y privado le esperaban para saludarle, felicitarle y "hacerse presentes". Una hora después, López Portillo pasó a la sala de juntas, donde le esperaba el primer fotógrafo. Supongo que tomó las fotos, pero no estoy seguro. De ahí, el presidente pasó a su despacho en el salón contiguo, donde un segundo fotógrafo –conocido mío pues era empleado del departamento profesional de Kodak– hizo lo propio.

Gracias a este último pude enterarme que nuestro dizque amigo le dijo al presidente que ahí terminaba la agenda. López Portillo preguntó: "¿Dónde está el maestro Herrera? ¿Por qué no vino?" La respuesta fue: "Bueno, él tiene su equipo aquí junto, en el comedor, pero el tiempo apremia y debemos irnos al banquete que se servirá en su honor". El mandatario le ordenó: "¡Vamos, llévame donde está él, quiero que me retrate!" Al nefasto personaje no le quedó más remedio que acatar la orden y dirigirse con su jefe hasta donde yo me encontraba.

Yo había previsto hacer las tomas junto a la ventana de un balcón (una pared de madera lisa) donde había una mesa con cubierta de mármol. Esperaba la oportunidad de pasar con mi equipo al despacho presidencial para hacer mi trabajo, pero eso no estaba considerado por mi enemigo. De repente apareció un oficial del Estado Mayor para indicarme: "Esté usted listo, ya llega el señor presidente". ¡Qué momento tan esperado pero tan inconveniente! No me dio tiempo de nada. En eso entró López Portillo y se dirigió a mí de inmediato "¿Es usted el maestro Herrera? ¿Dónde quiere que me siente?". En ese momento supe que todas las fotos las habían tomado con él sentado. "Señor presidente –le dije–, pase usted por acá. Yo creo que nuestro líder debe estar siempre alerta, de pie." Su respuesta no pudo ser mejor: "¡Muy bien! Usted dirá".

Durante varios días y varias noches me había imaginado el momento de estar frente a él, pero ¿qué diálogo se puede establecer con una personalidad así?, ¿de qué hablar?, ¿con qué tema iniciar? Por fortuna, horas antes me vino la inspiración mientras tomaba notas del discurso. Decidí escribir unas siete preguntas. Lo primero que le dije fue: "Gracias, señor, por la oportunidad de retratarlo. Le voy a pedir que me permita hacerle unas preguntas, pero deseo que me las conteste con su actitud corporal y su expresión facial". Todos los presentes se quedaron sorprendidos. El presidente dijo en voz muy alta dirigiéndose a mi "amigo" de Comunicación Social: "Ramón, de hoy en adelante quiero que las entrevistas me las hagan como ésta del maestro Herrera". Hubo risas, sonrisas y sorpresa. Ese comentario propició un ambiente tranquilo y amistoso.

"Señor presidente, ¿con qué decisión y fuerza apoyará a las clases más necesitadas?", pregunté. Como respuesta, López Portillo irguió su figura de pie en posición de tres cuartos, depositó con firmeza su puño derecho sobre el mármol de la mesa e hizo una expresión decisiva de seguridad y confianza. Esta foto hecha en ese momento tan especial, donde coincidieron tantos elementos políticos, sociales y profesionales, resultó uno de los dos retratos oficiales, ya que, por supuesto, el tal Ramón impuso otro donde el presidente está sentado en la silla presidencial que se me negó. Por cierto, esta última foto fue conocida como de las cuatro águilas: la primera es la de bronce, sobre el respaldo de la gran silla; la segunda es la que está bordada en la tela del respaldo; la tercera es la de hilo de oro que aparece en la banda tricolor sobre el pecho, y la cuarta "águila" es la que usamos en México con doble sentido para identificar a una persona muy lista, que aprovecha para sí misma las oportunidades.

En la corta sesión pude realizar varias tomas, inclusive una con el presidente sentado en una de las sillas disponibles y otra de perfil, como es mi costumbre para reflejar el "perfil" –el carácter– de cada personaje. En una posición se apreciaba el Rolex de oro que López Portillo portaba en su muñeca izquierda; le sugerí quitárselo, a lo que él accedió de inmediato. Casi para finalizar le dije: "Señor presidente, nuestro amigo Ramón desea que le tome una foto con él", y procedí a hacer esa toma ante la sorpresa de este último.

Uno de los integrantes de la comitiva presidencial tropezó con un cable de un reflector elevado a más de dos metros que se precipitó sobre la cabeza de López Portillo. Casi milagrosamente alcancé a sostenerlo con el brazo derecho e impedí un lamentable accidente.

Empezamos a recoger el equipo y, con la ayuda de elementos militares, lo llevamos al auto. De Palacio Nacional nos dirigimos inmediatamente a la calle de José de Teresa, en San Ángel, donde se encontraba el laboratorio de mi amigo Mario. Llegamos después de las seis de la tarde con una inquietud enorme por saber que traíamos los negativos, la joya más preciada.

Mario, un técnico muy capaz, me estaba esperando con la máquina de revelado y la amplificadora listas para hacer las pruebas. Inició el proceso mientras nuestros nervios parecían estallar por la impaciencia. A los pocos minutos nos gritó desde el interior del cuarto oscuro: "¡Se ven, se ven bien!". Cuando las condiciones le permitieron encender la luz, entramos al cuarto, vimos los negativos colgados para el secado y constatamos que, efectivamente, las placas estaban en foco y la exposición era la correcta. Julito y yo permanecimos varias horas acompañando a Mario y vigilando el proceso.

Posteriormente, con las placas ya secas, Polo y su esposa, quienes trabajaban con mi padre Armando y eran personas de mi total confianza, procedieron a dar muestras de su gran oficio en el retoque de negativos. Con la punta larga y afilada de sus lápices iniciaron el delicado y artístico trabajo de acariciar la emulsión de las placas para suavizar los contornos de las luces altas, para corregir los defectos que el lente de la cámara capta, para modelar el rostro con suavidad, cual si fuera un maquillaje mágico. ¡Un arte maravilloso!

Le pedí a Peynetti que, de cada una de las ocho poses elegidas, hiciera tres ampliaciones de 16 x 20 pulgadas (40 x 50 centímetros). Sin saberlo, estaba preparando la llave maestra para abrir las puertas del éxito. Las fotos quedaron listas, ya montadas en cartulina, como a las tres de la mañana. ¡Yo las veía espléndidas!

Después de agradecerle a mi amigo su gran colaboración, me dirigí a mi casa. Mi familia me esperaba dormitando en la sala para ver los resultados. Por supuesto, yo les había contagiado toda mi emoción por la gran oportunidad y el honor de hacer la foto oficial. Coloqué las fotos sobre los sillones y, con todas las luces encendidas, mi esposa y mis hijos quedaron gratamente sorprendidos frente a lo que vieron. Catalina y Héctor Armando, mis hijos mayores, acababan de regresar de sus primeros cursos de fotografía en la escuela Winona, de la Professionals Photographers of America, así que vieron las imágenes con ojos mejor entrenados. Un par de horas de sueño fueron el final de ese día inolvidable.

Hasta ahora ignoro cómo se me ocurrió hacer tres copias de cada pose, pero ¡qué bueno que así fue! El dichoso secretario me dijo que le llevara las fotos a la residencia oficial de Los Pinos a más tardar a las diez de la mañana del día siguiente, pues el presidente haría la selección del retrato oficial. Sin embargo, mi intuición me dictó que le llevara una de las tres series a su hermana, como una deferencia hacia ella y un gesto de agradecimiento por haberme recomendado. Mucho antes de las diez dejé las imágenes en la casa de la familia López Portillo, ubicada en Coyoacán, no sin antes encargarle al oficial que las recibió que las entregara de inmediato a doña Cuquita. Después llevé la otra serie a la oficina indicada por Ramón, y la tercera la llevé a mi estudio, en pleno Paseo de la Reforma, para exhibir las fotos en la vitrina.

Estaba en mi oficina totalmente exhausto después de todos esos días de gran tensión. Tenía que esperar los resultados, cuando menos una llamada telefónica de Ramón o alguno de sus ayudantes. Fue hasta las cinco de la tarde que sonó el teléfono. Hubo muchísimas llamadas ese día, pero eran de amigos y familiares interesados en saber si yo había podido tomar "la" foto. "Le llaman de parte de la señora Cuquita; quieren hablar urgentemente con usted", explicó mi secretaria. En medio de la tensión escuché a un oficial asegurándose de que hablaba conmigo para luego percibir una voz femenina: "Señor Herrera, tengo varias cosas que contarle, pero primero quiero darle las gracias por las fotos que me envió y felicitarlo. Quiero platicarle que hoy por la mañana, mi hermano Pepe, el señor Presidente, llegó a su oficina y tuvo su primera audiencia con los encargados de este asunto de la foto oficial. En una sala especial le mostraron las tomas de los otros dos fotógrafos. Mi hermano las vio y notó que faltaban las de usted, así que preguntó por ellas. Le explicaron que usted no se había presentado y no las había entregado todavía porque, al parecer, tuvo problemas. "¡Qué extraño!" habría dicho el presidente. "Búsquenlas y, si no, ¡yo traigo aquí las mías!", propuso la hermana.

Doña Cuquita continuó su relato: durante el desayuno de ese mismo día le mostró las fotos que yo había enviado. Le encantaron, especialmente donde luce de pie con el puño sobre la mesa. Ordenó que se las pusieran en el auto y las llevaran a su oficina. Así es que el tal Ramón no tuvo más remedio que sacar las fotos, que ni siquiera él había visto, y mintió:

–Señor, acaban de traerlas.

–Esta es la foto que quiero. ¡Esta es la foto oficial!

–Pero, señor, necesitamos la foto en la silla.

–Pues entonces tendremos dos fotos oficiales.

Y, en efecto, circularon ambas, aunque a todo mundo le gustó más la nuestra.

Por la noche, Ramón me citó para platicarme un cuento increíble. Dijo que a él le había gustado mucho mi foto y que me ordenaría –"como un favor"– una cantidad significativa de copias. Hicimos un buen número de reproducciones, que fuimos entregando semanalmente. Como inspección final, firmé una por una. Sin embargo, no tardó en llegar la siguiente sorpresa, la siguiente traba del secretario de Prensa. Rechazó la primera entrega de 500 copias argumentando que no podían venir con mi firma. Yo estaba fiscalmente registrado como autor de obra fotográfica y, como tal, tenía derecho a firmarlas. Después de varios alegatos y el apoyo de mis abogados, Gabriel Larrea y José Luis Caballero, logramos que por primera vez se reconocieran las obras fotográficas firmadas por su autor.

Toda esta serie de patrañas, aunadas a otras muchas que se descubrieron posteriormente, hicieron que el Presidente retirara de su cargo al tal secretario de Prensa. Pero la odisea no terminó ahí. Semanas después de la "renuncia" del funcionario, y luego de haber repartido muchísimas copias a todas las entidades federativas, yo seguía sin cobrar. Pasaron meses para que lo lograra y, a pesar del apoyo de proveedores y amigos, mi situación financiera era gravísima. Tuvimos que hipotecar nuestra casa para hacerle frente a la economía familiar.

Claro que, a cambio de ello, el prestigio de la firma Herrera se fue a las nubes. Desde entonces retratamos a secretarios de Estado, gobernadores y legisladores, junto con personalidades de otros sectores.

Pese a todos los tropiezos, puedo decir ahora con gran satisfacción que ese 1° de diciembre de 1976 me convertí en el primer fotógrafo en hacer la foto oficial firmada y cobrada por derechos de autor. Ese suceso marcó el inicio de una trayectoria de casi 40 años llena de grandes momentos, de grandes oportunidades, y al mismo tiempo, de mucha disciplina y mucho esfuerzo.

Meses después hablé con Alicia López Portillo, la otra hermana del presidente, quien era también su secretaria privada. Le pedí que su hermano nos recibiera para que firmara la foto. Me dijo que sí y que, según le había dicho el propio mandatario, no fuera yo solo, sino que me hiciera acompañar de mi esposa y mis hijos. En una visita familiar a Los Pinos, el mandatario accedió a autografiarme la foto oficial: "Al autor, del actor, con afecto y agradecimiento", y ordenó a su fotógrafo retratarlo con cada uno de nosotros.

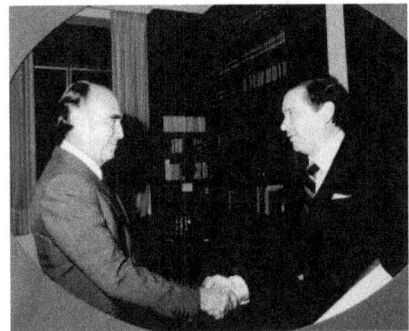

Saludo del Presidente
José López Portillo a Héctor Herrera.

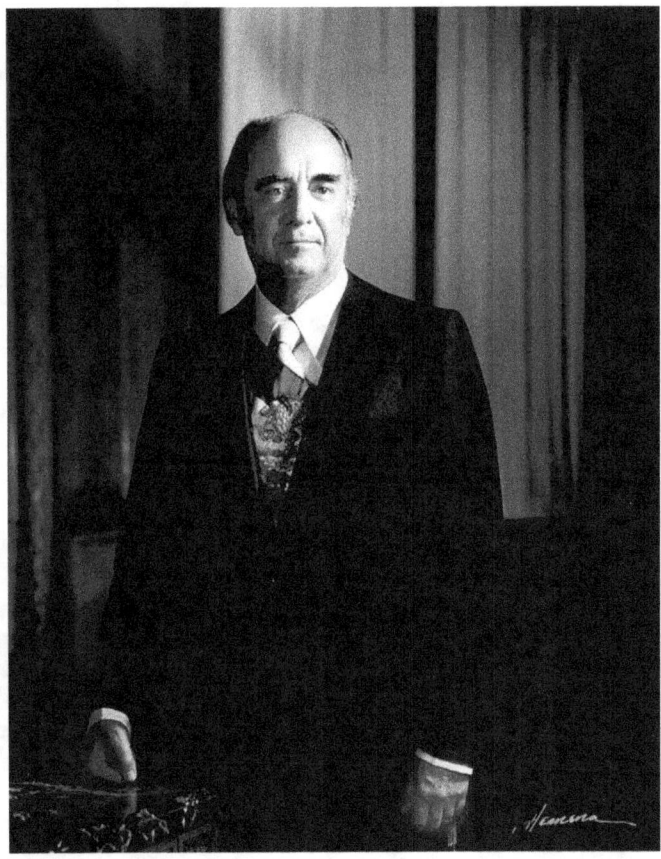

Foto Oficial, 1976.

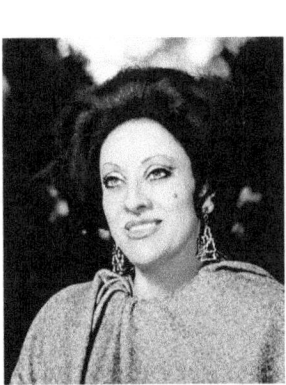

Carmen Romano
de López Portillo.

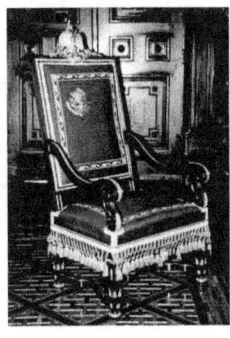

La Silla Presidencial.

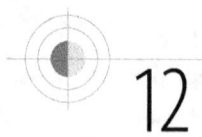

12

LA VISITA PAPAL

En enero de 1979, a mediados del sexenio de José López Portillo, recibí la propuesta profesional más importante de mi vida
y, también, la más satisfactoria hasta la fecha: retratar a su
Santidad Juan Pablo II. En lo personal, la experiencia resultó
completamente maravillosa.

La expectación por la visita del Papa a México superó, sin duda, a la de cualquier otra personalidad que vino a México en el siglo XX, incluso al propio presidente John F. Kennedy en 1962.

En todo el país se hablaba con gran entusiasmo de la visita papal. En la capital se puso especial esmero a los trabajos de limpieza y remodelación de todos aquellos lugares donde se llevarían a cabo actos religiosos y visitas especiales. En suma, el ambiente era de movilización y júbilo.

Dos semanas antes del arribo del Papa recibí la llamada de mi amigo el sacerdote Ignacio Díaz de León, Misionero del Espíritu Santo:

—Héctor, te llamo para compartirte mi alegría: acaban de nombrarme coordinador del grupo ecuménico que reúne a varias religiones. Yo seré el representante de la Iglesia católica y estoy preparando el programa de nuestro encuentro con Su Santidad. Quiero pedirte que hagas la foto oficial de ese encuentro. El próximo viernes nos vamos a reunir en la Nunciatura Apostólica a las nueve de la mañana. Necesito tu presencia para organizarnos. ¿Qué te parece?

¬—¡Sensacional! Por supuesto que ahí estaré, y te agradezco la deferencia. No sé qué más decirte; me quedo gratamente sorprendido e ilusionado.

—Bien, Héctor, ahí nos veremos. Daré tu nombre en la entrada de la residencia para que puedas entrar. Ya formas parte del grupo.

Al colgar el teléfono me quedé inmovilizado. Hasta entonces, yo era uno más entre millones de mexicanos que seguían las noticias para conocer los recorridos del Papa, desde el aeropuerto a su llegada al país hasta el día de su partida. Pero esa llamada cambió todo.

En aquella reunión inicial quedó claro que coordinar la logística del encuentro no era fácil. Sin embargo, todos los participantes —católicos, protestantes, judíos, ortodoxos, musulmanes, para un total de más de 20 representantes— colaboraron de una manera muy positiva.

El programa y la cita para la audiencia privada quedaron establecidos como estaba previsto con el Nuncio Apostólico. Sería el domingo 28 de enero en el Seminario Palafoxiano de la ciudad de Puebla, después de la misa que el Papa oficiaría en los campos que rodean los edificios de la Universidad Católica.

Para llegar a la ciudad de Puebla a tiempo debíamos reunirnos en la sede del Vaticano en la ciudad de México a las dos de la mañana. Era necesario hacerlo así, pues la carretera estaría totalmente llena de autos. Todos los participantes partimos en un autobús especial, pero, desafortunadamente, la supercarretera estaba cerrada por las autoridades, que finalmente tomaron la decisión de desviar el tránsito por la carretera federal, muy angosta y de doble sentido. El paso resultó tan lento que el tiempo normal para llegar hasta la capital poblana se quintuplicó. A las ocho de mañana arribamos hasta ahí para ingresar de inmediato al lugar de la ceremonia, que iniciaría a las once.

Para el retrato, según se me explicó, el Papa debía lucir toda su indumentaria y ornatos que lo identificaban como tal, es decir, la casulla verde, la mitra en la cabeza, el anillo papal, el alfiler del cuello, el báculo en la mano. Pero, además, se necesitaba que el fondo de la foto fuera liso y de color blanco. "Muy fácil –bromeé–, traigan al Papa a mi estudio y ahí logramos todo lo que ustedes me piden. La ocurrencia hizo reír a la concurrencia, aunque yo seguía preocupado por las complicaciones que planteaba la dichosa foto.

Acto seguido se habló del posible escenario en el que yo debería actuar. El Papa saldría del primer piso en la parte frontal del edificio y caminaría por un corredor hasta el altar colocado en la parte trasera. La pared lateral del corredor, con menos de dos metros de ancho, se recubrió con aproximadamente 20 metros de tela blanca. El escenario quedó preparado con antelación, pero persistía otro problema: ¿desde dónde tomaría las fotos si ese corredor, con un barandal de hierro, desembocaba a un gigantesco espacio campal con capacidad para un millón de personas?

La solución consistió en disponer de un montacargas que se desplazaría sobre el nivel de la planta baja, paralelamente al recorrido previsto en la planta alta. Yo me subiría sobre la plataforma del vehículo, levantada a su máximo nivel, de manera que me colocaría frente al Papa, quien, acompañado de dos sacerdotes y el ceremoniero, tendría la vista puesta en la concurrencia.

Con nuestra logística bien programada, faltaba ver cómo evitaríamos a los periodistas gráficos que querrían tomar también esa foto. No había espacio para ello; con trabajos lo había para mí. Claro que nadie sabía lo que estábamos preparando. Sólo estaban al tanto las personas del seminario y el chofer del montacargas, quien de hecho hizo un par de recorridos de prueba para calcular la velocidad.

Es muy difícil tratar de explicar la atmósfera. La expectación que causaba Juan Pablo II era inenarrable. Yo tenía sobre mis hombros una responsabilidad tremenda, a la que se sumaron todos los inconvenientes que había provocado con toda mi parafernalia. Aunque con pocas horas de sueño por los nervios y sin mis asistentes habituales, estaba en alerta con mi equipo fotográfico preparado y respondiendo a toda las preguntas de los encargados de seguridad –seglares y militares–, cuya confianza finalmente me gané.

Me subieron al montacargas un minuto antes de que el Papa hiciera su aparición por la puertecilla que daba acceso al corredor del primer piso. Acto seguido me puse de pie sobre esa plataforma sin barandal para que me elevaran por completo. Las piernas me temblaban y, además, el equipo pesaba bastante. Montadas sobre un dispositivo improvisado ex profeso, traía mis dos cámaras Canon de 35 milímetros, conectadas al motor, una con lente normal y la otra con telefoto, más sus respectivos *flashes* y la película de color. Más me valía conservar la calma, dominar la tensión, para evitar cualquier vibración, pues no llevaba tripié (era imposible en esas circunstancias).

Sabía por experiencia que la concentración absoluta del momento, la seguridad en mí mismo y la confianza en el equipo fotográfico eran los secretos para lograr las imágenes planeadas. Al aparecer Juan Pablo II comencé a dominar la situación. A mis espaldas escuché los gritos, aplausos y vivas de los emocionados asistentes. Aguanté la respiración mientras iniciaba el recorrido, tanto del Papa en el primer piso como del montacargas en la planta baja. Por lo visto, Su Santidad no esperaba tal recibimiento. Aquellas muestras de alegría fueron motivando en él una expresión singular: una sonrisa de felicidad se combinaba con un deseo incontrolable de llorar de entusiasmo. Fueron sólo 20 segundos, que yo conté en silencio mientras accionaba el motor de ambas cámaras, enfocando el cuerpo y el rostro del Papa, hasta que él subió al improvisado altar, desde donde escuchaba las bandas de música, el sonido local, algunas matracas y la gran ovación que se prolongaría durante varios minutos.

Había terminado la sesión de fotos más corta de mi vida profesional. Me bajé como pude de aquella plataforma y, ya en suelo firme, noté que había mucha agua en mis manos, sobre las cámaras y sobre las solapas de mi traje azul oscuro. Esto me sorprendió y me asustó, pues no había razón para ello. Lo primero que pensé es que alguien había arrojado agua desde lo alto del edificio. Pero no, ahí no había nadie. Entonces comprendí que todo aquel líquido eran mis lágrimas y mi sudor. Es como si todo mi cuerpo llorara de emoción. Con toda mi mente concentrada en esa misión, estuve como fuera de mí mismo.

Las fotos resultaron extraordinariamente buenas, superaron lo previsto. Las expresiones del Papa eran maravillosas. Yo creo que, al igual que todos los asistentes, él también estaba fuera de sí.

Por la tarde, Juan Pablo II recibió en audiencia especial a los representantes de todas las Iglesias presentes en nuestro país: católicos, protestantes, ortodoxos, judíos, musulmanes. A cada uno lo retraté en el momento en que Su Santidad entregaba un regalo y finalicé con una foto del grupo.

El fotógrafo oficial de El Vaticano me felicitó por la "puntada" de treparme en el "tractor", como él lo identificó, y algunos meses después me envió unas fotos que él mismo me tomó durante la sesión que hicimos aquella tarde.

Los fotógrafos de prensa y los fotógrafos del arte por el arte, como les gusta llamarse, fueron los primeros que empezaron a hacerse autores de obra fotográfica. Pero los fotógrafos profesionales, de estudio, hemos tenido que luchar mucho para lograrlo.

S.S. Juan Pablo II con sus ornatos completos: tiara, anillo, alfiler, y báculo en mano.

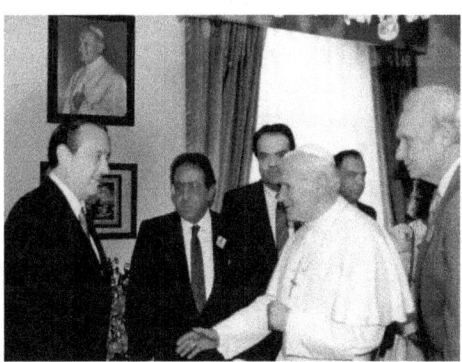

Salutación en la Sede del Vaticano en la Ciudad de México, 1992.

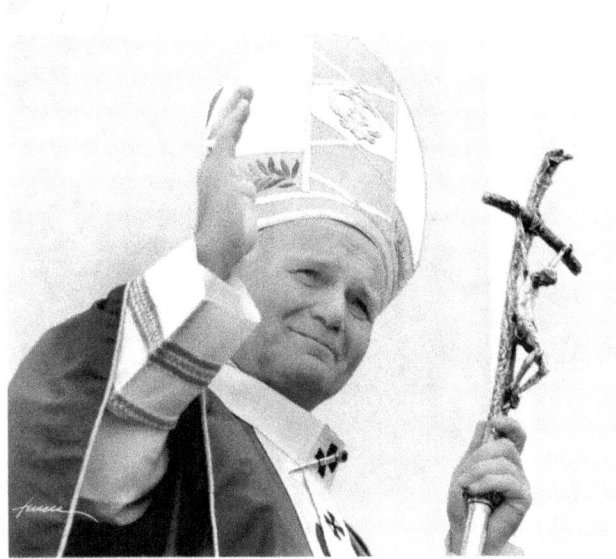

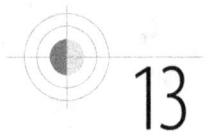

13

REGRESO A PALACIO NACIONAL

Después del retrato oficial de José López Portillo continué con mi carrera de fotógrafo de familias, incluidas las bodas más importantes de aquella época. Al igual que ahora, en ese entonces se acostumbraba el "borrón y cuenta nueva" sexenal; es decir, con el cambio de gobierno venía también el cambio de equipo de trabajo. Por lo tanto, me olvidé de la foto presidencial y seguí en lo mío.

Sin embargo, durante el sexenio lopezportillista me solicitaron retratar a Miguel de la Madrid Hurtado, entonces secretario de Programación y Presupuesto. Ahí conocí a Alfonso Muñoz de Cote, su secretario particular y gran aficionado a los toros. "Preséntame a tu compadre Curro", me pidió, a lo que accedí organizando una cena en casa con un grupo taurino. Invitamos también a un asistente güerito y bigotón que siempre me atendía muy amablemente. Se trataba de Emilio Gamboa, a la postre secretario particular de De la Madrid.

En 1982, a un mes del cambio de gobierno, asistí a una boda en el Campo Marte; un primo mío se casaba con la hija del secretario de Salud. Gamboa llegó a saludar y, cuando me vio, me preguntó:

–¿Quién va a retratar al señor presidente?

–Pues yo. ¿Quién más? –contesté rápidamente.

–¿Y por qué no has ido a verme?

–Porque no me han llamado.

–Te espero el lunes en Coyoacán.

También me solicitó que fotografiara primero a Paloma Cordero, la futura primera dama, que en aquel entonces, en su calidad de presidenta del DIF, tenía también su foto oficial.

Llegado el momento, la señora De la Madrid tuvo la delicadeza de preguntarme: "Maestro Herrera, dígame usted dónde debo ir, qué quiere que haga". "Señora, acabo de inaugurar mi estudio en Jardines del Pedregal. Podemos hacerla ahí", le expliqué. La señora acudió al estudio acompañada de su chofer y un asistente. Durante la sesión se mostró muy abierta y muy cooperadora. Las fotos salieron muy bien y fueron una especie de pasaporte para el retrato que habría de hacerle a su esposo el día de la toma de posesión.

El 1º de diciembre estaban los hijos, la esposa, la abuelita, la tía, las primas… Fue una sesión "a la italiana", con todo el calor de la familia, lo cual generó un ambiente menos oficial, menos tenso.

La primera toma la pensé mucho. Al igual que su antecesor, De la Madrid luce nuevamente de pie detrás de su escritorio y con los puños cerrados sobre la superficie, a fin de reflejar la grandeza del despacho presidencial. Su expresión es adusta, seria, mientras que su actitud refleja determinación. Sin embargo, al equipo de Comunicación Social le pareció una imagen demasiado dura, por lo que optó finalmente por la foto del mandatario sentado en la silla presidencial Juan Pedro se unió al equipo, del que Héctor Armando formaba parte también. Continuamos en el sexenio retratando al gabinete (legal y ampliado) y a los gobernadores de los estados. Asimismo, como una asignación especial, fotografiamos al presidente y su esposa en la escalera de la Casa Miguel Alemán de Los Pinos, y también hicimos las fotos de la boda de Margarita, su hija, en las habitaciones privadas de dicha casa.

Aun cuando la época era económicamente muy complicada, a mí me fue bastante bien. El hecho de ser el fotógrafo oficial me fue colocando en un nivel muy destacado. Mucha gente quería que yo la retratara. Además, el estudio del Pedregal –o la "Casa Morada", como le llamaba Paquita Vázquez por el color de la fachada– fue un baluarte profesional que me ayudó a conseguir clientes muy importantes.

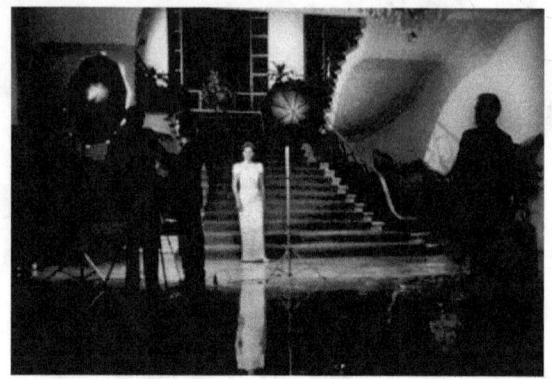

Sesión en Los Pinos de los esposos
De La Madrid Cordero.

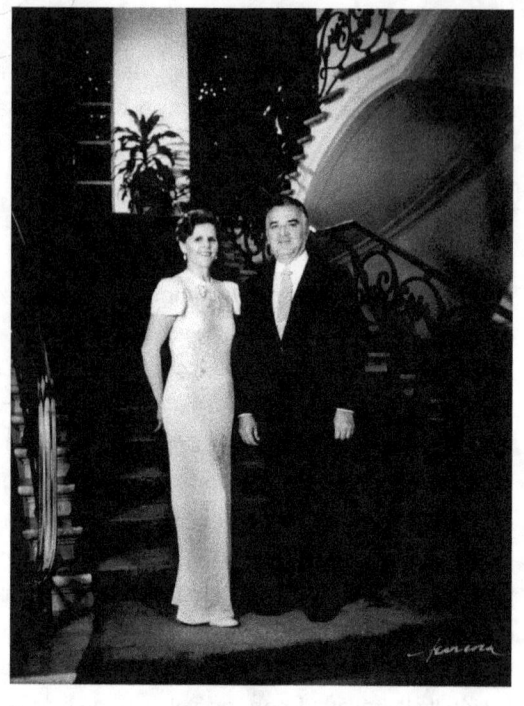

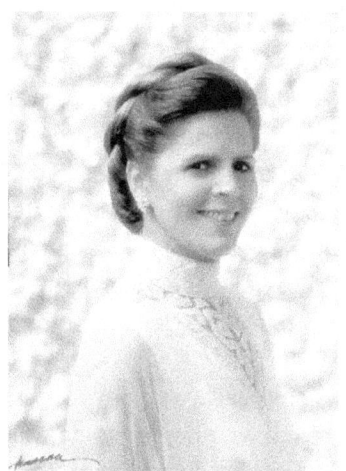

Paloma Cordero de De La Madrid.

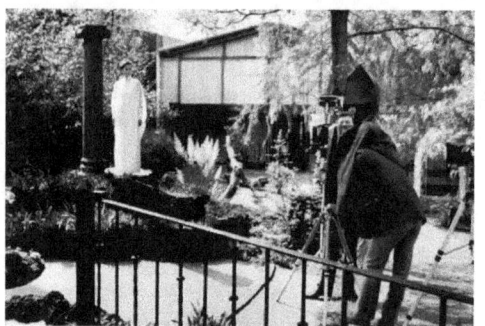

La Primera Dama del país durante
la sesión de fotos en el Pedregal .

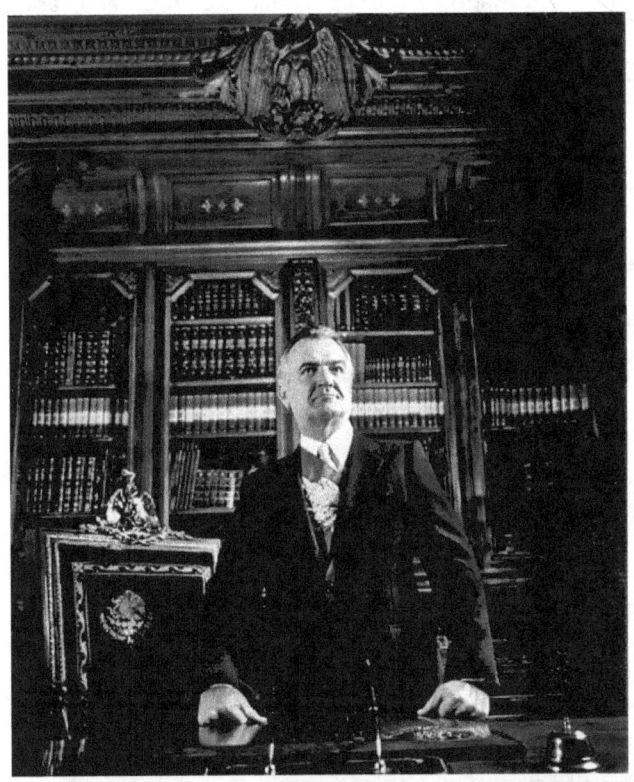

Presidente Miguel de la
Madrid. Sesión fotográfica
en Palacio Nacional

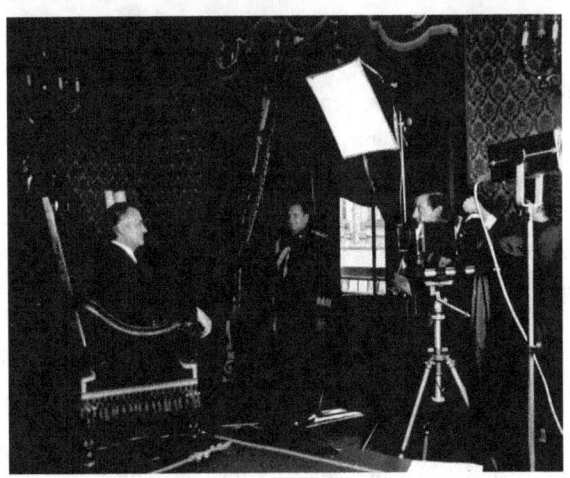

Retrato Oficial del Presidente
Miguel de la Madrid.

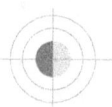

Bien dicen que la suerte existe, pero tiene que encontrarte trabajando. Gracias a ello, la historia se repitió: durante el gobierno de De la Madrid tuve la oportunidad de retratar a Carlos Salinas de Gortari, entonces secretario de Programación y Presupuesto.

A punto de iniciar el siguiente sexenio, el equipo de transición designó a un fotógrafo para hacer el retrato oficial el día de la toma de posesión. De inmediato le presentaron las pruebas a Salinas, pero a él no le gustaron. "¿Por qué no trajiste a Herrera?", le preguntó al licenciado Otto Granados, director de Comunicación Social. "Llámale y dile que quiero que él me retrate." Así fue. Hacia el 15 de diciembre, Granados me llamó para transmitirme la solicitud presidencial y, además, preguntarme qué necesitaba para la sesión. Le envié un documento donde explicaba la logística; ante todo, requería una hora del tiempo del presidente, lo cual era bastante inusual (normalmente, al retrato se le destinan unos diez minutos). También pedía que hubiera dos trajes disponibles, uno negro y otro gris oscuro; que las mangas de la camisa estuvieran muy bien planchadas; que la banda presidencial estuviera muy bien ajustada, y que nos acompañara la maquillista Elvia Romero, con quien yo ya había trabajado. Amablemente, Otto accedió a mi petición. Luego supe que, acucioso, el presidente Salinas había leído personalmente el documento y que sugirió hacer unas pruebas con otra persona. Las realicé en el despacho presidencial con uno de sus colaboradores, cuya fisonomía era similar a la de él. Aún conservo la tarjeta que se colocó sobre su escritorio y en la cual quedaba claro que mi propuesta había sido aceptada: "Cita con HH para foto oficial de 11 a 12". Por cierto, en la misma tarjeta se lee a continuación: "Cita con el Sr. Mario Moreno Reyes de 13:00 a 14:00 horas"; yo tuve la oportunidad de retratar a ambos antes de iniciar su reunión privada.

Acudí a la sesión de la foto oficial asistido por mis hijos Héctor Armando y Juan Pedro. "A ver, maestro, ¿qué vamos a hacer?", inició Salinas. Si en ese momento yo no hubiera sabido qué íbamos a hacer, él se hubiera ido. Pero yo sabía exactamente qué hacer. El equipo mostraba cierta inquietud: "¿Qué hacemos para disimular las orejas, los bigotes, la calva…" Mi respuesta fue contundente: "No vamos a hacer nada. Lo que vamos a hacer es destacar esos rasgos porque así es como lo conoce la gente". El propio Salinas fue el primero en aceptar: "Está bien, así soy, así que salga". Pude haber hecho todos los retoques que él quisiera, pero lo que deseamos ver en una foto oficial es la realidad tal cual. Eso sí, colocamos la cabeza en la esquina de la silla, de manera que la línea completa se distorsionara y la cabeza no fuera el foco de atención.

Creo que, desde todos los puntos de vista, esta foto oficial fue hasta ese momento la más completa, la más pensada y la mejor realizada. Y también considero que, de todos los presidentes que he retratado, Salinas es el más inteligente. En la sesión dio muestras de tener el control de todo. Incluso marcó la pauta para el diálogo conmigo, a pesar de que mi técnica indica lo contrario: yo suelo iniciar la conversación con preguntas sobre el retratado. En este caso, en cambio, el presidente me interrogó sobre mi trabajo y sobre mi equipo.

Después de la sesión, él mismo pidió que hiciéramos la foto del gabinete. Nuevamente, hice pruebas en su despacho con soldados para confirmar la distribución de los retratados según el protocolo.

A lo largo del sexenio hubo otras fotos igualmente importantes, como la de la firma del Acuerdo de Paz de El Salvador en el Castillo de Chapultepec; las fotos que hizo Juan Pedro del presidente Menem de Argentina en sus visitas a Los Pinos y a la sede de la Regencia del Distrito Federal, o el retrato de Rigoberta Menchú que realizamos poco después de que se le notificara que se había hecho acreedora al Premio Nobel de la Paz. También retratamos a muchos gobernadores y a la primera dama, Cecilia Ocelli. Asimismo, se me asignaron las fotos de la boda de Claudia Ruiz Massieu, sobrina del presidente; la sesión tuvo lugar en la casa del padre de Salinas (quién me iba a decir que muchos años después, en 2012, la volvería a fotografiar como secretaria de Estado durante la presidencia de Peña Nieto). Hacia el final del mandato, la revista Hola! nos contrató para hacer la foto de la familia Salinas de Gortari en los jardines de Los Pinos.

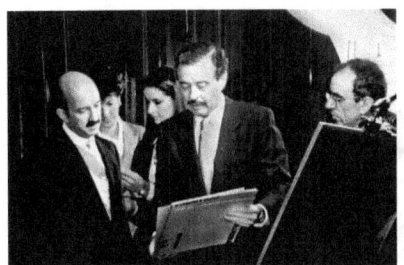

Revisando las pruebas para la sesión.

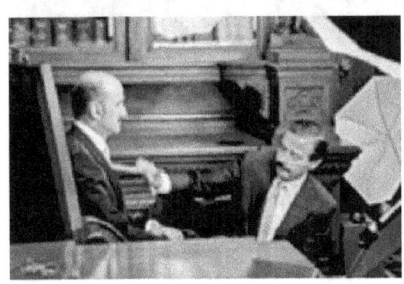

En el despacho
presidencial, 1988.

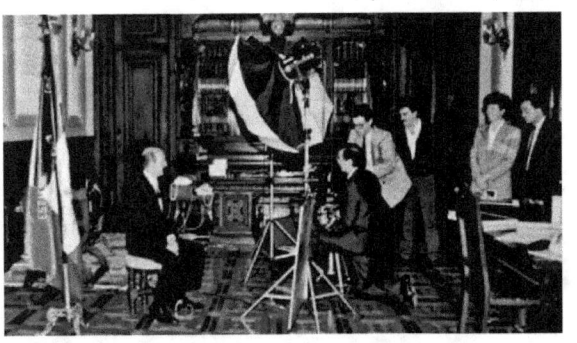

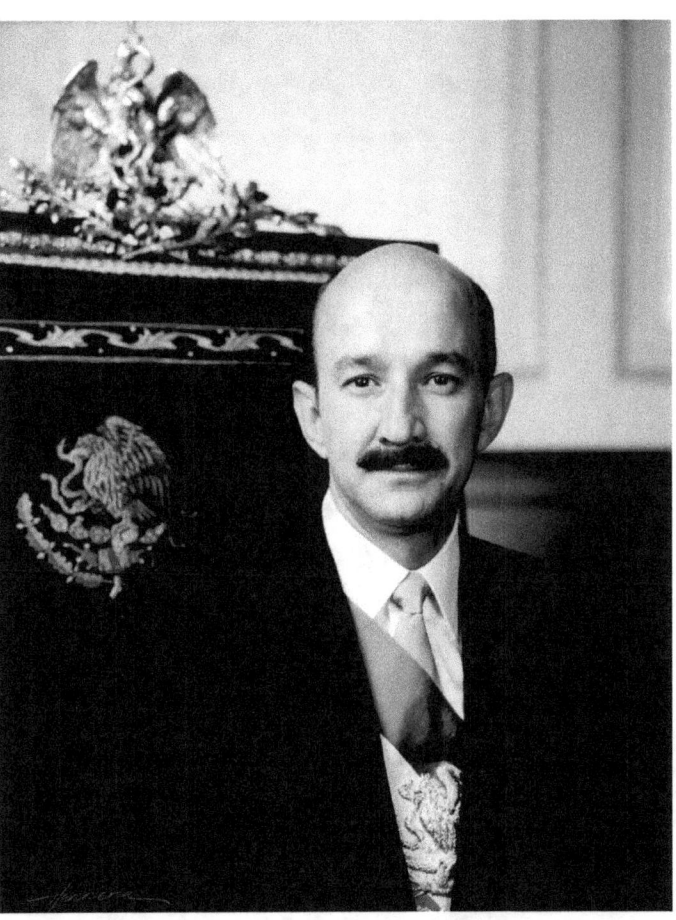

Foto Oficial del Presidente Carlos Salinas de Gortari, 1988.

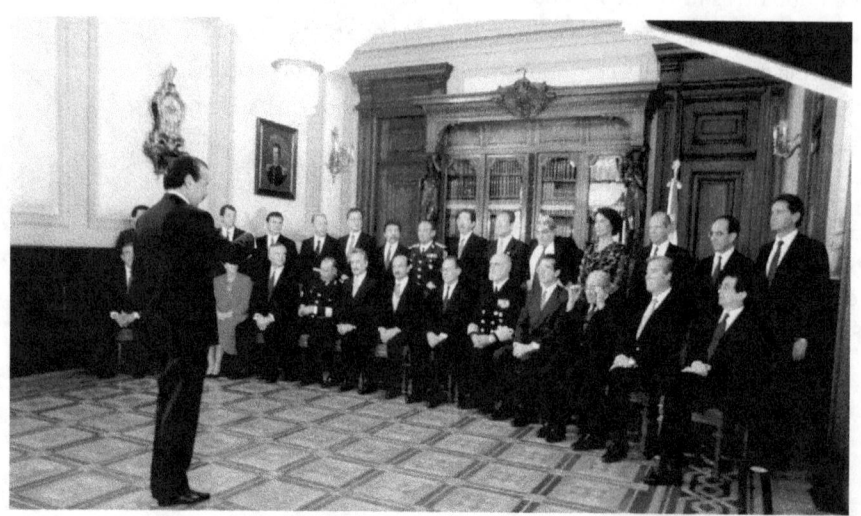

Gabinete Legal del Presidente
Salinas de Gortari, 1994.

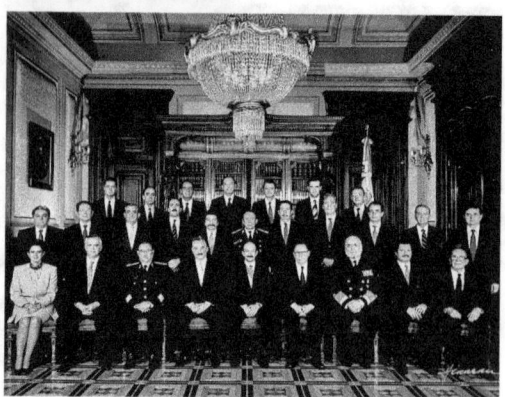

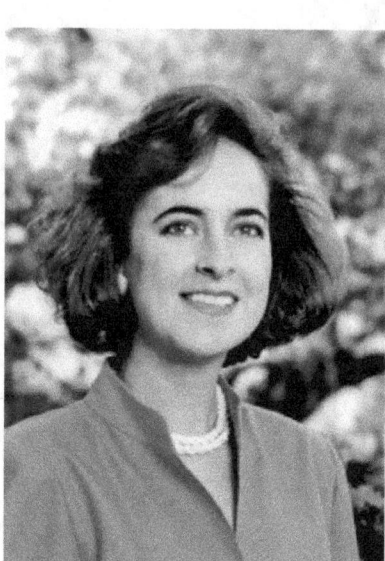

Cecilia Occeli de Salinas, 1988.

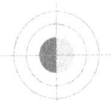

En ese tiempo, junto a mis abogados Caballero y Larrea, enfrenté una batalla legal que trascendió a los medios. Resulta que yo había logrado que se me considerara autor de obra fotográfica. Eso significaba fundamentalmente que podía firmar mis fotos porque era el titular de los derechos de autor, con lo que, además, gozaba de exención de impuestos.

Cuando fui a registrar las fotos de Carlos Salinas de Gortari y su gabinete, la funcionaria en turno negó el registro y exigió que cada uno de los retratados firmara sobre la foto que aceptaba el hecho de que yo era el autor. Después de muchos alegatos se deslindaron los derechos. En vista de que se trataba de una foto por encargo, ni los retratados ni yo éramos los titulares de los derechos, sino la Presidencia de la República, de tal suerte que esta última podía manejar la foto como quisiera, siempre y cuando respetara el derecho de autor y pusiera el crédito respectivo. En tanto, yo no podía vender las fotos a menos que tuviera la autorización de Presidencia.

Muchos fotógrafos me apoyaron y cuestionaron al secretario de Educación, que era ni más ni menos que Ernesto Zedillo. Posteriormente, una vez como presidente electo, tanto él como parte de su equipo, en especial los de Comunicación Social , me veían con cierto recelo. Tal vez ese fue uno de los motivos por los que no me asignaron el retrato oficial. Terminaron encargándoselo a un fotógrafo muy insistente, de lo cual me enteré al poco tiempo a través de mis amigos de los laboratorios digitales. Por ellos supe que la resolución de la imagen era muy pobre, así que intentaron componerla con Photoshop y otros recursos digitales.

No obstante, el 1º de diciembre de 1994, por azares del destino, nos tocó registrar con la cámara la toma de posesión del presidente Zedillo. Ese día acudimos a Palacio Nacional para cumplir con la asignación de fotografiar al gabinete legal, además de que por la noche estaríamos en la residencia oficial de Los Pinos para hacer las fotos de la recepción ofrecida a los jefes de Estado invitados, incluido el presidente de Cuba, Fidel Castro.

El aparato de seguridad que se desplegó era impresionante. Afortunadamente, llegué con mi equipo en punto de las siete de la mañana. Y es que diez minutos después se cerraron las puertas, dejando tras de sí a todos los demás fotógrafos. El presidente estaba esperando al otro fotógrafo, quien tampoco pudo entrar en ese momento. Nosotros nos colocamos en el pasillo con los reflectores listos, para meterlos de inmediato al salón donde habría de tomarse la foto de gabinete. Mientras esperábamos llegó hasta nosotros un general de apellido Gutiérrez que me puso la peor regañada de mi vida: "¿Qué hace usted ahí paradote? Lo están esperando para que tome la foto oficial". Le aclaré que yo no la iba a hacer, pero insistió: "Usted la va a hacer ahorita. Sígame". Por suerte, Héctor Armando traía preparada la cámara, que colgaba del cuello. Con ella logró captar la foto exclusiva de la toma de posesión.

Después hicimos la toma planeada, la del gabinete. La situación se suavizó, y el general llegó con otra actitud: "Vengo a hacerle una aclaración. Yo no tenía conocimiento de esto". "No se preocupe, mi general", le dije, aunque aproveché para aclararle que la foto de la toma de posesión le correspondía a alguien más, pero que ese fotógrafo no se había presentado.

Continué trabajando el resto del sexenio haciendo las fotos del gabinete, aunque ahora en los jardines de Los Pinos. Por lo visto, el asunto autoral había quedado atrás. Recuerdo con especial satisfacción la fotografía que nos solicitó el entonces secretario de Hacienda y Crédito Público, José Ángel Gurría. Había que hacer una toma de conjunto, de él y sus predecesores. Y la misma experiencia la repetimos cuando Gurría fue designado canciller: retratarse junto a los anteriores secretarios de Relaciones Exteriores.

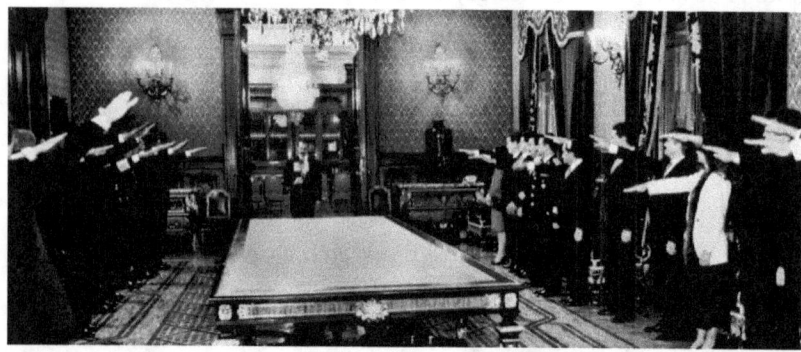

Toma de posesión del Presidente Ernesto Zedillo en Palacio Nacional, 1994.

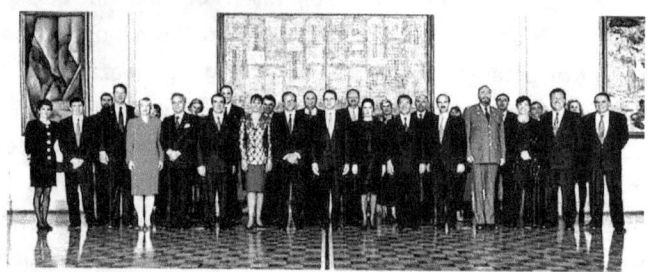

Presidentes invitados a la toma de posesión del Presidente Zedillo y cena en Los Pinos.

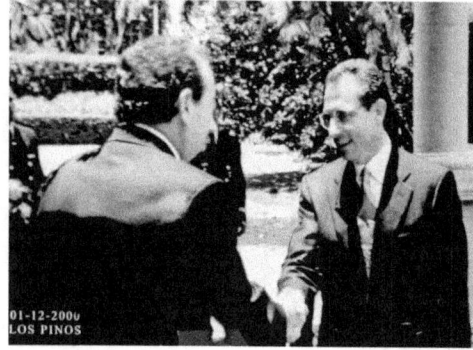

HH recibe el saludo del Presidente Zedillo.

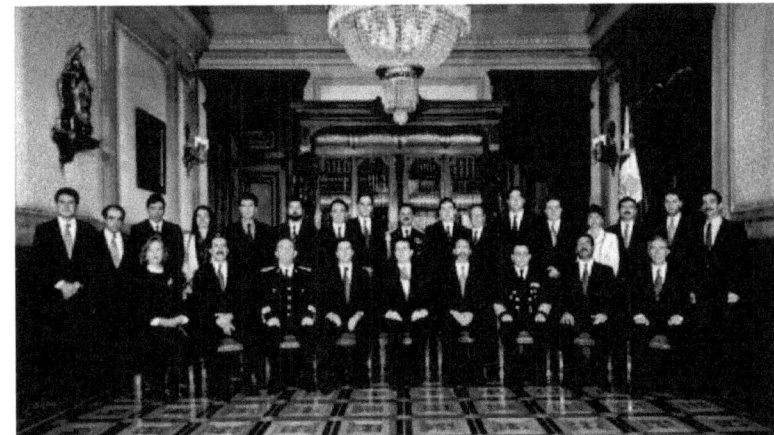

Gabinete del Presidente Ernesto Zedillo en su despacho del Palacio Nacional, 1994.

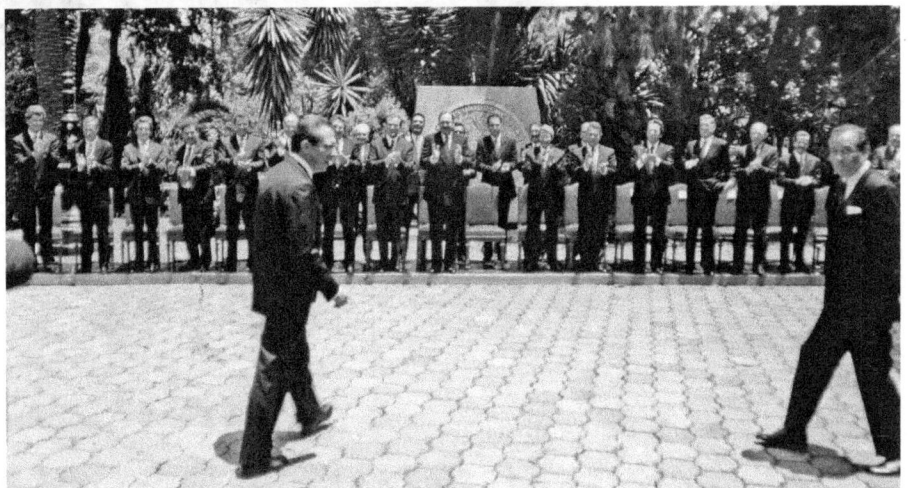

Gabinete en Los Pinos, 2000.

Antes de finalizar el siglo XX en el año de 1998 recibí una noticia fantástica, La American Society of Photographers decidió otorgarme el premio internacional mas importante. Solamente había sido entregado a 16 personas o Instituciones desde que se instituyó. Fue una sorpresa muy agradable tanto que toda mi familia decidieron acompañarme a la ciudad de Nueva Orleans para recibirlo el día 4 de agosto . Era la primera vez que esta distinción se otorgaba a un a persona de habla española. La recepción y la cena organizada fue espectacular. Asistieron los grandes jerarcas de las empresas encabezadas por mi patrocinadora Eastman Kodak y por supuesto todos los Masters de las Asociaciones afiliadas, especialmente Cameracraftsmen of America, Héctor Armando preparó un audiovisual con imágenes de muchos de los países donde ofrecimos conferencias y seminarios. Mi hija Catalina me acompañó en la mesa de honor y mis otros 4 hijos estuvieron en mesas diferentes para convivir con las personas representantes de diferentes asociaciones.

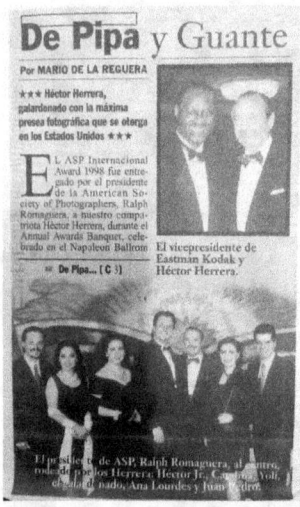

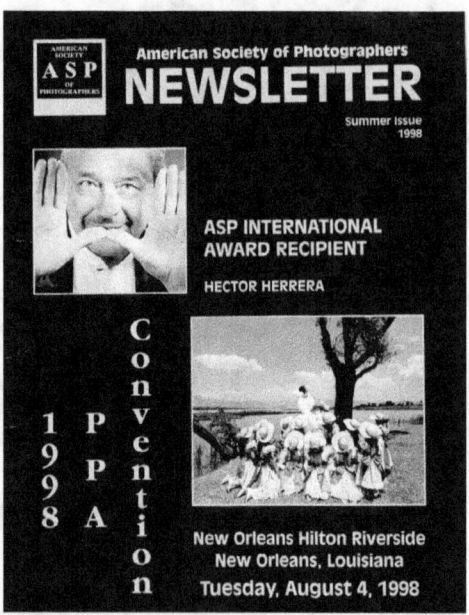

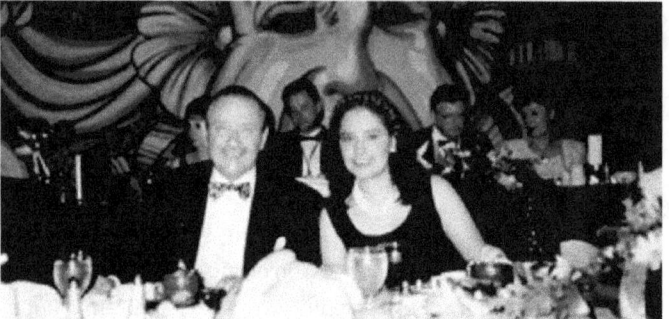

HH y Catalina en la mesa de honor del banquete de la American
Society of Photographers (ASP) en donde HH recibió el
ASP International Award. New Orleans.

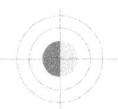

Recibí el año 2000 en Madrid, sabiendo que la foto oficial no la haríamos. Estábamos acostumbrados a que el final del sexenio viene acompañado del final del trabajo. Claro que también nos hemos acostumbrado a que vuelvan a buscarnos una y otra vez. Eso fue justamente lo que ocurrió en el gobierno de Vicente Fox. Sin embargo, en esa ocasión no hubo foto oficial, ni para mí ni para nadie. El equipo cercano a Fox ideó una foto en la que él se veía rodeado de unas 20 personas. La imagen tuvo que descartarse al poco tiempo.

A diferencia mía, que nunca le he pedido a nadie que me permita retratarlo –más bien espero a que me llamen–, otro fotógrafo le ha solicitado insistentemente trabajo al equipo presidencial. No obstante, en una ocasión llamaron a Héctor Armando para que cubriera una reunión especial del presidente Fox .

Ya casado por segunda vez con Gloria Inés Urbieta, vivíamos en Polanco. Cuando salía a caminar me topaba con Rodolfo Elizondo, que no sólo era mi cliente y amigo, sino uno de los secretarios más cercanos de Fox. El funcionario me pidió ver las fotos que Héctor había tomado. Luego me buscó porque su jefe quería hablar con nosotros. Acudimos a Los Pinos, y ahí conocimos a Francisco de Dios, el encargado de Comunicación Social de la Presidencia. Nos propusieron que trabajáramos para ellos en las próximas reuniones internacionales.

Entre otras asignaciones recuerdo con especial aprecio la foto de la Cumbre de América Latina, El Caribe y la Unión Europea, que se tomó con el Hospicio Cabañas de Guadalajara como espléndido telón de fondo. Algunos mandatarios se mostraron extrañados por la disposición elegida. Incluso el propio Fox me preguntó el porqué de ese acomodo. "Es complicado explicarlo; mejor venga a verlo desde la cámara", le solicité. Y así lo hizo, como puede apreciarse en la foto que me tomaron con él demostrándole que el escenario era inmejorable. Esa fotografía es quizá una de las más logradas en el ámbito político. Al poco tiempo, Héctor y yo fuimos invitados por el presidente Fox a su rancho de Guanajuato. Quería conservar un recuerdo personal con su esposa Martha en esa casa. Cuando llegamos, él estaba nadando. Se salió de la alberca y se disculpó por no estar listo para la sesión. Mientras se secaba llegó su nieto, así que le pedí permiso de tomarle una foto con el niño. Él accedió. Después estuvimos unas cuatro horas departiendo y haciendo varias tomas de él y su esposa en diferentes escenarios y con varios cambios de vestuario. Luego nos invitaron a comer. La experiencia de trabajo fue gratísima.

En esta profesión hay muchos imponderables y momentos chuscos. Eso fue precisamente lo que nos ayudó durante la sesión con motivo de la Cumbre de las Américas, con los presidentes de América Latina, que se celebró en Monterrey. Antes de iniciar me puse de acuerdo con mi hijo. Nos dividimos el grupo en dos partes. Yo le indiqué a Héctor: "Toma la palabra, tú hablas mejor inglés y, como no hay micrófono, te vas a dirigir a los presidentes porque, además, tu voz es más potente". Todos estaban en la posición asignada, pero faltaba por llegar Hugo Chávez. Como ya habíamos quitado los letreros para evitar que salieran en la foto, el presidente de Venezuela se unió al grupo, pero no supo dónde colocarse. Héctor se dirigió a él: "Señor presidente Chávez, por favor hágase lo más a su izquierda que pueda", a lo que él contestó: "No, a la izquierda ya me hice lo más que pude". Todos soltaron la carcajada –incluido el presidente Bush, que habla muy bien el español– y, por eso, en la foto a todos se les ve con una sonrisa muy natural.

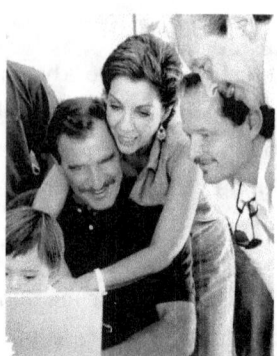

Los Fox, HH, Héctor Armando, Paco de Dios y su nieto, disfrutando inmediatamente las imágenes captadas en la sesión.

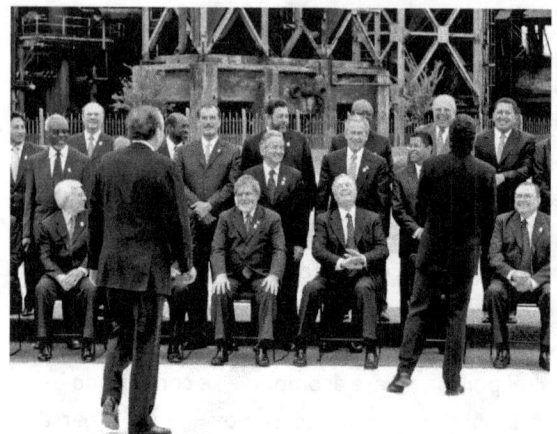

HH y Héctor Armando dialogando con los Presidentes.

Presidente Vicente Fox Quezada, 2002. Foto de Héctor Armando Herrera.

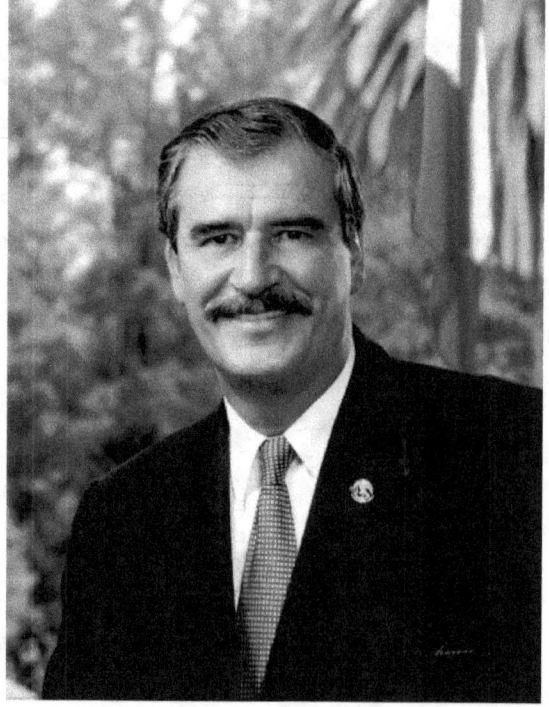

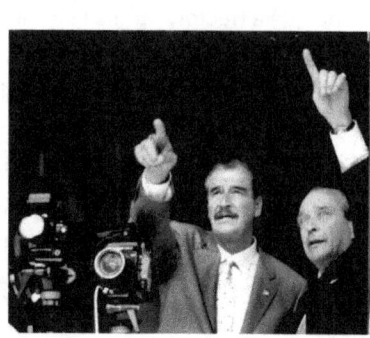

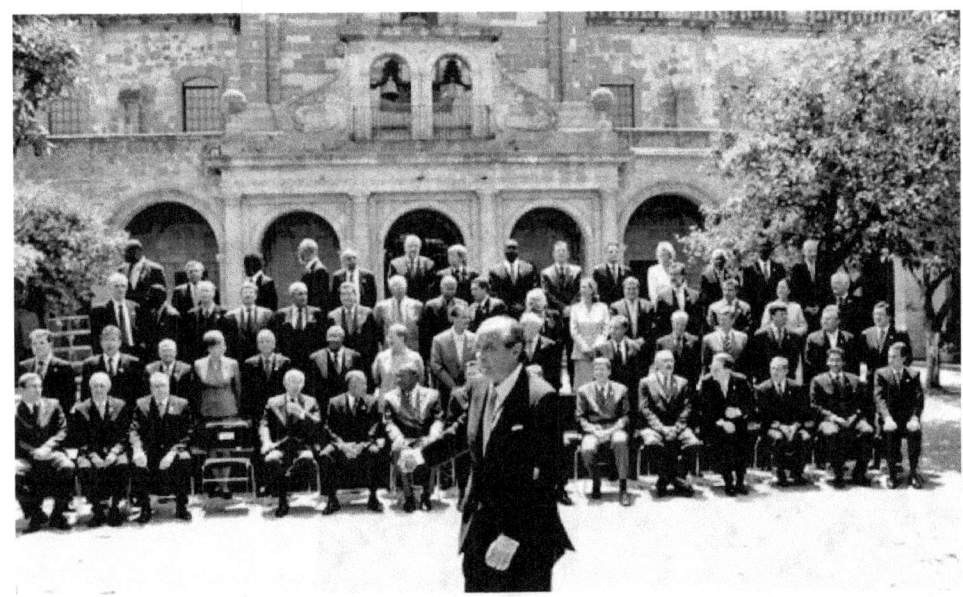

La Cumbre de
América Latina
con la Unión
Europea,
en el Hospicio
Cabañas,
Guadalajara, Jalisco.

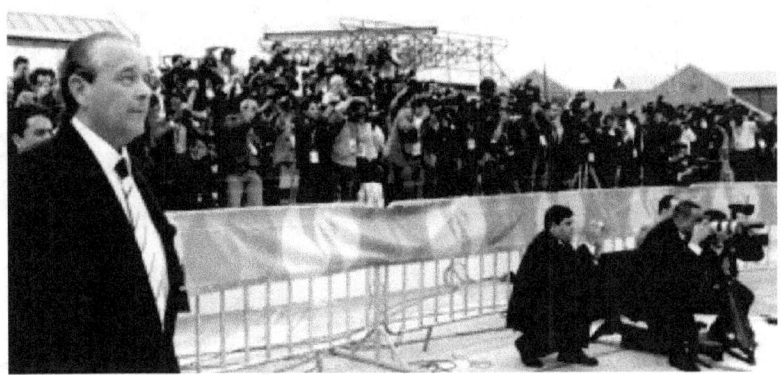

HH retratando y el
pool de la prensa
internacional atrás.

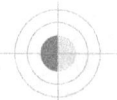

Decidimos abrir un nuevo estudio de Herrera asociado con la galería de exhibición de nuestro querido amigo de gran sensibilidad fotográfica Alfonso Cortés Ogando. Aun cuando este moderno espacio requirió la inversión de una buena suma, el resultado valió la pena, porque nos permitió mostrar lo mejor de nuestro trabajo.

El moderno estudio galería que establecimos en Polanco en la esquina de las calles de Homero y La Martine en el año 2007, fue acondicionado con los novedosos sistemas digitales y decorado con fotos de gran formato que causaron sensación.

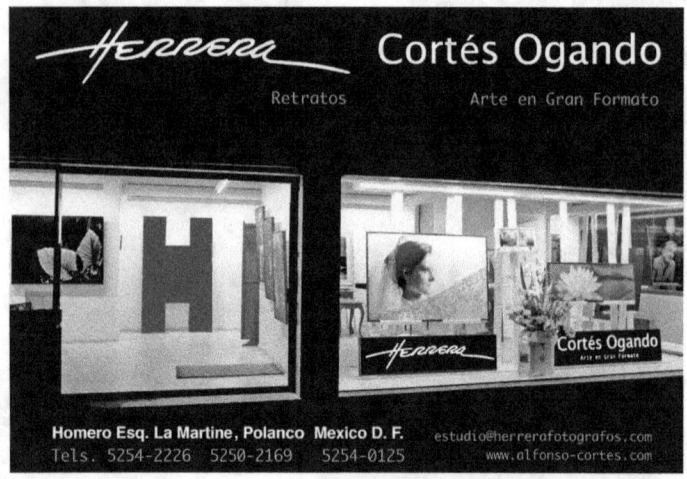

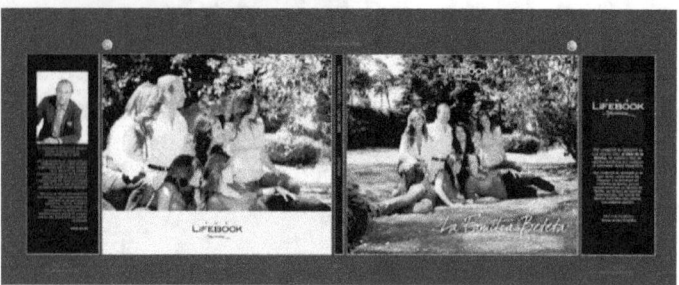

Presentación por primera vez en México de los libros fotográficos The Book of Life, impresos en Estados Unidos. 2005.

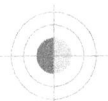

Una vez más, en diciembre de 2006 acudí puntualmente a una cita en Palacio Nacional, promovida por Paco de Dios en nombre del equipo de Comunicación Social del próximo presidente, licenciado Felipe Calderón. Me sentí extraño en pleno Zócalo, perdido en ese entorno que me había sido tan familiar durante mi infancia. En la enorme plancha de cemento estaba una carpa provisional, un templete donde un conjunto de música tropical desafinaba, produciendo un sonido estruendoso verdaderamente desagradable. Y como paisaje, letreros, pancartas y fotos del autoproclamado presidente "legí-timo" Andrés Manuel López Obrador, el *Peje*.

En vista de que faltaba media hora para el esperado encuentro, decidí refugiarme en la Catedral Metropolitana, que habían terminado de remozar unos días antes. Ingresé al atrio, continué caminando hacia el fondo, casi a oscuras, hasta llegar al Altar Mayor, frente al que me senté. Oré a mi estilo para agradecer la oportunidad que se me presentaba de hacer una vez más, la foto oficial.

Finalmente, con decisión y muy concentrado para explicar mi propuesta y la logística preparada por Héctor Armando, crucé la Puerta Mariana de Palacio Nacional y me dirigí al patio presidencial para luego subir al despacho e iniciar –con Jordi y Antonio Solá, de Comunicación Social– los preparativos de la sesión fotográfica.

El día de la foto oficial nos presentamos en Palacio con bastante anticipación para preparar los escenarios e instalar el equipo. Cuando estuvimos listos me encontré por primera vez con Felipe Calderón, que llegó muy tenso; las circunstancias en torno a la toma de posesión habían sido muy complicadas. Pese a ello, se mostró muy amable cuando nos presentamos con él. Héctor Armando le explicó lo que pretendíamos hacer. Él aceptó gustoso, pero poco antes de iniciar la sesión advertimos que la banda presidencial estaba mal ajustada. Tuvimos que llevar al presidente hasta el vestidor para quitarle el saco. Con la finalidad de relajarlo un poco le dije: "Sé que el Estado Mayor Presidencial no permite tocarlo para nada, pero tengo que ajustar la banda". El ambiente comenzó a distenderse en el vestidor. Ahí, Calderón me preguntó cómo se había portado Fox. Le aclaré que yo no lo retraté y que, de hecho, no hubo foto oficial. Toño Solá intervenía con comentarios agradables para relajar aún más la atmósfera, mientras yo ajustaba con cuidado la banda para que en la imagen no se viera ningún doblez.

Una vez en el despacho, le pedí al presidente que cerrara las manos y las colocara sobre el escritorio, y que repitiera varias veces la rutina de bajarlas y subirlas. Él me dijo que prefería tener las manos distendidas. Así seguimos platicando hasta lograr la distancia anhelada. Héctor estaba tras la cámara. Yo promoví que las cosas sucedieran y mi hijo captó el mejor momento. Todo fluyó muy bien. Durante la larga sesión –en distintos escenarios– conseguimos expresiones naturales muy convenientes, en especial una en que el presidente luce con la bandera en las manos.

Por primera vez cambiamos el formato. La foto oficial siempre había sido vertical, de modo que optamos por hacerla horizontal, lo cual gustó mucho en Presidencia porque era una forma de diferenciarse de quienes habían precedido a Calderón, en su inmensa mayoría emanados del PRI. Eso sí, conservamos la cercanía con las águilas, símbolos del poder, así como la banda y la silla. En este caso no hubo bandera. Una semana después coincidí con el presidente en una comida para celebrar el cumpleaños de Santiago Creel, organizada por mi amigo Rubén Ramírez y su hijo José Carlos en el rancho de su propiedad. El mandatario me saludó afectuosamente y me presentó a su esposa Margarita, quien me confió que la foto oficial le había emocionado mucho y, visiblemente agradecida, me felicitó. Iniciaba así otro periodo de fructífero trabajo con la Presidencia, el Senado y el Tribunal Federal de Justicia Fiscal y Administrativa.

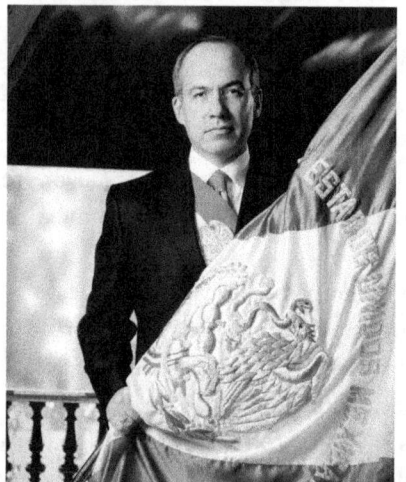

Sesión fotográfica en Palacio Nacional.

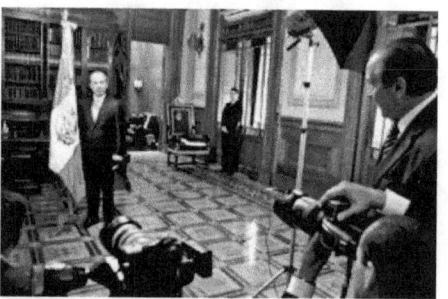

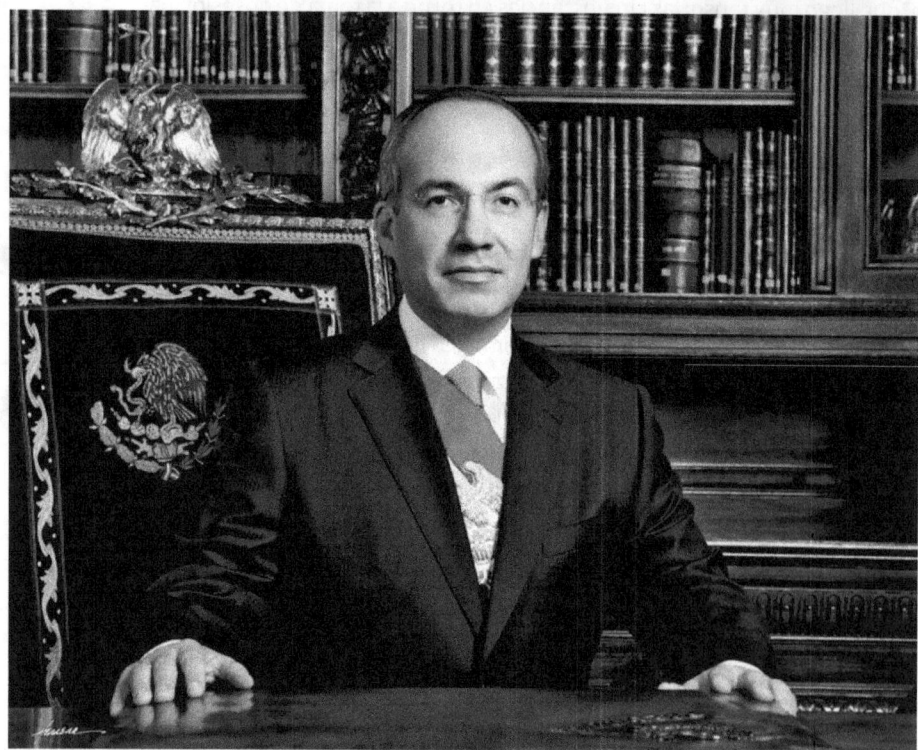

Foto Oficial del Presidente Felipe Calderón Hinojosa, 2006.

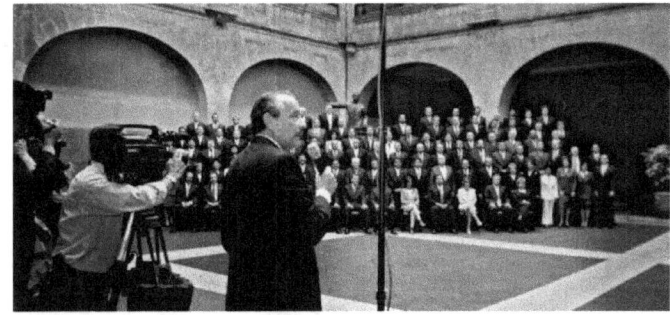

Senado de la República 128 Senadores.

Tribunal Fderal de Justicia Fiscal y Administrativa.

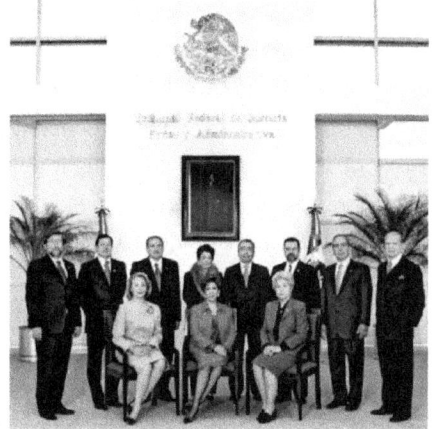

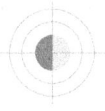

A lo largo de mi trayectoria trabajando para los presidentes, desde Díaz Ordaz, he sido testigo privilegiado de la historia contemporánea de México. He visto de cerca los cambios, los avances y los retrocesos de un periodo sexenal a otro. Pero nunca me había tocado vivir un contraste tan dramático entre mi carrera profesional y mi vida privada como el que tuve que experimentar en diciembre de 2012. Después de años tratando de vencer el cáncer, mi esposa Gloria Inés estaba consumiéndose. La tragedia de esos últimos días coincidió con la satisfacción de lograr hacer la foto oficial del presidente Peña Nieto. Yo tenía que dar lo mejor de mí, independientemente de lo que estuviera viviendo en lo personal. Pero, en medio de mi gran dolor, debía también darle lo mejor a mi amada esposa. No podía ni disfrutar de una cosa ni dolerme completamente por la otra. Lo que ayudó mucho fue que, fiel a sí misma, ella nunca perdió la sensatez ni el buen ánimo. Aunque murió el 28 de diciembre de 2012, quiso que la Nochebuena celebráramos en nuestra casa en compañía de todos mis hijos y sus familias. Y así fue: con oxígeno y sin cabello, Gloria nos convocó a todos en una celebración emotiva e inolvidable que ella organizó personalmente. Fue un momento muy difícil, muy triste, pero también de mucha gratitud. Todos estuvimos felices y aprendimos una gran lección de vida.

Apenas unas semanas antes hice acopio de mi mejor ánimo para cumplir con la nueva asignación. Hacia noviembre, parte del equipo de Peña Nieto nos citó a Héctor Armando y a mí en una cafetería cerca del lago de Chapultepec. En esa ocasión nos aclararon que el presidente electo estaba interesado en que lo retratara un amigo suyo, pero también quería que nosotros tomáramos las fotos. Al final del proceso elegirían las mejores tomas. Mi hijo y yo estuvimos de acuerdo, aunque para ello necesitábamos varias cosas; entre otras, hacer pruebas de locación. Aclaré también que lo ideal era retratarlo el 1º de diciembre, lo cual no se pudo; fue unos días después, entre el 10 y el 12 de diciembre. Se nos explicó que primero retrataríamos al gabinete legal y ampliado y luego al Presidente. Para esta última foto seleccionamos tres escenarios posibles: la biblioteca, las escaleras y, por supuesto, el despacho presidencial. Eso suponía preparar tres equipos de luces diferentes y acompañarnos de un equipo de asistentes más o menos numeroso. En total sumamos siete, incluidos mis hijos Héctor y Juan Pedro, así como mi nieto Héctor Emilio, hijo del primero.

Para la foto de gabinete había dos escenarios: el Salón Tesorería o la entrada a la Secretaría de Hacienda, que tiene unos arcos y un busto del presidente Juárez. Yo ya había retratado ahí, así que conocía bien el lugar. Dicen que más sabe el diablo por viejo que por diablo. Yo conocía los inconvenientes que supone la entrada de Hacienda, fundamentalmente que se trata de un lugar abierto y que el busto de Juárez se sale de contexto. En cambio, el Salón Tesorería –recién arreglado– es precioso, además de que está cubierto y es muy amplio. Para analizar el escenario nos reunimos en varias ocasiones con el equipo de Margarita Neyra, la directora de imagen de Peña Nieto.

A las siete de la mañana llegamos a Palacio Nacional. Ya estaba todo el equipo del otro fotógrafo. En mi vida imaginé tener la cantidad de equipo que ellos llevaron. Era todo un set de televisión, con unos reflectores enormes, mientras que nosotros llegamos con nuestras luces adecuadas. Si hubiera que calificar, diría que el equipo de iluminación de ellos era de diez, mientras que el mío merecía un seis.

Empezamos a hacer nuestras primeras pruebas y acomodamos las sillas a la mitad del Salón Tesorería. Y es que entre más cerca se retrata, más *background* se capta, lo cual era importante porque en Presidencia había interés de que se identificara el lugar.

Ignoro por qué nos tocó ser los primeros. El caso es que llamamos a los secretarios de Estado, que estaban en el salón contiguo. Esperé a Peña Nieto justo a la entrada del salón, y en cuanto lo vi aproximarse, me presenté con él (nunca habíamos coincidido). Gasté alguna broma que ayudó a aligerar el momento. De hecho, conservo una foto en la que él se ve con una gran sonrisa. Debo aclarar que el ambiente ya estaba bastante relajado; había tenido la oportunidad de conversar amistosamente con conocidos y clientes, como Claudia Ruiz Massieu, Emilio Chauyffet y otros funcionarios que me eran familiares. Por elemental sentido de la cortesía, mientras nuestro equipo hacía los ajustes en cuanto a la colocación del grupo y Héctor Armando realizaba los encuadres pertinentes con la cámara, yo le iba informando al Presidente lo que estábamos haciendo. Es algo que solemos hacer especialmente en sesiones de esta naturaleza, en las que impera una gran formalidad.

Después de las diez tomas planeadas, los miembros del gabinete aplaudieron para celebrar el final de la sesión, lo cual fue muy significativo para nosotros y el *staff* de Presidencia. Posteriormente, retiramos el equipo fotográfico y nos dirigimos hacia la biblioteca para continuar con la foto de Peña Nieto solo.

En ese momento, sin embargo, se convocó a una reunión de seguridad de emergencia, que tendría lugar en la parte superior de Palacio. Esperamos pacientemente las dos horas que duró la reunión. Pasado ese lapso, el presidente descendió nuevamente y tuvimos la oportunidad de mostrarle –en la Macintosh– la foto del gabinete. Al ver el *background*, y además, a todos muy sonrientes, él se mostró gratamente sorprendido. "Los felicito", nos dijo frente al escritorio que sostenía la computadora.

Procedimos a hacer la foto individual, ahora con mayor confianza y tranquilidad. Al iniciar, el licenciado Peña Nieto me preguntó si yo conocía a Elvia Romero, su maquillista. "Nos conocemos desde hace mucho tiempo –le respondí–. Ella maquilló a Porfirio Díaz y a Pascual

Ortiz Rubio." Él soltó la carcajada. Elvia le aclaró que ya habíamos trabajado juntos para las fotos de los pasados presidentes.

Antes de iniciar, el presidente me reiteró que le había gustado mucho la foto de conjunto. Dimos paso a la sesión individual, que se desarrolló según lo previsto y siguiendo nuestro método habitual, es decir, yo dirigiendo las acciones y Héctor Armando disparando las cámaras a su libre albedrío para captar las actitudes y expresiones logradas con la labor de dirección. Tomamos algunas fotos en el patio presidencial y luego nos dirigimos a las escaleras con alfombra roja, por donde sólo el jefe de Estado puede subir y descender. Fueron tomas muy distintas de lo que habíamos hecho en otros sexenios. Al finalizar esta parte de la sesión, mientras subíamos por las escaleras, él me preguntó cuántos presidentes había retratado, a lo que le respondí que con él sumaban siete de manera consecutiva. "No hay séptimo malo, ¿verdad?", bromeó.

El presidente, que en todo momento mostró una gran disposición para cooperar, se dirigió a su despacho para que hiciéramos otras fotos ahí, tal como estaba planeado. Acto seguido abandonó Palacio Nacional en helicóptero, no sin antes ver lo que habíamos hecho y darnos nuevamente las gracias y manifestar su satisfacción, además de pedirle a su fotógrafo personal que lo retratara junto a los miembros de las tres generaciones de Herrera que estábamos en ese momento con él (sobre lo cual, por cierto, se expresó con palabras muy amables). La elección de la foto oficial tomó cerca de un mes, porque las imágenes se sometieron a la aprobación de diferentes grupos de personas de varios estratos sociales y políticos. Fueron esas personas quienes tomaron finalmente la decisión. Tanto en esa como en las anteriores ocasiones hemos procurado que la foto oficial se prepare con la mente, se sienta con el corazón y se realice con deleite. Sin embargo, estos tres ingredientes fundamentales por sí solos no funcionan si no se coordina todo lo que está alrededor, en especial a la gente. Hay que considerar, entre otros, al jefe del Estado Mayor Presidencial y al funcionario de Comunicación Social en turno. Pero también a los ayudantes y a mi hijo Héctor, con quien he trabajado para ello desde el sexenio de De la Madrid. Es un trabajo muy complicado y, por lo mismo, no puede recaer en una sola persona. En este sentido, siempre hemos admirado y agradecido la perfecta organización y colaboración del Estado Mayor Presidencial, que durante 40 años nos ha permitido realizar nuestro trabajo a conciencia. Asimismo, hemos podido conocer el carácter y formalidad de la Secretaría de la Defensa Nacional, cuyos titulares, desde el General Hermenegildo Cuenca Díaz, hemos tenido también el honor de retratar.

Hay que considerar, además, que el retrato presidencial es muy difícil porque se presta a un millón o cien millones de interpretaciones, tantas como habitantes tiene el país. La gente humilde de los pueblos ve esa foto de una manera; en las oficinas de gobierno la ven de otra; en la iniciativa privada la ven con otros ojos, y así sucesivamente. En cada ámbito tiene una significación especial. Lo importante es que el retratado refleje la señal que le quiere mandar al pueblo. La expresión tiene que ser de tranquilidad, de esperanza, de seguridad en sí mismo, y para sacarle esa expresión a un personaje de esa envergadura, el fotógrafo también debe tener cierta autoridad y saber en todo lo que está haciendo.

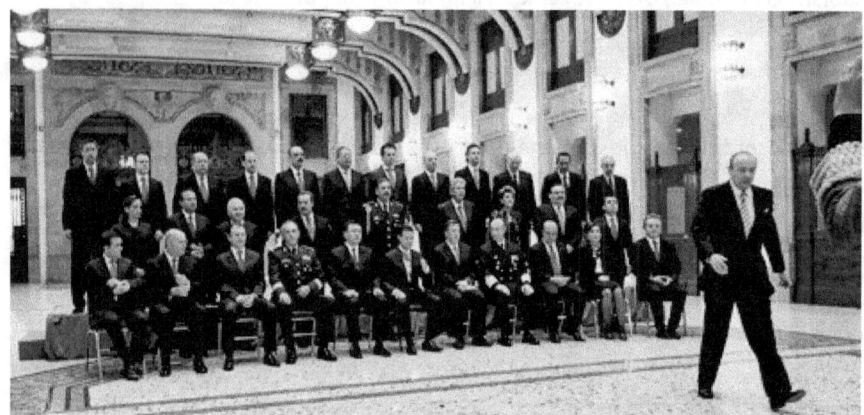

Salón Tesorería del Palacio Nacional.

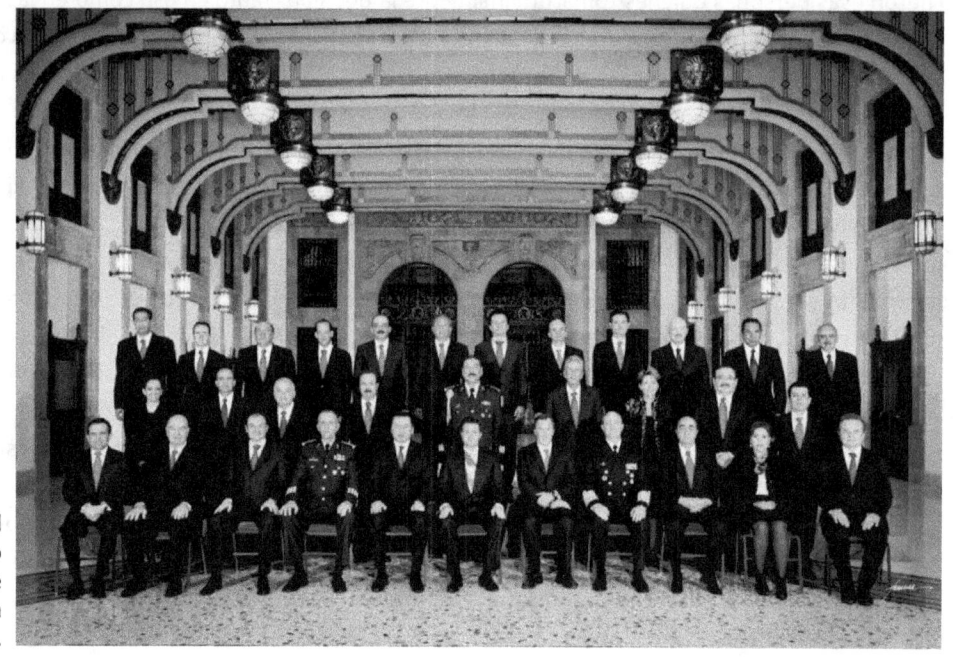

Gabinetes Legal y Ampliado del Presidente Enrique Peña Nieto, 2012.

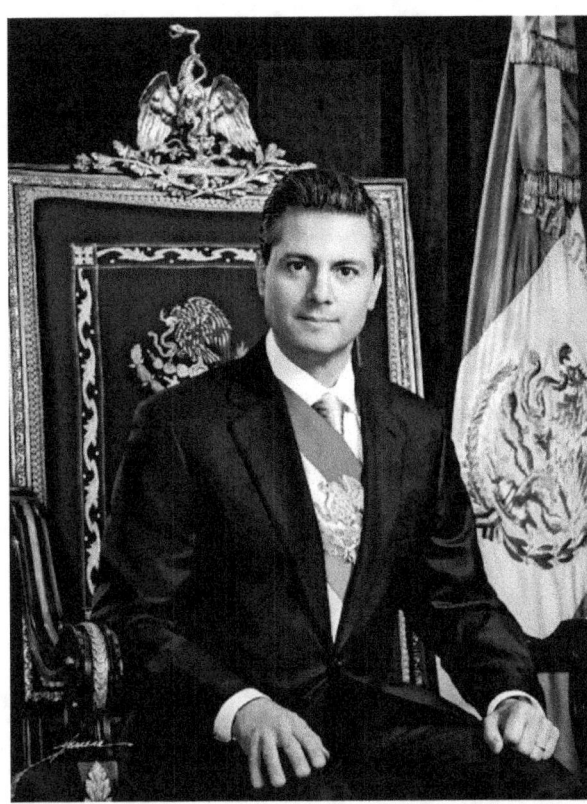

Foto Oficial del Licenciado Enrique Peña Nieto, 2012.

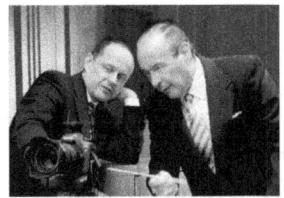

Héctor Armando, Director Técnico de las sesiones, haciendo indicaciones sobre las tomas.

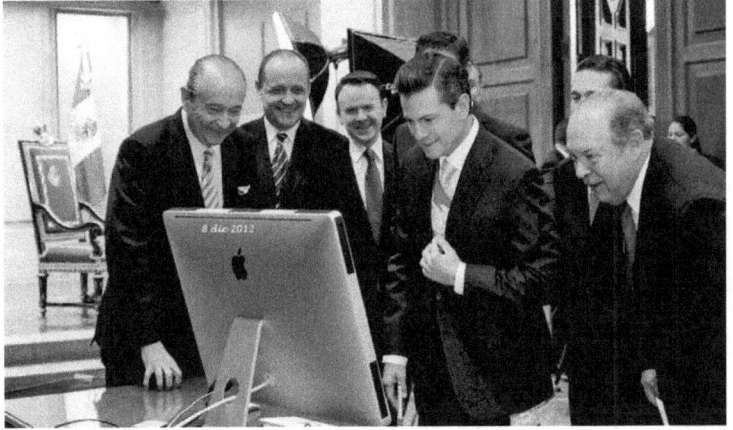

Momento en que el Presidente revisa las diferentes fotos captadas en la sesión.

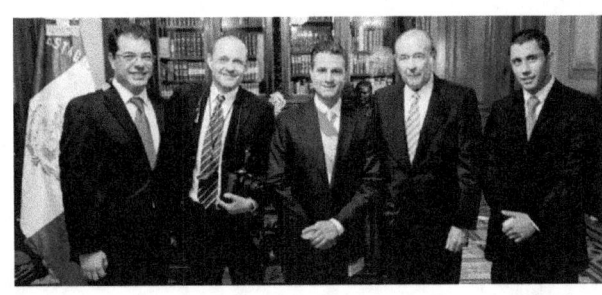

El Presidente, Juan Pedro, Héctor Armando, Héctor H. y Héctor Emilio Herrera. Diciembre 2012.

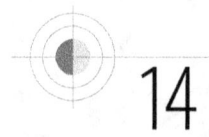

14

LA DISTANCIA PRECISA

En 1989 tomé la decisión de hacer un cambio trascendental en mi profesión. Mi vida como fotógrafo debía transformarse, tenía que dejar a un lado la cámara para dedicarme a lo que realmente he gozado plenamente: ser el director de escena, el responsable final de garantizar que todo salga conforme a lo planeado.

Después de retratar durante muchos años en la forma tradicional –detrás de las cámaras tanto de formato grande como las portátiles– me di cuenta de que la comunicación con las personas se veía interrumpida durante la sesión. La razón era que frente al modelo, yo desaparecía y aparecía de escena porque iba constantemente atrás de la cámara para revisar la toma, lo cual entorpecía la conversación.

Me preguntaba qué podría pensar el retratado al estar frente a una cámara enorme, rodeado de muchos reflectores, con la inquietud de no querer mostrar esos ángulos que no agradan cuando uno está frente al espejo. Y, encima, esperando las instrucciones de un fotógrafo que constantemente iba y venía, que entraba y salía de escena, y que, además, le pedía que no se moviera de su posición. Todo ello se convertía en pura tensión y no permitía disfrutar el momento.

Entonces encontré la solución. Organicé un *team* de ayudantes profesionales para que estuvieran conmigo todo el tiempo. El equipo consta de un fotógrafo asistente operador de cámara (*cameraman*), otro para el manejo de los reflectores y otro más que ayuda a acomodar los *props* y verifica que todo el equipo esté funcionando bien y desempeña otras tareas, como la relacionada con el vestuario. Todos están coordinados y atentos a mis instrucciones verbales durante la sesión para reaccionar de inmediato. El resultado ha sido muy bueno, ya que mientras el equipo atiende mis indicaciones, yo no tengo que desplazarme. Siempre estoy frente al modelo, no interrumpo la relación, mantengo una comunicación total y logro el dominio completo. En suma, me convierto en el director de la sesión. De esta forma las personas sienten confianza, y gracias a nuestra charla, yo puedo propiciar en ellas actitudes corporales muy naturales y expresiones magníficas.

Este trabajo personal con el cliente es fundamental, tanto como el trato inicial durante la sesión de planeación. Siempre propongo esta reunión o entrevista previa; primero, para conocer el motivo del cliente para retratarse, y luego, para decidir cómo, cuándo y dónde se llevará a cabo la sesión. Pero lo más importante es que, de esta manera, permito que el cliente me conozca para, poco a poco, ganarme su confianza y transmitirle la certeza de que mi experiencia, conocimientos y habilidades nos permitirán lograr nuestro propósito.

También utilizo una batuta de madera para hacer indicaciones visuales y hacer algunos arreglos al vestuario o al arreglo personal. Con este recurso evito tocar el rostro o el cuerpo del modelo, lo cual ha sido parte de mi estilo de retratar. ¡La batuta se convirtió en mi sello personal!

Hace tiempo, al retratar al maestro Carlos Esteva, tomé su batuta para mostrarle cómo quería que apareciera en la foto y, de pronto, me percaté de que esa era la varita mágica que yo necesitaba para dirigir convenientemente los movimientos corporales y actitudes de las personas sin necesidad de tocarlas. En vez de decirle al retratado "voltea a la derecha", lo cual genera confusión porque él no sabe si es su derecha o la mía, prefiero usar la batuta. Hay quienes consideran esto como una extravagancia o, cuando menos, algo muy curioso, en vista de que no soy un músico. Sin embargo, como director de fotografía he descubierto en la batuta una herramienta ideal para conseguir los ajustes y cambios de pose anhelados.

Es así como logro conducir la sesión fotográfica, que se convierte en un espacio mágico de mutua aceptación. La realización de un retrato ¡es una especie de enamoramiento momentáneo! Las sesiones se han convertido en un alegre *show* del que disfrutan tanto los retratados como quienes intervenimos directamente, más las otras personas presentes. Todos quedamos fascinados y muy contentos; tanto, que en muchas ocasiones la gente disfruta –y recuerda– con mucha más emoción la propia sesión que los resultados gráficos.

La cámara, los reflectores, los *props* y los sistemas digitales que utilizo son valiosos instrumentos técnicos para dar testimonio gráfico de los logros que resultan de imaginar, sentir y actuar con deleite en cada sesión fotográfica.

En el plano profesional, para hacer un retrato es necesario conocer a la persona, al menos parcialmente; cuando menos saber quién es, qué le gusta y por qué y para qué decidió hacerse la foto. Todo se facilita cuando se tiene la oportunidad de platicar antes. El propósito es ganarse su confianza, que se sienta en buenas manos y se deje dirigir. No se le puede decir simplemente: "Ríase". ¿Pues ríase de qué si tiene unas grandes lámparas enfrente y la cámara le intimida? La cámara ha sido siempre un escudo, una barrera entre el fotógrafo y el retratado.

Hay que buscar cómo llegar a la gente; aprender a sentirla. Pero sin tocarla. Al margen de si es hombre, mujer, político, artista, novia o quien sea, establezco una especie de relación amorosa, dicho en el mejor sentido, es decir, una relación de entrega mutua, de confianza, en la que ambos vamos tras el mismo fin: lograr un efecto en un tercero, el espectador de la imagen. Si no, ¿qué sentido tiene retratarse? Tanto el presidente de un país como el ciudadano común y corriente están pensando en el espectador.

El fotógrafo debe encontrar la distancia ideal para lograr ese efecto. Para todo en la vida hay una distancia: para torear, para dirigir una empresa y, desde luego, para fotografiar. El presidente de una gran compañía tiene una mesa de juntas muy larga y se sienta en la cabecera para que a su derecha y su izquierda se vayan sentando los demás conforme a un orden jerárquico. Un hombre importante tiene un escritorio muy amplio y con dos metros de separación respecto de quien se sienta enfrente para tratar los asuntos; desde su silla transmite el mensaje de que él es quien manda y que es preciso respetar la distancia. Si se entabla una relación un poco más estrecha con esas personas, la plática se da en los sillones de una sala y, si es todavía más cercana, en la mesa de un restaurante o, más cercana aún, en la mesa de un bar. Las distancias se van cerrando, de modo que sólo hay dos posibles desenlaces: el acuerdo o el rechazo.

En el caso de la fotografía no sólo me refiero a la distancia entre la cámara y el retratado, que también es importante, sino a la que hay entre las personas. Habrá momentos en que esa distancia se va a acortar mucho, pero el fotógrafo tiene que aprender a entrar y salir de cuadro, no quedarse. El momento de disparar la cámara llega una vez que se encuentra la distancia correcta y el contacto perfecto.

Esa distancia, por más difícil de lograr que sea, empieza con el primer retrato que se le ofrece a esa persona, el de uno mismo; es decir, su imagen, su forma de hablar, su forma de dirigirse e irse acercando gradual y cuidadosamente a ella. La actitud y la imagen –que tiene que ser sincera, franca – son las mejores cartas de presentación de un fotógrafo. Esto es especialmente cierto al momento de retratar a alguien que tiene la coraza de la importancia. Hay que tener valor y asumir la responsabilidad de tomar la cámara frente a alguien que quizás imponga. En cuanto esa persona ve cómo te paras, hablas o te mueves, dice "te acepto" o "no te acepto". Y también advierte si planeaste la sesión y te preparaste para ella, pensando incluso en lo que muy probablemente no va a suceder.

Para retratar siempre he usado corbata; me presento igual o mejor vestido que los retratados. No entiendo por qué muchos fotógrafos llegan desaliñados a las ceremonias; actualmente, incluso con jeans, chancletas deportivas y camiseta. Pareciera que no aprecian ni su trabajo ni la profesión. Los Herrera hemos procurado corresponder a la distinción que nos hacen los clientes. Cada uno de nosotros hemos retratado a gente muy importante de diferentes ámbitos –político, empresarial, artístico, social–, y siempre nos conducimos profesionalmente en todos los sentidos. Tenemos un don de gentes muy especial y hemos logrado hacer de la cámara una especie de extensión.

Anteriormente, las sesiones eran muy difíciles para los retratados debido a las luces, pero las cosas han cambiado mucho. Encontramos la fórmula para que la gente disfrute el momento y lo refleje a través de los gestos y el lenguaje corporal. Así como un periodista va llevando al lector por su artículo –a través de un párrafo inicial, el texto central y un cierre–, el fotógrafo va llevando al retratado para que goce lo que está haciendo, se sienta cómodo y se emocione con nosotros. Y también debemos detectar cuando éste ya se cansó y, en consecuencia, dar la sesión por concluida. Todas las sesiones tienen que estructurarse con temple y cadencia.

El respeto tiene que hacerse extensivo al cliente y a uno mismo. Desde muy temprano en mi carrera procuré romper con esa imagen típica del fotógrafo. Decía Rodolfo Gaona que para ser torero hay que parecer torero. Pues bien, para ser fotógrafo hay que parecer gente decente. Además de cuidar la apariencia, es fundamental prepararse. Fue siempre mi deseo que nuestra profesión se dignificara, que se enalteciera con estudios y dedicación. La fotografía supone una gama de conocimientos técnicos y tecnológicos tanto o más amplia que los de cualquier otra carrera.

Claro que de nada sirve esta preparación si no viene acompañada de un respeto profundo por la persona que se va a retratar. Está muy bien indagar en qué consiste su actividad, cómo se diferencia de sus pares, si está o no casada o cuáles son sus pasatiempos, pero sin sobrepasarse. Hay que saber hasta dónde meterse y hasta dónde parar. Y es que hay fotógrafos que se atreven incluso a darle masaje a los retratados, dizque para que se relajen. Desafortunadamente, con semejantes payasadas no ayudan en nada a erradicar por completo la percepción que se tenía de nuestra profesión.

Porque antes las mujeres iban acompañadas al estudio para que el fotógrafo no les levantara el vestido o las manoseara. Cuando empecé a retratar en las casas, la gente le pedía a la sirvienta que me vigilara e, incluso, me hacían entrar por la cocina. Cuando en la escuela le preguntaban a los niños a qué se dedicaban sus papás, orgullosos solían gritar: "médico", "abogado", "ingeniero"; mis hijos, en cambio, se preocupaban por seguir el consejo de su mamá que les dijo que siempre dijeran que eran hijos de un fotógrafo profesional, así despacito y con todas sus letras .

No sé por qué, pero la fotografía fue por mucho tiempo un refugio para todas aquellas personas que no encontraban su rumbo. A mi papá llegaba gente diciéndole: "Armando, te voy a mandar a mi hijo porque no quiso estudiar y no sabe qué hacer; a ver cómo lo ayudas" (como si fuera la correccional). Por fortuna, las cosas han cambiado muchísimo. Con el tiempo hemos ido adquiriendo prestigio y la profesión se ha dignificado.

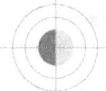

Al mismo tiempo, el país y las costumbres se han ido transformando. Los bautizos, las primeras comuniones y las fiestas de quince años ya no son lo que eran. Recuerdo que mi papá podía registrar hasta 30 comuniones en un día. Y cada vez hay menos quinceañeras deseosas de ponerse un vestido largo y bajar por las escaleras.

Por muchos años, las paredes de las casas mexicanas fueron muy significativas. La gente colgaba el amor en ellas. No podía falta la foto familiar de estudio, e incluso la gente viajaba a las capitales de los estados para comprar retratos del artista del momento, de algún ídolo deportivo y, desde luego, del presidente en turno, que también se exhibían en los muros.

Hoy vivimos un momento totalmente distinto. Con la democratización de la fotografía, cualquiera puede capturar los momentos agradables y espontáneos de la vida. Las familias dejaron de ir a los estudios; esas imágenes clásicas, con los padres rodeados por los hijos, están en extinción. Y ahora, si acaso, se colocan retratos pequeños sobre unas mesitas. Antes, además, la gente se daba el tiempo para hacer sus álbumes, para pegar las fotos con esquinitas e incluir letreros: "Aquí está la tía Fulanita en Acapulco, mayo de 1958". Hoy en día no hay tiempo para nada y, por si fuera poco, todo mundo tiene una letra horrible.

Pese a los cambios, la gente sigue teniendo esa necesidad de retratarse, necesidad que satisficieron primero las cámaras digitales muy sencillas de usar y, ahora, los teléfonos inteligentes. Hubo un periodo intermedio en que las cámaras eran muy complicadas, por lo la gente estaba obligada a leer el instructivo. Hoy en día, la tecnología ofrece la ventaja de la inmediatez. Es algo similar al *fast food*. Si alguien tiene hambre, se come una rebanada de pizza o un hot dog. Lo importante no es lo que se comió, sino el simple hecho de haber comido. Pero también hay ocasiones que ameritan una buena comida en un magnífico restaurante y, de la misma manera, hay ocasiones en que es necesario llamarle al fotógrafo profesional. Las bodas son el ejemplo por excelencia.

A lo largo de estas seis décadas he participado en más de 5,000 bodas. Incluso he tenido la oportunidad de retratar a las nietas de las primeras novias que retraté durante mi carrera. Durante mucho tiempo me promocioné como "el segundo padrino de boda" y tuve la fortuna de tener mi agenda llena (con excepción de abril, mes que destinaba a mi viaje anual por España), por lo que se me contrataba hasta con un año de anticipación.

La seguridad para hacer las cosas ha sido producto de todo lo aprendido, que he ido recogiendo y perfeccionando. Sin embargo, también he tenido que renunciar a técnicas y métodos que se volvieron obsoletos. Lo pasado es eso, pasado, historia, ya no es útil. Me he tenido que mantener en la frontera del conocimiento, con la tecnología de punta del momento. En tres o cuatro ocasiones me he visto obligado a transformarme y empezar de cero.

Hacia finales del siglo XX comenzó para mí la mayor de las reinvenciones. Por principio, el estudio de Reforma se cerró en 1994. En aquella época se multiplicaron las marchas, al tiempo que la crisis económica repercutió sensiblemente en la Zona Rosa, que dejó de ser el distinguido centro comercial que había sido y el lugar de reunión para comer en los mejores restaurantes de la ciudad. Para colmo, proliferaron las llamadas "marías". En la entrada del estudio se instalaban permanentemente dos de ellas. La gente pasaba por ahí, se asomaba por la ventana, pero desistía de entrar por la obstrucción de estas mujeres, que llegaron incluso a aventarme piedras. Además, trasladarme todos los días de mi casa del Pedregal al estudio de Reforma y viceversa me implicaba mucho esfuerzo; tenía que salir del sur a las siete de la mañana para evitar el tráfico, aunque luego debía volver porque tenía alguna cita para retratar en el jardín.

Decidí cerrar ese estudio y abrir otro en el Camino Real, donde siempre tuve una oficina junto al área de banquetes. Alquilé finalmente dos locales que daban a la calle de Leibniz (junto a Aeroméxico), uno para retratar y otro para atender, y ahí permanecí 12 años.

Al poco tiempo, en 1998, recibí con alegría un comunicado de la American Society of Photographers, en el que me anunciaba que había sido seleccionado para recibir el ASP International Award. Era la primera vez que se le otorgaba ese reconocimiento a un fotógrafo de ascendencia latina. Desde 1982, solamente 17 personas o instituciones se habían hecho acreedoras al premio. Entre ellas, el Dr. Edwind Land & Polaroid Corp. (1984), Victor Hasselblad, Inc. (1985), Eastman Kodak Company (1987), National Geographic Society (1989), Gina Lollobrigida (1990), Brooks Institute (1991), Al Gilbert de Canadá (1994) y Fuji Photo Film (1996).

El banquete de recepción tuvo lugar el 3 de agosto en el Napoleon Ballroom del New Orleans Hilton, en Louisiana. Asistieron todos los jerarcas de la industria fotográfica de Estados Unidos, representantes de las asociaciones fotográficas de varios países y fotógrafos internacionalmente reconocidos. Yo acudí feliz con todos mis hijos, cada uno de los cuales departió en una mesa distinta. En la de honor me acompañó mi hija Catalina. Al inicio del evento, de 400 invitados, entraron dos motociclistas montados en sus Harleys con las sirenas y las luces encendidas, para dar dos vueltas alrededor del salón. ¡Qué sorpresa tan original! Para la presentación que hice antes de recibir la presea, Héctor Armando preparó un audiovisual con la semblanza de mi trabajo y fotos de los viajes realizados para impartir las conferencias. Fue una noche inolvidable. La ceremonia, presidida por Ralph Romaguera, se llevó a cabo en medio de aplausos y vivas de los mexicanos que estábamos en el salón. Esa noche estuvieran presentes los fotógrafos en quienes me he inspirado, encabezados por Al Gilbert, mi ídolo. Además, la Sociedad Mexicana de Fotógrafos me entregó otro reconocimiento.

De regreso a México, mi vida personal empezó a volverse solitaria. Después de varios desencuentros en nuestra relación, Yolanda y yo nos pronunciamos por un divorcio de común acuerdo. El proceso duró casi dos años. Después de 42 años de matrimonio, volví a estar soltero y, una vez más, a empezar de cero. Y es que, al quedarse ella en la casa del Pedregal, ese estudio –con el magnífico plató– se acabó para mí.

Poco tiempo después conocí a Gloria Inés, mi segunda esposa, con quien me fui a vivir a San Miguel de Allende, en una especie de año sabático. Sin embargo, tuve que regresar antes de lo previsto a la ciudad de México por dos motivos. Primero, porque mi madre estaba gravísima; de hecho, murió en enero de 2002. Y segundo, por las repercusiones económicas del atentado a las Torres Gemelas de Nueva York, lo que nos impidió prolongar nuestra estancia en la ciudad guanajuatense.

Retomé mi profesión haciendo varios cambios. En primer lugar, cerré el estudio en el Camino Real porque dejó de ser rentable y, a cambio de ello, abrí una oficina en Ejército Nacional. Mis clientes habituales, más el trabajo con el gobierno de Fox, me permitieron continuar satisfactoriamente. Pero los cinco meses que duró el desafortunado plantón organizado por López Obrador en Paseo de la Reforma me afectaron muchísimo. La gente estaba muy temerosa por el destino del país, varios negocios quebraron y, en nuestro caso, llegar al rumbo donde nos encontrábamos les resultaba muy complicado a los clientes por el dichoso plantón.

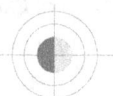

No obstante todas estas vicisitudes, nunca he dejado de trabajar, si bien ahora atiendo desde casa (home office) las solicitudes especiales de clientes muy seleccionados. Además, estuve entregado por completo a organizar y digitalizar personalmente el archivo de mi padre, y no sólo porque es un legado, sino porque concluir esta tarea es para mí una obligación moral. Este gran proyecto me permitió también conocer a personas extraordinarias que amablemente han colaborado conmigo: Consuelo Sáizar, Joaquín Diez-Canedo y Moisés Rosas, Henóc de Santiago, Santiago Lastiri, Juan Carlos Jiménez y Luis Calvillo, éste último de la compañía Persuasiva.

Con la llegada de las cámaras digitales se acabó la carrera de muchos fotógrafos en todo el mundo. No fue mi caso. Gracias a mis hijos, me siento como pez en el agua manejando las nuevas tecnologías. En la transición a la fotografía digital, ellos jugaron un papel decisivo. Su formación académica y su habilidad me ayudaron a actualizarme y contribuyeron a que yo continuara en esta profesión. Dejé de ser yo para volverme una parte del conjunto, lo cual me llena de orgullo como padre y como profesional. Lo mismo que logró mi padre conmigo lo pude hacer yo con mis hijos.

Estoy preparado para seguir trabajando al lado de Héctor Armando. Graduado del Brooks Institute, mi hijo ha realizado fotos fantásticas para importantes clientes de México y varias partes del mundo. Ha sido mi apoyo técnico en todas las sesiones de política y mi compañero en otras grandes asignaciones, como la de hoteles Sheraton en el Cercano Oriente. Su trayectoria profesional le ha hecho merecedor de reconocimientos entre mis colegas fotógrafos de Estados Unidos, en especial de la American Society of Media Photographers (ASMP), que en 2012 le otorgó la distinción de Best Photographer. Alternamos en las conferencias que impartimos para Polaroid en Brasil y la ciudad de Chicago, entre muchos otros lugares. Además, él y su talentosa esposa, la pintora Patricia Benet, me invitan a compartir el rincón de bon vivants que tienen en San Miguel de Allende.

Catalina, mi hija mayor, trabajó conmigo desde pequeña, ayudándome a arreglar el vestido de las novias, allá en el estudio de Cráter. Después de graduarse de Comunicación en la Universidad Iberoamericana, fue creciendo profesionalmente hasta convertirse en fotógrafa por derecho propio. Su estilo joven y desenfadado le gustó a muchas personas, y se hizo de un muy buen nombre dentro del ámbito corporativo y social. Sin embargo, luego de 26 años dedicada a la foto, dio un salto "cuántico" para dedicarse al estudio e investigación de la cultura judía y la Kabalá. Hizo una maestría en estudios judaicos en la Universidad Hebraica; escribió el libro *Lo que siempre quisiste saber sobre los judíos... pero nadie te supo explicar*, y hoy está dedicada de lleno a los libros, las clases y las conferencias sobre este tema, que le apasiona. Dice que a la fotografía la querrá siempre porque le enseñó a ganarse la vida de una manera maravillosa, le abrió las puertas del mundo y le dio grandes satisfacciones.

Con Yolanda Siloy no me une una relación profesional, pero sí un vínculo de enorme solidaridad. Ella siempre se muestra dispuesta a auxiliarme en mis rutinas cotidianas y a brindarme los cuidados que se requieren en caso de enfermedad.

Por su talento y personalidad, Ana Lourdes se ha ganado un lugar especial en el ámbito cultural y artístico, además de ser fotógrafa de las personalidades de la alta sociedad del país, privilegio que compartí con ella a lo largo de varios años.

Después de dedicarse a la fotografía por un tiempo, Juan Pedro se centró en los negocios y ha logrado –con un gran esfuerzo– reestructurar la empresa Masterfot, creada en la familia. Sus ideas e innovaciones le han llevado a ser uno de los mejores proveedores de equipos fotográficos e impresión digital. Asimismo, tiene a su cargo la colección fotográfica de los Herrera a lo largo de cuatro generaciones. Más de 200 cámaras de todo tipo, una cantidad enorme de fotos, álbumes, trofeos, diplomas, cartas y otros recuerdos conforman el acervo, que pronto podrá exhibirse en el museo de lo que será la Fundación Herrera Fotógrafos.

Además, comparto con mi hijo menor su paraíso tenístico en Cuernavaca y su afición por los viajes. ¡Hemos recorrido España en viajes maravillosos!

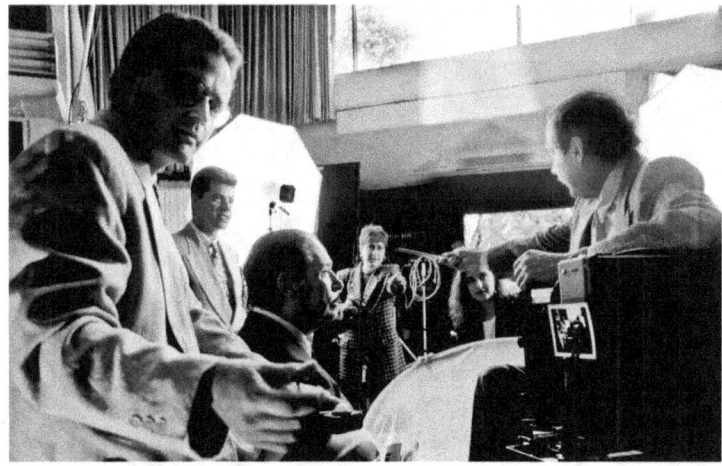

Armando Herrera mi padre, sentado al centro. Lo rodean Juan Pedro, Ana Lourdes y Catalina. Yo dirijo la foto y Héctor Armando acciona el cable disparador. Una *selfie* de los Herrera, décadas antes de que existieran los teléfonos celulares.

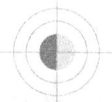

A lo mejor la tradición fotográfica termina cuando la vida del último de mis hijos llegue a su fin. Pero, aun así, habrá durado muchísimo, desde 1896 hasta ese día. En todo este tiempo, los Herrera hemos aprendido que la respuesta no está en la tecnología por sí sola, sino en quién está detrás de ella y en el equipo humano que nos acompaña. No deja de sorprenderme todo lo que hemos hecho en tantos años, la cantidad de proyectos tan disímbolos y tan satisfactorios en los que hemos participado desde la época de mi abuelo hasta el día de hoy. Ninguno ha hecho una fortuna gracias a esta profesión, pero hemos acumulado algo más valioso: los momentos más importantes en la vida de miles de personas.

En mi caso, a ello se suma mi familia, el mayor de mis tesoros. Si alguien me preguntara qué persigo en la vida, contestaría sin dudar que deseo tener salud para seguir disfrutando de la felicidad que me regalan mis hijos, mis nueras Patricia, Cynthia, Mónica, Angélica; y yernos Charlie, Guillermo y Shalom; mis nietos Jessica y Francisco, Pía y Alejandro, Héctor Emilio, Mariana, Regina, Mariela y Mijal; mis hermanas Norma y Cecilia, y mis sobrinos Raúl, Armando, Eduardo y Ana Ceci.

Y ahora, tengo el privilegio de vivir una relación con una encantadora mujer, Patricia Salmón. Todo ocurrió porque un día mi hermana Cecilia me dijo: "Te voy a presentar a una amiga que creo que te va a caer muy bien". Así fue. No sólo me cayó muy bien sino que he tenido la suerte de compartir con ella la mayor parte de mi vida actual y lograr una estabilidad emocional muy grata. Disfrutamos frecuentemente los fines de semana en casas de nuestros hijos y especialmente, tenemos el placer de viajar a lugares lejanos. Hablamos largamente de nuestras anécdotas personales, respetamos nuestros tiempos de trabajo, nuestras costumbres y compartimos muy a gusto las funciones musicales, el cine, los restaurantes y las reuniones con amigos. Pero sobre todo, el cariño de nuestras familias y la satisfacción de compartir con ellas, es un motivo más que nos ha unido.

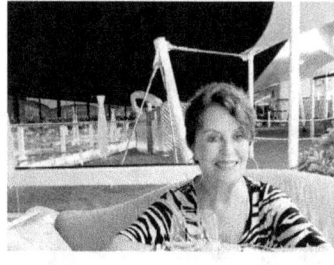
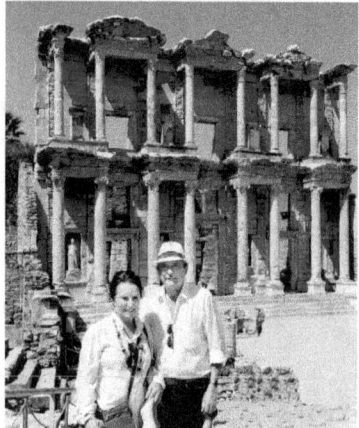
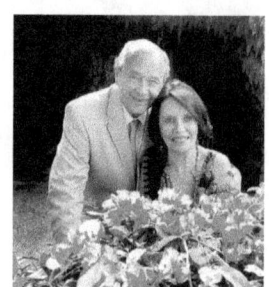

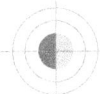

Por último, antes de cerrar este libro, debo confesar un secreto: me encanta retratar sin cámara. Es una inveterada costumbre que practico constantemente y de manera natural en la vida cotidiana. Me subyuga la luz y cómo envuelve a las personas en forma sorpresiva y encantadora. Me emociona retratar así, inesperadamente, con mi cámara más valiosa y más sofisticada: ¡la de mis ojos! Las personas no saben que las estoy retratando, aunque creo que, en cierta medida, intuyen que las observo con un aprecio especial y una admiración sincera. Y suelen sonreír sin razón y, así, me dedican las miradas más hermosas... de alegría, de amor, de ilusión. Entonces tomo esas fotos sin dudar y con gran deleite, y las guardo para siempre en mi alma, en el archivo de mi corazón. De hecho, ése es realmente mi archivo más querido, mi gran tesoro.

Con los años la piel se va adelgazando y la fuerza física se va perdiendo. Pero, a cambio de ello, se adquiere mayor sensibilidad y entendimiento. Continuaré retratando a la gente siempre, a veces sin cámara y sin que se dé cuenta. Mis ojos, que muchas veces han llorado de emoción, son la mejor cámara de la gran colección que poseemos.

La verdad es que todo en mi vida ha sido gozo, emoción y responsabilidad. He participado en los momentos estelares de muchas personalidades de mi país y he compartido la felicidad de las familias mexicanas.

Me siento satisfecho por los logros en mi carrera, por la conquista profesional de Estados Unidos y España en nombre de México y, muy especialmente, por la cuarta generación de la dinastía Herrera.

Así pues, dejemos hasta aquí este relato de historias y fotos selectas de mi vida. Hay muchas más fotos e historias: ¡son tantas! Si Dios me presta vida, ojalá que pueda continuar contando momentos y fotos memorables en nuevos libros.

Finalmente, quiero decir que soy un creyente agradecido de Nuestro Señor. Soy guadalupano, macareno y sanjudista. Estoy muy orgulloso de ser mexicano y de vivir los milagros y maravillas que, a veces inexplicablemente, suceden en este joven país, cuya alegría y esperanza han sido para mí de un motivo de inspiración y de realización plena.

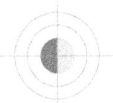

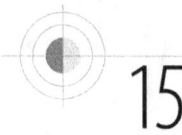
SORPRESA INESPERADA:
EL WARREN MOTTS INTERNATIONAL SERVICE AWARD

El 8 de octubre de 2015 recibí un fabuloso correo electrónico. Era una carta de la PPA, la Professional Photographers Association de Estados Unidos (que tiene 29,000 socios en 54 países) en la que me participaban que había sido seleccionado para recibir un premio muy significativo. Se trata del International Warren Motts Award, que me otorgan como reconocimiento al servicio destacado en la fotografía profesional a lo largo de toda una vida.

Asímismo, en un mensaje posterior me invitaban a participar como representante de mi país, México, en la Ceremonia de Premios. Aquí reproduzco la carta:

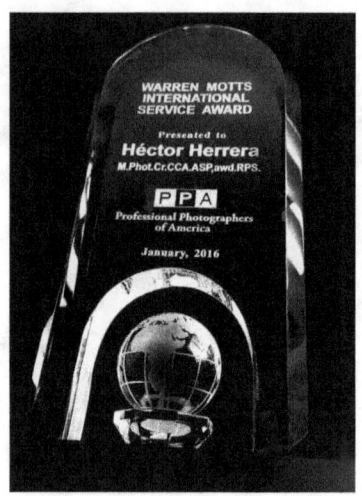

WARREN MOTTS INTERNATIONAL SERVICE AWARD

Dear Héctor,
It is my great pleasure to inform you that you have been selected to receive the **WARREN MOTTS INTERNATIONAL SERVICE AWARD** by PPA's Board of Directors. You were chosen for this award in recognition of your outstanding service to professional photography and to PPA.

PPA invites you to participate in our annual Awards & Degree Ceremony, where you will be honored and presented with the Award. The Ceremony will be held at Imaging USA in Atlanta, GA on Tuesday, January 12, 2016. Details about the event will be distributed in late October.

We would like to ensure customization of our award citation and kindly ask you to forward your biography to Kristen Hartman at khartman@ppa.com the latest by October 22nd.

Please confirm your attendance in order to arrange your complimentary conference registration. I am able to assist you with your hotel reservations and other conference details. You will be responsible for your own travel and hotel costs. Please feel free to contact me if you need additional information at slang@ppa.com or, 404 522 8600 x 222.

Our congratulations on receiving the award, and our sincere thanks for your personal contributions, which have made a lasting and positive difference in our profession and PPA.

I hope you will be able to join us at this exciting celebration of photographers' accomplishments!

Sandra
Sandra Lang/Executive Assistant
PPA/Professional Photographers of America

The host of Imaging USA, Professional Photographers of America (PPA) is the world's largest non-profit association for professional photographers. Founded in 1869, PPA currently has more than 29,000 members in 54 countries.

La carta me sorprendió. No tenía la menor idea de que iba a recibir esta maravillosa noticia que por supuesto fue de enorme alegría. De inmediato llamé a mis hijos para compartir la sorpresa y todos coincidimos en que es el reconocimiento más importante de mi trayectoria profesional.

En cuanto se dio a conocer la noticia oficial, mis colegas y amigos fotógrafos de los Estados Unidos empezaron a enviarme felicitaciones a través de mi correo electrónico. En México la noticia fue difundida y muy bien aceptada por quienes me conocen.

De inmediato mi hijo Juan Pedro se apuntó para acompañarme a la entrega del premio; hizo las reservaciones de avión y hotel para viajar a Atlanta el domingo 10 de enero del 2016. Llegamos a tiempo para asistir al cóctel para los socios internacionales.

La bienvenida fue increíble. Al brindis llegaron muchos amigos de los varios países que he visitado para dar conferencias. Estaban presentes los colegas de Venezuela, Brasil y Puerto Rico; otros como los amigos de Filipinas, recordaban con especial afecto aquellas pláticas profesionales. Estaban tan contentos: era la primera vez que este reconocimiento se entregaría un fotógrafo de procedencia latina.

El lunes 11 de enero por la mañana estuvimos visitando los stands de la Convención para conocer los más recientes avances en presentación de productos, pero no pudimos ver mucho pues nos encontramos a tantas personas en el camino. Fue muy bonito, porque como dice Juan Pedro: "No dábamos 10 pasos cuando alguien se acercaba a saludar y felicitar". Nos llevó un buen rato recorrer la expo...

Por la noche asistimos al evento de la American Society of Photographers (ASP), invitados por nuestro amigo Toni Cilento. Me dio un enorme gusto volver a reunirme con muchos compañeros de Cameracraftsmen. Ahí estaban Christopher Der Manuelian, Greg Daniel, Jon Allyn, Sara Smith, Joseph y Alice Simone, William Branson III y Don MacGregor entre otros muchos.

Finalmente llegó el gran día. El martes 12 de enero se presentaron las banderas de los países participantes. Estar en el escenario junto a la bandera mexicana y escuchar el gran aplauso cuando dijeron el nombre de México unido al mío, fue algo extraordinario.

Luego de este emotivo momento dio inició el programa. Primero se procedió a la entrega de los premios principales. Desde el escenario el Presidente de la PPA, Michael Simmons, dijo unas palabras referentes a mi trayectoria: "...ha dado conferencias y seminarios en 27 países de cuatro continentes, como Mentor de Eastman Kodak y representante de Polaroid Internacional...". Al mencionar mi nombre me levanté, caminé hacia el estrado y subí al escenario: me acompañó una larga ovación de los dos mil asistentes al teatro. Fue memorable.

El Presidente me entregó una escultura de cristal con la leyenda respectiva. Tuve un minuto para agradecer el premio. Hice mención de que la PPA ha sido para todos una base sólida en el desarrollo de nuestra profesión y que gracias a ella y a la inspiración de mis colegas de Cameracraftsmen fue que pude mostrar al mundo el desempeño que he tenido en mi querido México.

Cuando regresé a mi asiento Juan Pedro, Patricia Salmón y Angélica Gutiérrez, fueron los primeros en felicitarme y darme cariñosos abrazos. Sí, ¡los abrazos se repitieron durante toda la noche!

Al finalizar la ceremonia se ofreció una cena de gala allí mismo en el teatro del de la ciudad. Fue inolvidable compartir esa noche con tantísimos colegas y amigos que hacía tiempo no veía. Además, vinieron a saludarme muchas personas, especialmente muchos jóvenes fotógrafos latinoamericanos que yo no conocía pero ¡ellos sí me conocían! Fue maravilloso.

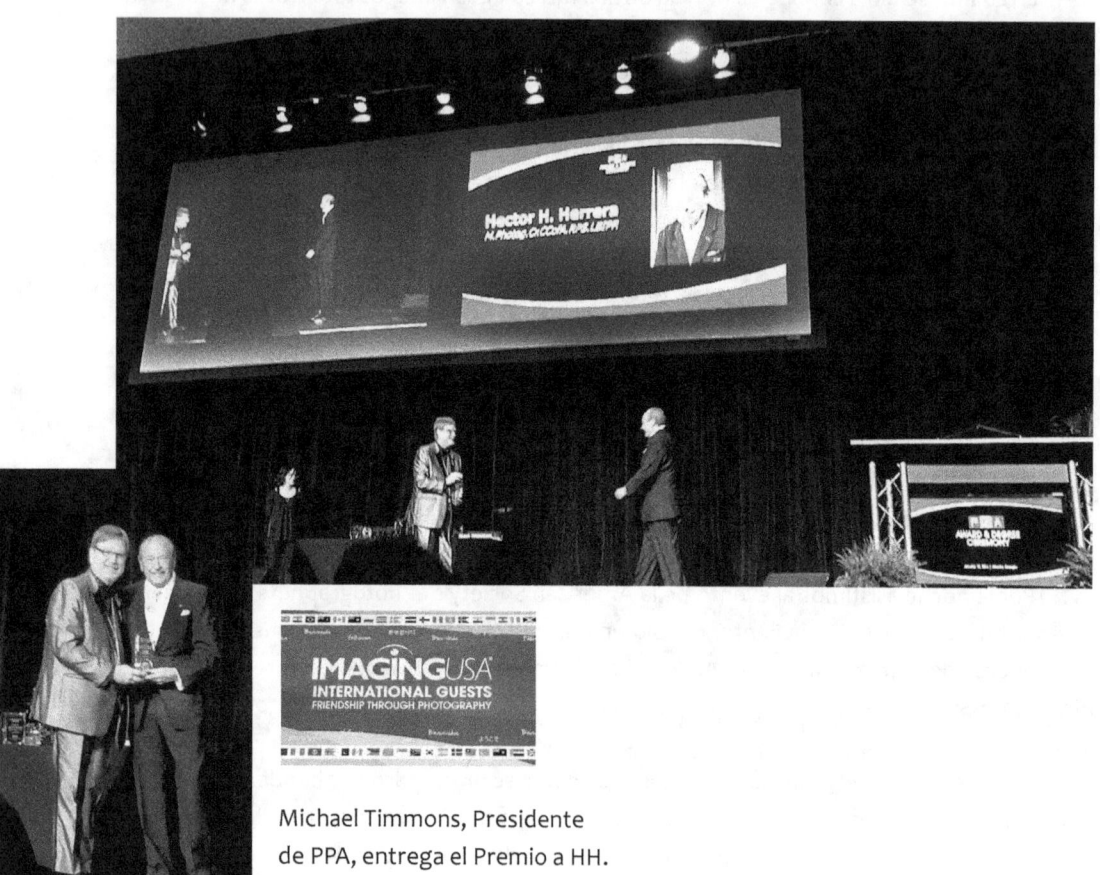

Michael Timmons, Presidente de PPA, entrega el Premio a HH.

Representando a México.

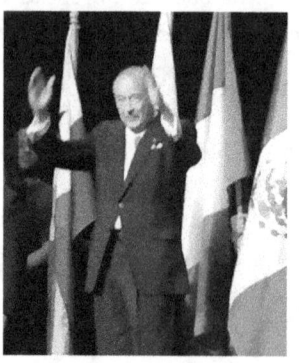

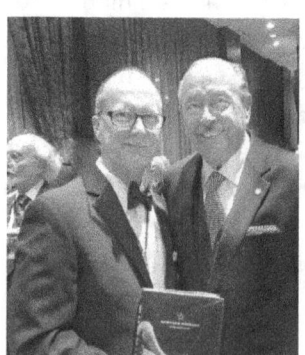

Greg Daniel y HH.

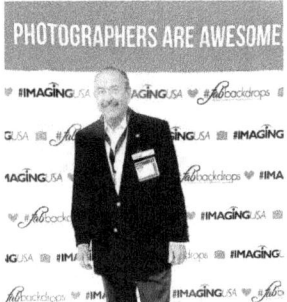

HH con Patricia Salmón.

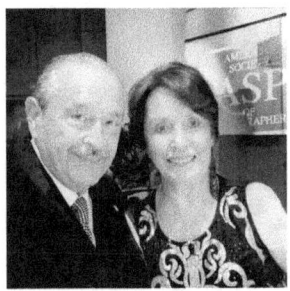

HH con Sara Smith.

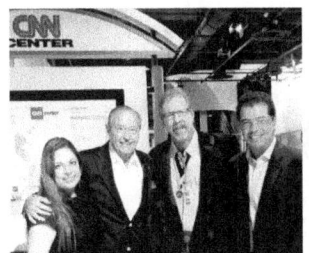

Jon Alyn de CCA con HH,
Juan Pedro y Ann.

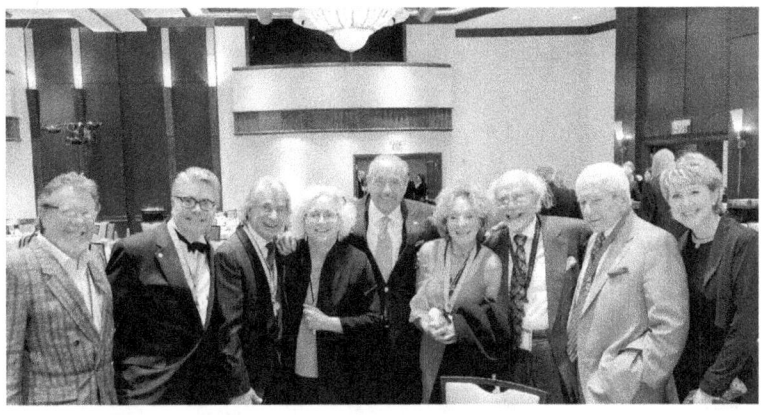

HH rodeado del grupo de Cameracraftsman of America.

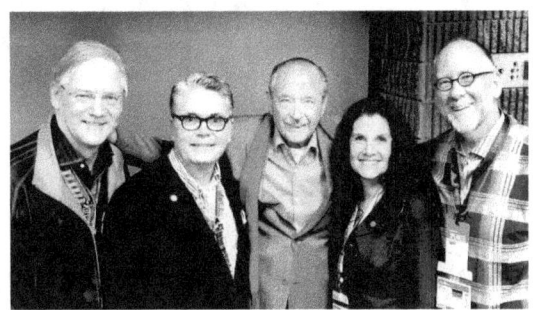

Don MacGregor, William Branson III, HH, Audrey
Wancket y Mike Brandes.

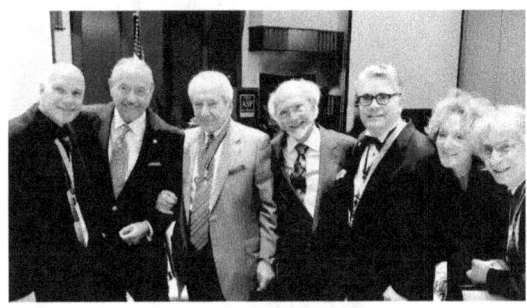

Doran Wilson, HH, Toni Cilento, Christopher Der
Manuelian, William Branson III, Louise
& Joseph Simone.

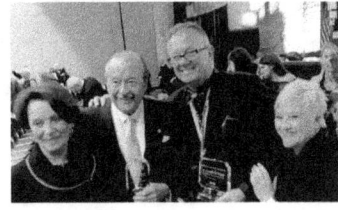

Patricia Salmón y HH con
Ralph y Cindy Romaguera.

GALERÍA DE FOTOS

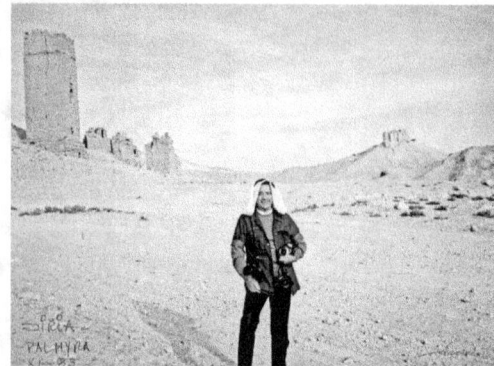

HH en el
desierto de Siria.

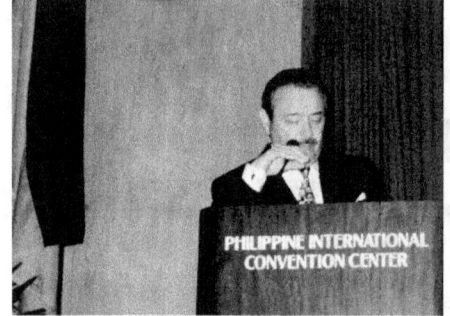

HH en Filipinas.

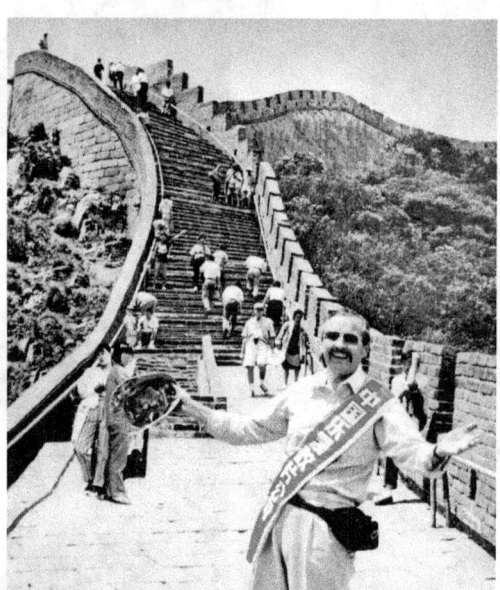

HH en la
Muralla China.

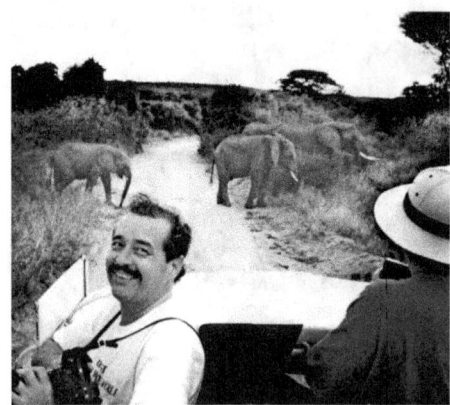

HH en el safari a África de la
Royal Photographic Society.

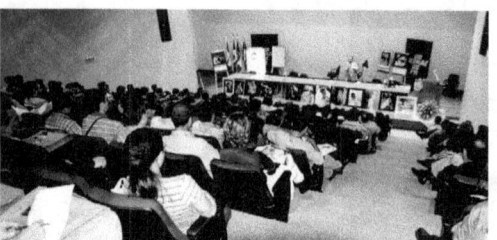

HH en Brasil.

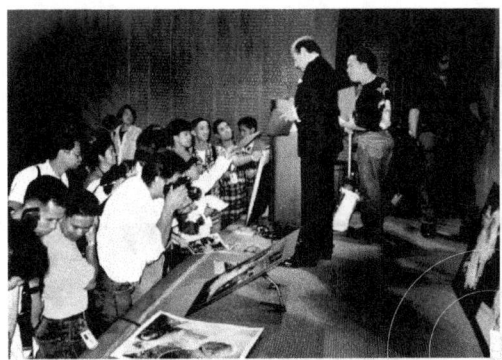

HH en acción,
Costa Rica.

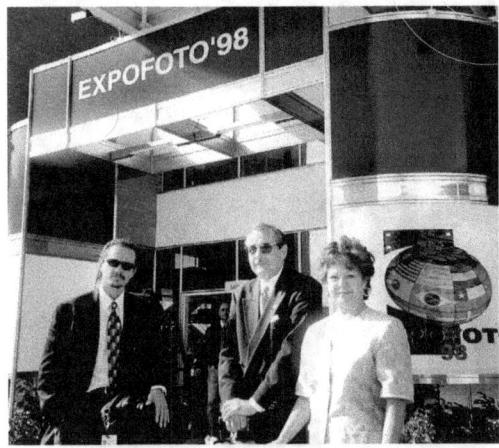

HH en España.

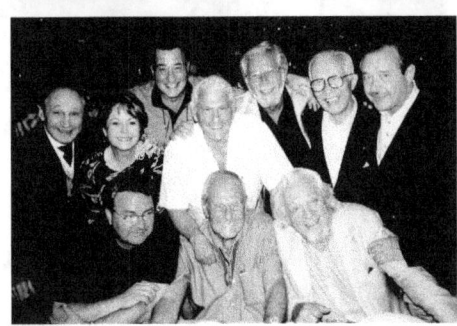

Howel, Yoli, Gilbert, Smiley,
Mike Ono, HH, Jaffe y Jay
Stoke, entre amigos.

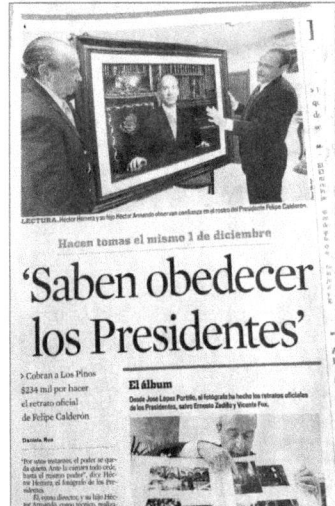

Periódico Reforma
2006

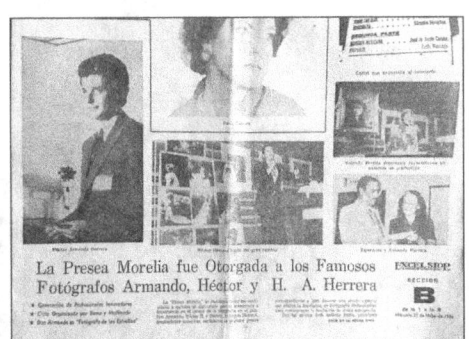

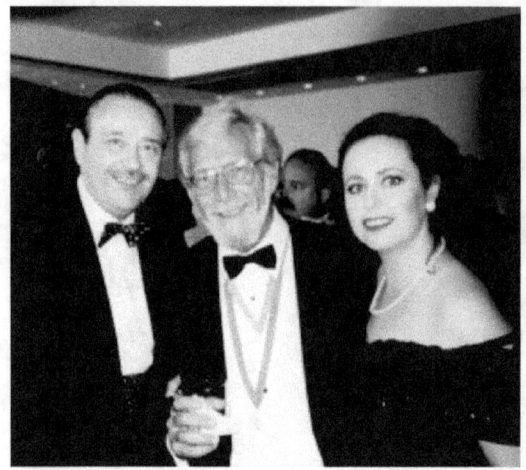

HH, Art Smiley y Yolanda Herrera
en New Orleans.

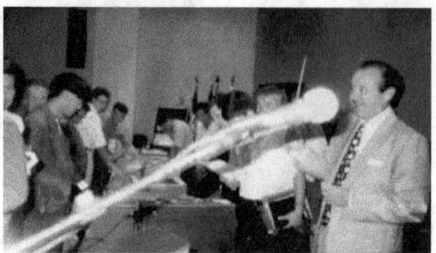

Caracas , Asociacion de Profesionales
de Venezuela.

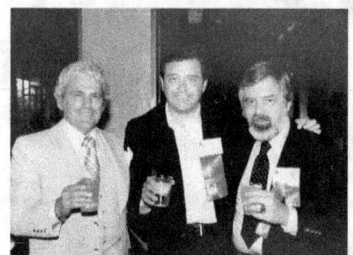

AL Gilbert, HH y León Kennamer,
1977.

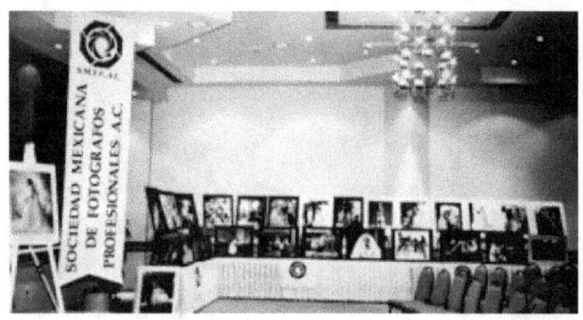

En México.

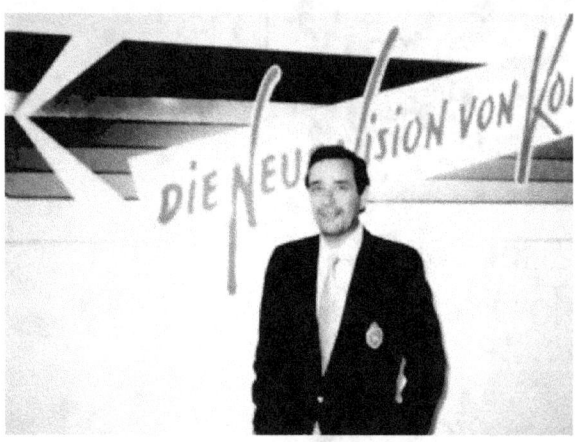

Speaker en Photokina, Alemania,
patrocinado por Kodak.

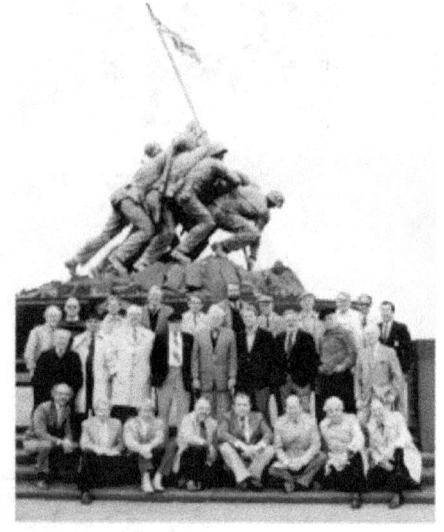

En Washington, D.C.

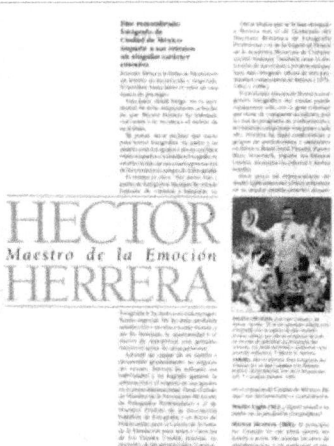

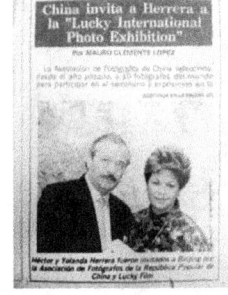

España, Asociación de Fotógrafos de la Provincia de Madrid.

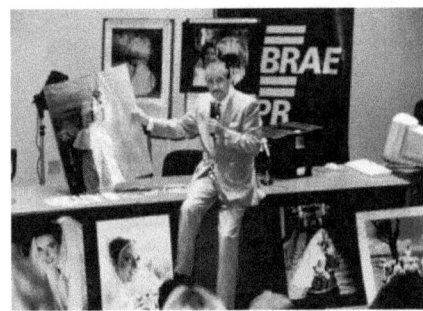

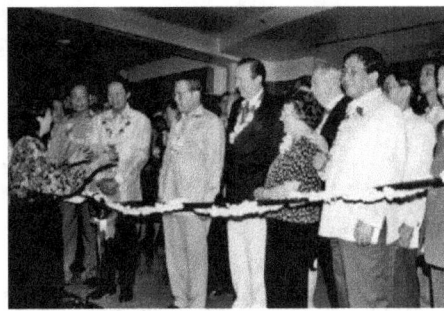

HH en Manila, invitado por Photographers Asoc., Filipinas.

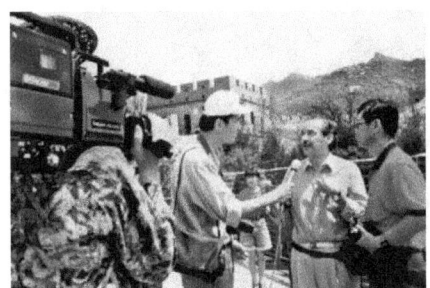

HH invitado a Beijing, China por Lucky Film Inc.

Houston, Texas.

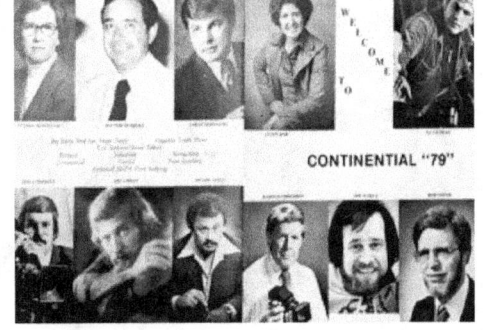

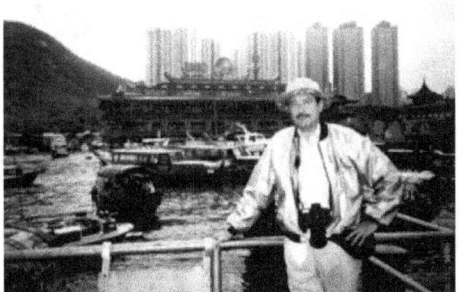

En Hong Kong invitado por Eastman Kodak Co.

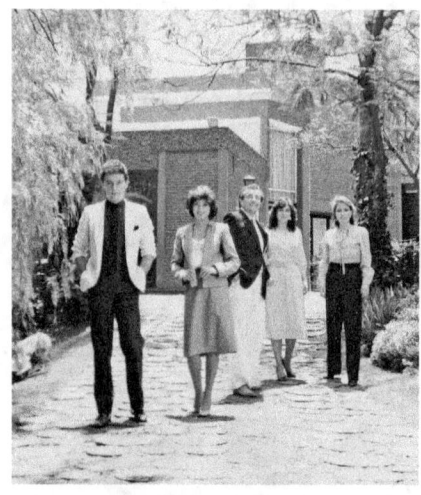

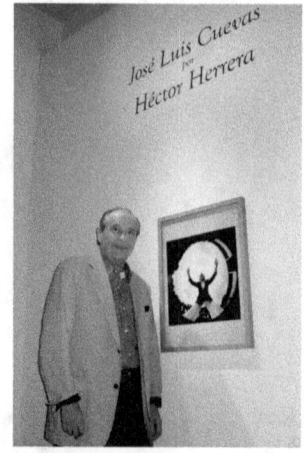

Héctor Armando, Catalina, HH, Yolis y
Ana Lourdes en Plató, 1984.

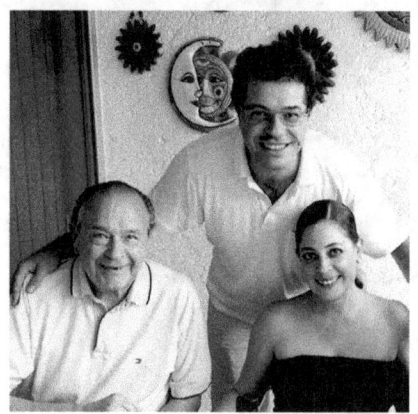

HH, Juan Pedro y Ann.

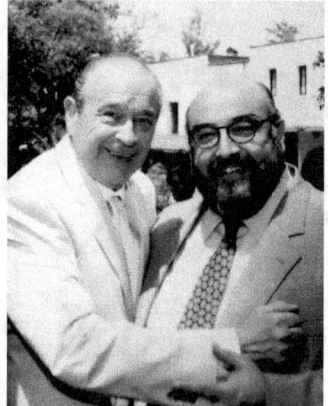

HH, Charlie Oppenheim.

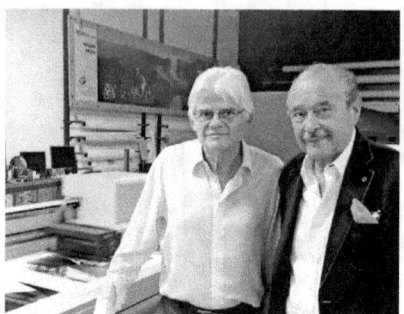

Mario Peynetti y HH.

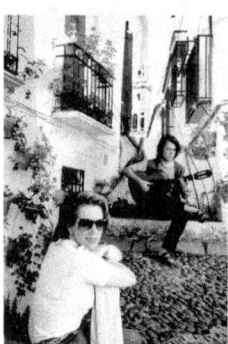

Gloria Inés en Córdoba.

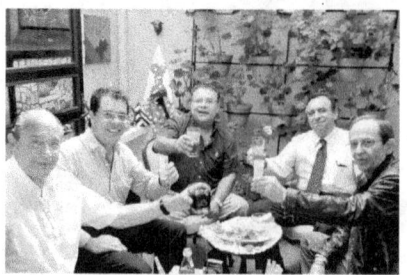

HH, Juan Pedro,
Juan Carlos y
Jiménez, Santiago
Lastiri y Alfonso
Cortés, en mi
patio Andaluz.

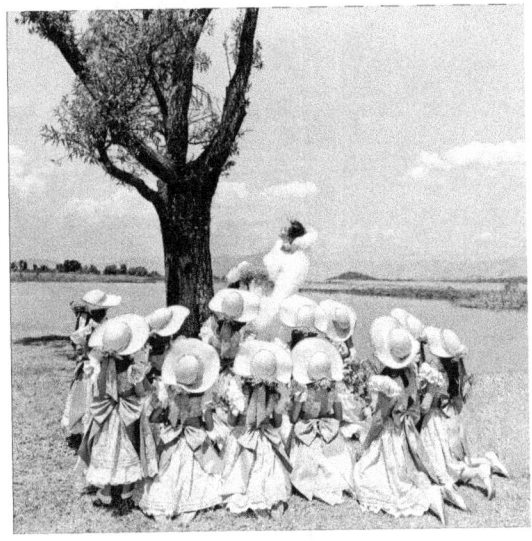

Foto multipremiada
tomada en Pátzcuaro.

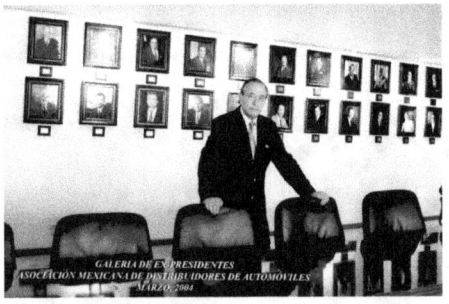

Galería de la AMDA.

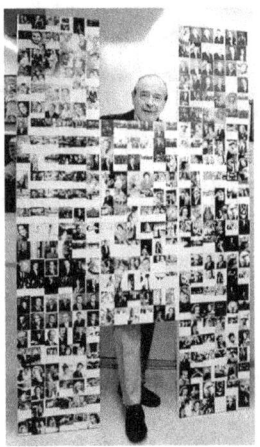

El taller.

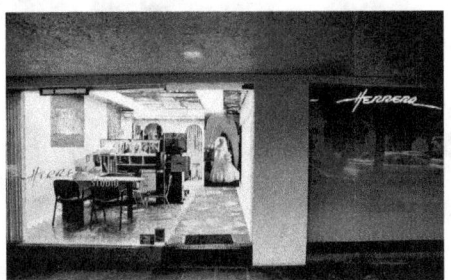

El estudio de Camino Real.

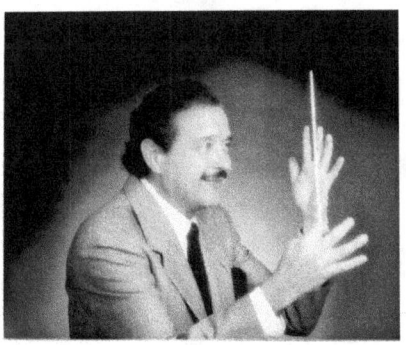

Con la batuta.

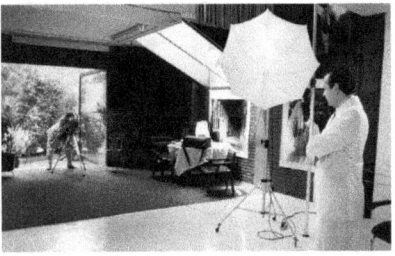

Tomando la foto que aparece en
la portada de este libro.

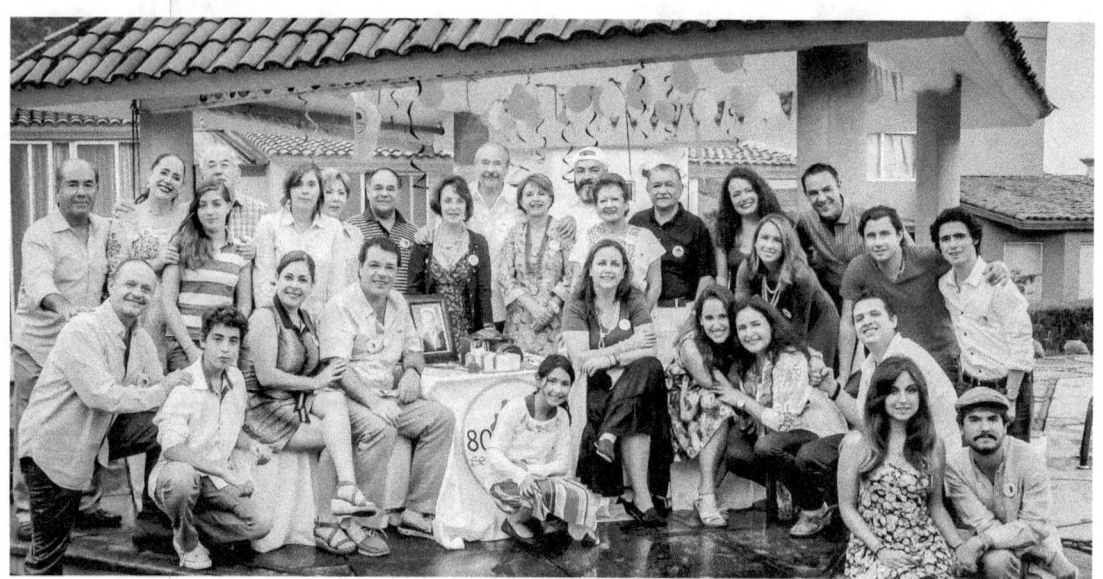

 La celebración de mi cumpleaños 80.

AGRADECIMIENTOS

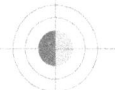

- A mis asistentes y otros colaboradores por su lealtad y esfuerzo en estas seis décadas de trabajo:
- Estudio de Calzada de la Piedad 643: Ponciano Rodríguez ("Titino"), Débora Ramos, Roberto Corral Shodas, Oscar Gallegos y Arturo Salinas.
- Estudio de Victoria 6: Juan Díaz, Manuel Novoa, Pepe Cedillo, Mauro Velázquez, René Rocha y Lupita Nieto ("Pitis").
- Estudio del hotel Suites Emperador: Julito Martínez, Polo Cardiel, Rosi de la Cerda, Enrique Cuevas, L. Corkidi y Fernando González Pérez.
- Estudio de Paseo de la Reforma 284 y plató de Cráter 161: Juan Pedro Herrera, Gerardo Gaudiano, Felipe Sáenz ("Fito"), Narciso Bolaños, María Ángeles, Nina Marentes, Gina de Felipe, Efraín Tinajero, Dolores Flores, Gunter Sommer, Arturo Barbabosa, Pepe Mata, Jorge Moreno, Antonio Robles, Iliana Ramírez, Marcos Samaia, Liliana Camarillo, Ángela y Juliana Haas.
- Estudio del hotel Presidente Chapultepec: Catalina Herrera.
- Estudio del hotel Camino Real: Ana Lourdes Herrera, Héctor Armando Herrera, Felipe Sáenz ("Fito"), Carlos Fernández, Percival Abuadili, René Ramírez, Aarón Basurto, Aída Colorado, Eduardo Espinoza, Adriana Solís, Enrique Segarra y Víctor Pérez Chávez.
- Estudio de Homero esquina con Lamartine (con Alfonso Cortés Ogando como asociado): Gerardo Luna, Luis Alberto González, René Pérez y Felipe Sáenz.
- A mi hija Ana Lourdes, por su gran cariño y su deseo de promover con singular entusiasmo la edición de este libro autobiográfico.
- A mis amigos, por su papel decisivo en mi realización profesional y personal: Ángel González Avelar, ingeniero José María Alverde, Bernardo Sancristóbal, Mario Peynetti, Art Smiley (Estados Unidos), ingeniero Rubén Ramírez Aguilar, Paul Gittings Jr. (Estados Unidos), Paul M. Ness (Estados Unidos), Al Gilbert (Canadá), Jorge Pratt, Jordi Sayrols, ingeniero Francisco Torres Nieto, Francisco Rivera Agüero, ingeniero Manuel Lourdes Camino, David Rodríguez, Arturo y Carlos Ysunza, Guadalupe Nieto Isunza, Olegario Vázquez Raña y señora, Joaquín Rovira (España), Ángel Gamero (España), Antonio Solanas (España), Marcela Ibáñez de Moya Palencia, Tere Haas, Pepe Cartagena (España), Charlie Oppenheim, Napoleón Garza, Carmen y Alfonso Cortés, Consuelo Sáizar, Francisco de Dios, Noé Amaro, Alejo Peralta, ingeniero Alberto Sánchez Palazuelos, Bruce Grossman, Manuel Arellano, Ignacio Díaz de León, Guillermo Vargas Plauchú, Patricia Benet de Herrera, licenciado Eduardo Tenorio, Cynthia Cruz Schifferli, licenciado José Luis Lechuga, licenciado Arturo Llorente, familia Giraud (de Fujifilm), Shalom Guilbert, Mónica Mistretta, Angélica Gutiérrez Reus, licenciado José Luis Caballero, doctor Francisco Hidalgo, doctor Carlos Solís Durán, doctor Hideo Murakami, doctor Luis F. Uscanga, doctor Enrique Benet, Meche A. De Medina, doctor Elías Corral, doctor Yoram Zebnovaty, doctor Xavier Escudero, doctor René Narváez, doctor Martín Suárez Beltrán, Sergio y Guadalupe Calderón, arquitecto Eduardo Vázquez y, especialmente, María Patricia Salmón y Valenzuela.

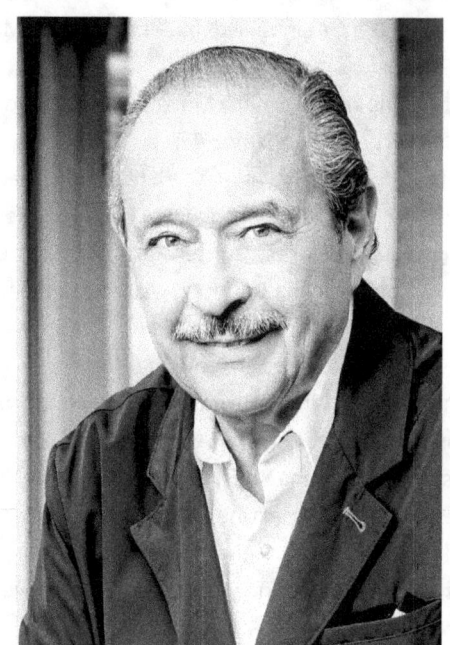

Héctor Herrera, 2014.

ANEXOS

EL SELLO HERRERA

Héctor H. Herrera (Ciudad de México, 1934), considerado el líder de la fotografía de retratos en los países de habla hispana, fue mentor de Eastman Kodak y Polaroid, lo que le brindó la oportunidad de impartir sus conferencias en 27 ciudades de cuatro continentes. Es miembro activo por invitación del exclusivo Cameracraftsmen of America (integrado por tan sólo 40 fotógrafos). Entre sus principales reconocimientos destacan: premio internacional de la American Society of Photographers; Warren Motts International Service Award, de la Professional Photographers of America; Premio Nacional de Fotografía, de la Sociedad Mexicana de Fotógrafos Profesionales (de la que también es fundador); Lucky Film Award; premio Curitiba Brasil, de la Sociedade Da Foto Sao Paulo; medalla de la Professional Photographers of Kyoto, y medalla de Canon Bangkok Ltd. Además, ha sido licenciate de la Royal Photographic Society de Gran Bretaña y de el British Institute of Professional Photography; exhibidor y trustee del Hall of Fame de la Photographic Art and Science Foundation, Inc.; miembro de la Legión de Honor de la Academia Mexicana de Comunicación Humana; maestro Profoto, de la Asociación Española de Fotografía; expositor del Musée Nationale de la Photographie de París, y merecedor de más de 220 diplomas.

Es editor y coautor del libro *Armando Herrera, el fotógrafo de las estrellas* (con prólogo de Carlos Monsiváis), Fondo de Cultura Económica, 2009; editor de *La cámara y la gabardina* (Televisa Editorial 2011), libro sobre Mario Moreno Cantinflas y Armando Herrera, , y autor del libro anecdótico, *Héctor Herrera: Retratando la Vida*, Masterfot, 2015. Asimismo, parte de su obra se ha reproducido en diversos libros, tales como: *El toreo en México* (Artes de México, 1967), *Cocinas mexicanas. Escenas pintorescas* (Edamex, 1974), *New Portraits Techni-ques* (Eastman Kodak Rochester, 1982), *Portrait Photography World* (Curtis Publisher, 1984), *Escenas mexicanas*, siglo XIX (Edamex, 1985), libro anual de la *Cameracraftsmen of America* (1985, 1990, 1995), *Minolta Mirror* (1986), *Studio Light* (1989), *Un gran disparo - Videoclick Kodak* (1990), *ABC Wedding Photography* (Lucky Film Corp., China, 1995) y *The Business and Marketing Photography* (Mac Donald Publications), junto con cientos de revistas alrededor del mundo.

Al margen de las más de 5,000 sesiones formales de bodas en las que ha participado, Héctor Herrera es autor y editor de obra fotográfica en diversos ámbitos (comercio e industria, arte, academia, política y espectáculo). Desde 1976 ha retratado a siete presidentes mexicanos de manera consecutiva, que se suman a los miles de retratos que ha realizado a lo largo de su carrera. Empresarios, funcionarios públicos, actores, científicos, deportistas, intelectuales, artistas y un sinnúmero de grupos familiares han sido captados por la lente de este profesional.

Aun cuando es imposible mencionarlos a todos –y perdón por las omisiones–, sirva la siguiente selección, en riguroso orden alfabético, para dar cuenta de una fructífera carrera en la que el maestro Herrera ha impreso sobre la piel de plata su sello distintivo:

María Aguirre, José Alameda, Julio Alemán, Ernesto Alonso, Raymundo Ampudia, Jacqueline Andere, Miguel Alemán Valdés, Manuel Alonso, Benigno Álvarez, Fidel Álvarez, Familia Álvarez Castro, Enrique Álvarez Félix, Raúl Anguiano, Antonio Ariza, Raúl Arroyave, Armando Araiza, Raúl Araiza Jr., Verónica Arias, Raúl Astor, Tessie Autrey, Hugo Avendaño, Alberto Bailleres y familia, Denisse Barroso, Manuel Bartlett, Mercedes Bravo, familia Basagoitia, Gustavo Baz, familia Berthelot, familia Blendell, Roberto Blume, , Ramón Beteta, Héctor Bonilla, Enrique Borja, Genaro Borrego, familia Boullosa, familia Brener, José Luis Buerba, familia Burillo, Andrés Bustamante, Felipe Calderón, Cananea Reyes, familia Cannavati Harp, Guillermo Cañedo, José Carreño Carlón, familia Castillo Loya, Enrique Castillo Pesado, Sofía Castro, familia Cendón, Mercedes Certucha, Jesús Chahin, Daniel Cherem, Kyra B. Chetirkyn, Jacques Chirac, Fernando Cisneros, Manuel Clouthier, Olivia Collins, Gloria Contreras, Agustín Coppel, Isabel Coppel, Joaquín Cordero, Paloma Cordero de De la Madrid, Rocío Cortés, Aída Cuevas, Bertha Cuevas, José Luis Cuevas, Sami David, Germán Dehesa, familia De la Vega Domínguez, familia Del Ángel, familia Del Barrio, Carlo Demichelis, Joaquín Díaz González, Valentín Diez Morodo, Kruschev Dimitar, Daniel Domínguez Choli, Juan Francisco Ealy Ortiz, familia Elizarrarás, familia Elizondo, Manuel Espinoza Iglesias, Ana Caty Fenivessi, familia Ferráez, Eulalio Ferrer, Jorge Flores, familia Fountanet, Vicente Fox, Ricardo Franco Guzmán, familia Franyutti, galería de la AMDA, galería de la Coparmex, galería de Grupo ICA, galería de General Motors, galería del Hospital de la Luz, galería del IMSS, Joaquín Gamboa Pascoe, Nené Gardoqui, Sergio García Ramírez, Lorenzo Garza, Gerardo Gaudiano Jr., Gerardo Gaudiano Sr., Isabel Gómez de Coppel, familia Gómez Gordoa, Miguel González Avelar, Rodolfo González Guevara, Gustavo González Lewis, Antonio González Orozco, Carlos González Zabalegui, Guadalajara F.C., Fernando Guerra, familia Hanono, Carlos Hank González, familia Harari, familia Harp Canavatti, familia Helfon,

Calvin Hemphil, Jaime Hernández, Tulio Hernández, Luis Herrera de la Fuente, familia Herrerador, Eulogio Hurtado, Francisco Ibarra López, Jaime Jean, Jorge Jiménez Cantú, Guillermo Jiménez Morales, Juan Pablo II, Heriberto Juárez, Linda Kuri, Jorge Kahuagi, familia Kanawuati, Don Spiller Kodak, Federico Korte, Francisco Labastida, Adriana Landeros, familia Lanzagorta, Ignacio Larios, familia Lascuráin, familia Lask, Alfredo Leal, familia Lebrija, Agustín Legorreta, familia Leipen, José Luis Lechuga, familia Leonelli, familia Lerdo de Landuchi, Fernando Lerdo de Tejada, familia Leycegui, Alberto Liz, familia Llamas, María Victoria Llamas, familia Llorente, Guadalupe Loaeza, Eugenio López, Sandra López, familia López Abad, familia López Morton, José López Portillo, familia López Vázquez, familia Longoria, Erika Lorenzo, familia Lubesky, Miguel de la Madrid, familia Magaña, Fernando Manzanilla, familia Marentes, Eduardo Mata, Denisse Maerker, familia Maiz, Tarsicio Márquez, familia Martí, Carlos Martí, familia Martínez Vara, familia Massry, familia Mateo, Esteban Mayo, Patricia Medrano, Jesús Mena, Rigoberta Menchú, Manuel Méndez, Eugenio Méndez Docurro, familia Mendoza Aramburu, familia Menéndez, familia Miaja, Fred Micha, familia Mieres, familia Millet, Rodolfo Moctezuma Cid, Rosario Murillo, Enrique Molina, familia Mollinedo, Francisco Mora, familia Morales Paredes, Melquiades Morales, familia Montesinos, Ignacio Morales Lechuga, Tere Morán,

Kena Moreno, familia Morera, familia Morris Cherem, Mario Moya Palencia, familia Murakami, familia Nacif, Anuar Name, Lissete Narezzo, familia Nassar, Josefina Nava, Fernando Noriega, Salvador Novo, Hilda O'Farril, Juan O'Gorman, María Fernanda Ocejo Ana María Olabuenaga, Enrique Olivares Santana, Corinne Palatchi, familia Pámanes, Yolanda Parra, Jesús Patiño, Joaquín Peláez, Alejo Peralta, Gina Perroni, familia Pelletier, Enrique Peña Nieto, David Peñaloza, Carlos Peralta, Humberto Peraza y Ojeda, Carlos Pérez Moreno, Paloma Picasso, Alex Phillips Jr., Diana Ramírez, Rubén Ramírez, Pedro Ramírez Vázquez, Luis Regueiro, Domingo Rex, Pablo Rincón Gallardo, Curro Rivera, familia Rodríguez Alcaine, familia Rodríguez Barrera, Daniela Romo, Jaime Rojas Palacios, familia Rosendo, familia Rozenkranz, Leandro Rovirosa, Guillermo Ruelas, familia Ruffo Figueroa, familia Sacal, Aarón Sáenz, Consuelo Sáizar, Lorena Salinas, Carlos Salinas de Gortari, Ricardo Salinas Pliego, familia Sámano, Juan Antonio Samaranch, familia Sánchez Celis, familia Sánchez de la Vara, familia Sanfeliz, Cuauhtémoc Santana, Francisco Santana, Gastón Santos, familia Sariñana, familia Sayrols, Gladys Schifferli, familia Segovia Serrano, Dinah Segura, José Serrano, Paloma Serrano, Ramón Serrano, familia Simón, Carlos Slim, Marissa Solís, Jesús Solórzano, familia Solves, Martha Sommer, familia Somoza, Lorenzo Sours, Sidney Stieglitz, Manuel Suárez, Silvia Suárez, Rufino Tamayo, Felipe Teixidor, Nicéforo Torres, familia Torres Nieto, Carlos Trouyet, Ángel Urraza, Ernesto Valls, Abel Vázquez, Gela Vázquez, Polo Vázquez, Pedro Vázquez Colmenares, Yolanda Vargas Dulché, María Elena Vázquez Nava, Mario Vázquez Raña, Fidel Velázquez, Claudia Vidal, Alberto Villarreal, Américo Villarreal, familia Vildósola, familia Villalón, Mauricio Webelman, Ramón Xirau, Miguel Ángel Yúnez, Jacobo Zabludovsky, Miguel Zacarías, Norma Zapata, Flavio Zavala Romero, Ernesto Zedillo, Francisco Zúñiga y, con especial agradecimiento, a las colonias española, israelita y libanesa.

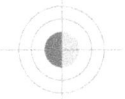

RELACIÓN DE EQUIPO UTILIZADO EN SESIONES ESPECIALES

Por Héctor Armando Herrera Peralta

1) Equipo de cámaras Canon

Cámara Canon digital 5D Mark II
Cámara Canon digital 5D Mark II
Lente 16-35mm US c/parasol
Lente 24-105mm US c/parasol
Lente 12-24mm US c/parasol IS
Flash Canon 580 EX pila cintura Canon CP-E4
4 radios de comunicación Kenwood
Visor y monitor de video para Canon 5DmII
Cabeza nodal Ninja N180
Aparato de exposición automática Promoter
Tarjetas de memoria, baterías, cables y accesorios varios

2) Cámara Canon accesorios

Lente Sigma 8mm DG
Cabeza nodal Ninja R1
Cabeza nodal Ninja R1 y NN4
Lente 28-300 mm US c/parasol IS
Lente 70-200 US c/parasol IS
Cables y accesorios varios

3) Equipo de cámaras Sony

Cámara Sony Nex 7
Lente Sony 18-55 mm
Lente 55-210 mm
Lente Madoka 7.5 mm
Lente Rokinon 8 mm
Micrófono, baterías, cargadores

4) Cámara Canon y accesorios

Cámara Canon Digital 1Ds Mark III
Flash Canon 580 EX pila cintura Canon CP-E4
Pila cintura Canon CP-E3
Accesorios

5) Laptop MacBook Pro Apple
MacBook Pro
Discos duros de respaldo
Cables y accesorios varios

6) Computadora iMac i7 Apple
Computadora iMac i7
Discos duros de respaldo
Cables y accesorios varios

7) Equipo de iluminación Balcar/Elinchrom
Flash Elinchrom BX500Ri
Flash Elinchrom BX500Ri
Flash Elinchrom BX500Ri

8) Equipo de iluminación Elinchrom/Balcar
Flash Elinchrom BX500Ri
Flash Mini Z 1 Balcar
Accesorios varios

9) Equipo de iluminación Broncolor Mobilite
Generador Mobilite Studio Booster 1200
2 cabezas Mobilite Cables y accesorios

10) Equipo de iluminación Bowens
2 cabezas Mobilite Cables y accesorios

11) Equipo de iluminación Hensel
2 cabezas Monoflash 500 hensel Cables y accesorios
1 cabeza Balcar
Cables y accesorios

12) Equipo de iluminación Balcar P4
Generador P4

4 cabezas PSU 1600

Cables y accesorios

13) Equipo de iluminación Balcar
3 cabezas Balcar
Cables y accesorios

14) Tripiés

Tripié Gitzo Fibra de Carbón MK2 para cámara
Tripies para flashes
Accesorios

15) Tripiés

Tripié Gitzo Fibra de Carbón MK2 para cámara
Tripiés para flashes
Accesorios

16) Tripiés

Tripiés para flashes

17) Bolsa Balcar suave

Tripié Gitzo para cámara
Cajas de luz y sombrillas
Accesorios

18) Tripiés

Tripiés para flashes
Cajas de luz

19) Caja de luz Elinchrom Octagon

20) Caja de luz Elinchrom Strip

21) Maleta pequeña con accesorios Mobilite

22) Portercase con extensiones, contrapesos y accesorios

23) Escalera de aluminio pequeña.

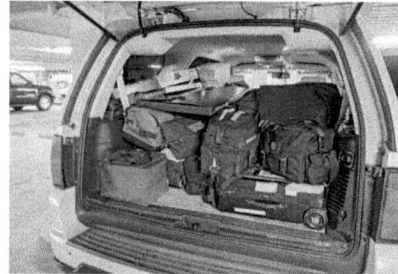

El equipo.

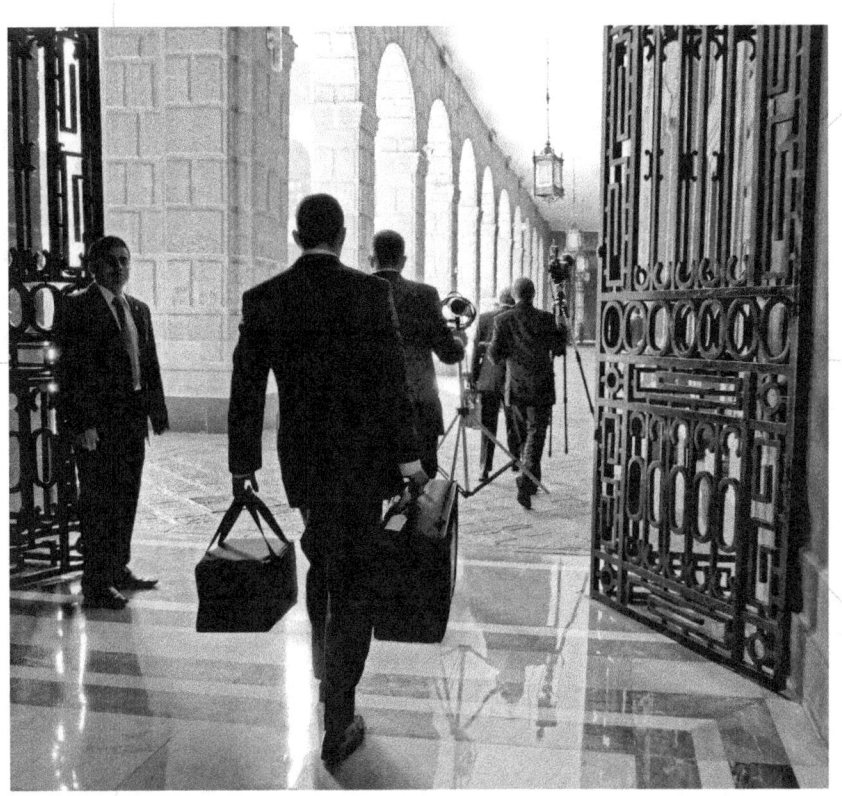

Rumbo al Patio Presidencial en Palacio Nacional.

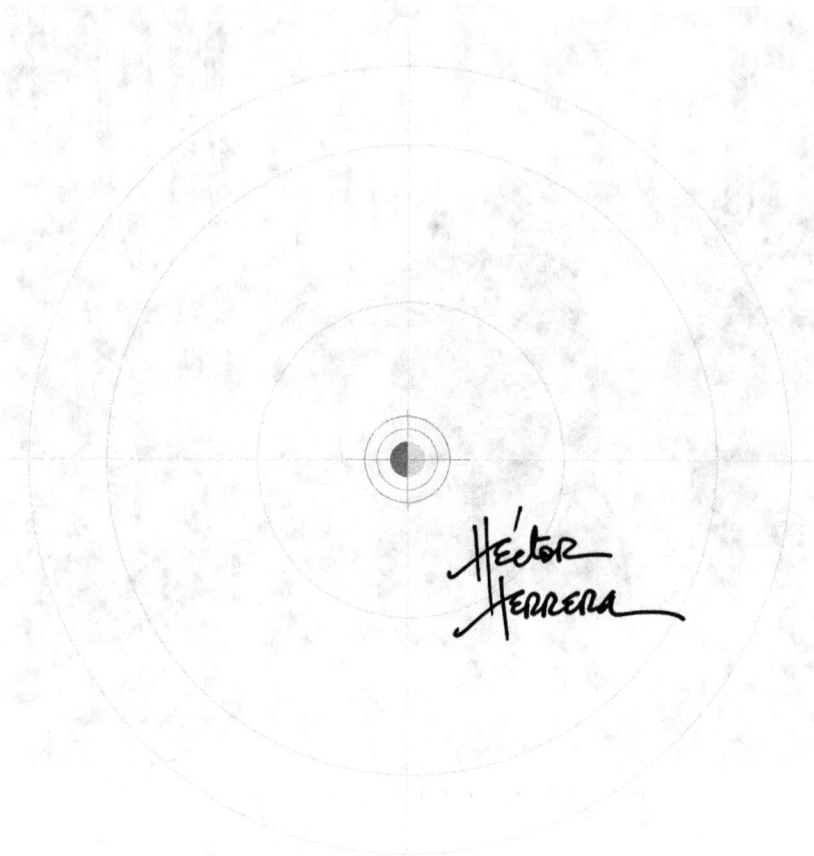